胡华北 王家明 ○ 著

大学生公共关系指导

DAXUESHENG GONGGONGGUANXI ZHIDAO

合肥工业大学出版社

前　言

公共关系是指组织与公众之间的关系，是一门塑造组织形象和克服形象危机的管理艺术，也是一门正确处理公众关系和广结人缘的学问。

现代公共关系的终极目标是和谐。在大力构建社会主义和谐社会，进一步深化改革开放的当今中国，“公共关系”已经走入各行各业。现代人已经开始拥有相互帮助、相互合作的意识：从强调以个人为中心到提倡团队合作精神，从重视个人间的竞争到重视组织成员间的协作，从强调对抗斗争到注重和平与发展。在相互合作的思想指导下，“全球一体化”、“地球村”的理念已成共识，现代人相互关系越来越密切。良好的社会关系是一种资源，是人生存和发展的必要条件，这一点已经被现代人深刻地理解着、践行着。

任何一个组织，都需要提升软实力，当其与社会中相关的公众发生关系时，只有在关系和谐、稳定的前提下，组织才能顺利地达到自身发展的目标。因此，组织必须得到其相关公众的理解和支持。在现代社会中，拥有公共关系意识的社会组织，才可能成为优秀的组织；拥有公共关系能力的企业，才可能赢得社会公众的信赖而取得市场竞争的主动权；拥有公共关系素质的人才可能在工作和生活中游刃有余。

因此，在我们提倡建设“和谐社会”的今天，学习和运用公共关系已经成为一种时代的需求和社会发展的必然趋势。

公共关系工作的内涵是很丰富的，如交际应酬、待人接物、社交礼仪、传播信息、沟通感情、协调关系、组织活动、调研评估、趋势预测、参谋咨询、项目策划等。它有助于大学生提高科学素质和人文素质，增强策划、创新能力，学会自我形象设计与包装，正确处理人际关系，提升生存和适应社会的技能，为成功地走向社会奠定基础。本书旨在向大学生普及公共关系知识，推广人际沟通技巧，以形成浓厚的团队文化氛围及祥和、稳定的校园环境。

在现实中，由于互联网技术的飞速发展，虚拟组织也迅速地发展壮大，传统的公共关系也面临新的挑战，所以网络公共关系的发展途径和模式是一个崭新的研究领域。本书也用一定的篇幅介绍了网络公共关系的研究成果。

本书由安徽审计职业学院多年从事公共关系课程教学、企业公共关系培训的教师合作撰写。其中，胡华北撰写第一、第五至第十一章，王家明撰写第二至第四章。最后，由胡华北统稿，定稿。在撰写的过程中，我们参考了有关的公共关系教科书、公共关系专著和公共关系网络课程，对这些资料的作者深表谢意。同时，也要感谢合肥工业大学出版社疏利民编辑的鼎力帮助。

公共关系是一门新兴、发展的学科，随着市场经济的进一步发展和完善，社会的不断进步，公共关系的理论知识也在不断地更新。限于水平，本书中难免存在着一些不足之处，敬祈读者批评、赐教。

作　者

2012 年 2 月 18 日

目　录

第一章

公共关系 ABC

本章导读

公共关系学是 20 世纪初发展起来的一门相对年轻的新兴学科，它作为商品经济和现代科技的产物，首先在美国诞生，并获得迅速发展，随后又向世界各国广泛传播。在经济全球化、信息全球化的时代，现代公共关系学作为一门创新的经营理念与管理艺术的科学，作为一门协调沟通、塑造形象、构建友谊、广结人缘的艺术，已经成为一种时代的需求和社会发展的必然趋势。因此，了解和掌握公共关系的科学内涵，弄清公共关系的渊源，自觉确立公共关系意识，有效地开展公共关系活动对于当今的大学生就显得十分重要和紧迫。

本章通过对公共关系的内涵，构成要素，主要目标与功能，公共关系的基本方法、特征与原则等的学习；通过对公共关系与宣传、广告、市场营销、人际关系、庸俗关系的联系和区别的分析；通过对公共关系的历史及发展趋势的了解，从而对公共关系工作有明确认知，充分认识到组织开展公共关系工作的重要性。

学习目标

1. 掌握公共关系的基本内涵。

2. 理解公共关系工作的特征与原则。

3. 掌握公共关系与宣传、广告、市场营销、人际关系、庸俗关系等的联系与区别。

4. 了解公共关系产生与发展的历史。

课前思考

1. 公共关系有哪三大要素、三大目标和三大方法？

2. 现代公共关系为什么会先在美国产生，而不是在中国？

3. 大学生若以后不从事与公关员相关的工作，是否还需要学习公共关系课程？

第一节　现代社会的客观存在——公共关系

一、公共关系的内涵

公共关系一词是从英语 Public Relations（缩写为 PR）翻译过来的。公共关系是一门正在发展中的新兴学科，而且涉及不同的学科领域和不同的实践领域，由此形成了对公共关系定义的众说纷纭。据统计，公共关系的定义大概有上百个。也有人认为，只要有多少人尝试对它下定义，便会有多少个定义。随着公共关系理论研究的深入，在我国也逐渐形成了不少学派，如形象学派、协调学派、传播学派、管理学派等。不同学派从不同的角度去揭示公共关系的本质属性，在对公共关系定义的表述上也就显得异彩纷呈。

通过对众多公共关系定义的借鉴以及对公共关系特征的概括，我们认为：公共关系是社会组织通过使用形象塑造、传播管理、利益协调等方法，提高认知度、美誉度、和谐度，促成社会组织与其相关公众良好合作并和谐发展的科学和艺术。为了进一步理解公共关系的定义，我们有必要认识公共关系工作的三大要素、三大目标和三大方法。

（一）公共关系工作的要素：社会组织、公众、媒介

1. 社会组织

社会组织是人们为了有效地达到特定目标，按照一定的宗旨、制度、系统建立起来的共同活动集体。它有清楚的界限、明确的目标，内部实行明确的分工并确立了旨在协调成员活动的正式关系结构，比如政党、政府、企业、学校、医院、各种社团等。

社会组织是公共关系的主体，它是公共关系中处于主动地位的一方。

2. 公众

公众是指与社会组织相关的有共同利益需求的个人、群体、组织集合而成

的整体。社会组织的员工、顾客、读者、观众、社区居民、社会名流等都是重要的公众。公众构成了社会组织生存和发展的社会环境。

公众是公共关系的客体。它对社会组织产生制约和影响，是社会组织认识、作用的对象。

3. 媒介

公共关系媒介是指使社会组织与公众发生联系的人或事物。人通过语言、行动表达思想和情感，传递信息，使社会组织与公众建立和发展关系。事物包括为建立和协调公共关系所开展的活动，使社会组织与公众发生联系的物品、符号、标志、图画、图像等。在现代社会，报刊、电视、广播、网络等已成为非常重要的公共关系媒介。

社会组织通过媒介作用于各类相关公众，各类相关公众对社会组织产生认知，表示认同，与社会组织进行合作，从而形成互助互利、和谐发展的关系。

（二）公共关系工作的目标：认知度、美誉度、和谐度

公共关系工作目标是指社会组织通过一系列工作，所欲达到的内强素质，外塑形象，与公众取得和谐发展的状态。具体来说，公共关系工作有认知度、美誉度、和谐度三大目标。

1. 认知度

认知度是一个社会组织被社会公众所认识、知晓的程度。它包含被认识的深度和被知晓的广度两个方面。例如，一个企业的名称、法人代表、历史沿革、行业归属、主要产品、产品商标、产品特征、经营状况等诸多具体信息在多大范围内被公众所知晓，在多深的程度上被公众所认识，合起来则为这个企业的认知度。

认知度与我们常说的知名度相比内涵更丰富。它不仅指组织的名声在多大范围内被公众所知晓，而且指组织有多少信息被公众所认识。一般来说，公众如果只闻其名，即“知名”，对组织的意义并不很大；而在知名的基础上，公众对组织的认识越多、越深，对组织的意义或作用就越大。因此，任何组织开展公共关系工作，其目标之一就是追求拥有较高的认知度。

2. 美誉度

美誉度是指一个社会组织获得公众赞美、称誉的程度，是组织形象受公众给予美丑、好坏评价的舆论倾向性指标，是一种对组织的道德价值评判。

由于不同的社会组织其道德价值的体现有所不同，其美誉度的确定也就应分解为不同的内容。如生产性企业美誉度内容可分解为产品评价、服务评价、贡献评价、文化评价等；政府机关美誉度内容可分解为政绩评价、服务评价、民主建设评价、廉政建设评价等。

3. 和谐度

和谐度是一个社会组织在发展运行过程中，获得目标公众态度认可、情感亲和、言语宣传、行为合作的程度。和谐度与美誉度一样，也属对于组织道德价值评判的范畴。

在客观世界里关系无所不在，而关系的最佳境界就是和谐。和平共处、和谐发展，是处理各种各样社会关系的最基本准则。可以说，公共关系学就是为求取组织与其公众关系的和谐应运而生的，因此，和谐度是在认知度、美誉度基础上的必然延伸，是组织最为关心的一个目标。

（三）公共关系工作的基本方法：形象塑造、传播管理、利益协调

社会组织要提高自身的认知度、美誉度、和谐度，有各种各样的方法，但属于公共关系工作的基本方法主要有形象塑造、传播管理、利益协调三种。

1. 形象塑造

组织形象是指社会公众对一个组织综合认知后形成的印象和评价，对社会组织来说至关重要。在现代社会中，一个组织的形象如何，会直接影响到组织的生存和发展，特别是对企业而言，拥有了良好的组织形象，就能赢得公众的支持，就能拥有市场，就能获得源源不断的利润，就能在激烈的市场竞争中立于不败之地。就公共关系工作来说，形象塑造也是一个社会组织提高其认知度、美誉度、和谐度的先决条件。社会组织只有通过开展组织形象的定位与设计、建立与推广、巩固与矫正等工作，做好社会组织的实力形象、文化形象、人才形象、品牌形象等各方面的形象塑造工作，才能赢得公众的信任、支持与合作，从而使组织得到和谐发展。

2. 传播管理

公共关系传播管理是指社会组织为了提高自身的认知度、美誉度、和谐度，对借助传播方式所开展的传播活动进行计划、组织、指挥、控制和监督等一系列活动的总和。从传播管理的内容来说，有对公共关系宣传活动，如开放参观、展览展销、新闻发布会、记者招待会、公共关系广告等的管理；也有对公共关系一般活动，如联谊活动、庆典活动、赞助活动等的管理。从传播管理的任务来说，在组织发展的不同阶段应有明显的区别，如在组织创建的初始阶段，传播的主要任务是为组织造声势，吸引公众的注意力，培植公众对组织的善意和信任，争取在公众中树立良好的第一印象。在组织发展的兴盛阶段，传播工作应居安思危，从长远着眼，从实际出发，通过持久的努力扩大组织的社会影响，巩固和完善良好的组织形象。在组织发展的危难时期，传播工作对内应稳定民心，查找原因，对外应尽快消除公众对组织的疑虑、猜忌、误解或怨恨，澄清事实真相，尽快扭转不利局势。

3. 利益协调

公共关系协调既可反映社会组织与其公众之间的关系处于和谐状态，又可表明社会组织为争取公众的支持与合作而开展的各种协调关系的工作。和谐的公共关系环境，是实现社会组织的目标与可持续发展的必要条件，而搞好公共关系的协调，是建立和谐的公共关系环境的根本保证。公共关系协调虽然有利益协调、态度协调、行为协调等内容，但最关键的还是利益协调。社会组织在协调组织内部员工关系、股东关系和协调组织外部顾客关系、社区关系、政府关系、新闻媒介关系的过程中，必须认清各自的利益需求，把握相互利益的结合点，调整利益目标，促进互惠互利。所以，利益协调是赢得和谐公共关系状态的基本途径，也是公共关系工作的基本方法。

二、公共关系工作的基本特征

（1）客观性。公共关系是不以人的意志为转移的客观存在，普遍存在于社会组织的环境中。任何社会组织的生存与发展，都离不开公共关系的影响和制约，也都毫不例外有意无意地在进行公共关系工作，以维护和改善现有的组织工作状态，塑造良好的社会组织形象。

（2）公开性。公共关系主张社会组织与社会公众的双向沟通，即通过提高社会组织的透明度，来增进社会公众对组织的了解、理解、支持与合作。同时，公共关系活动是在法律、法令和政策允许的范围内进行的，以公开的手段、方式和渠道表明组织的方针、政策和行为，以实现公共关系目标。

（3）艺术性。社会组织面临的社会公众复杂多变，拘泥于一种公共关系模式，无法适应复杂多变的公众需求，即使同一公众在不同的时期，其需求也有区别。因此，有效的公共关系活动必然渗透着创造性的思维、针对性的模式和技巧性的方式方法。一句话，我们应该在科学的理论和原则指导下，讲究策略性、技巧性，以其艺术的形式和手段达到最佳的客观效果。

（4）情感性。公共关系从本质上说是社会组织与社会公众之间关系的综合表现，但又在一定程度上表现为人与人之间的关系与交往。由此，情感因素渗透于公共关系的全过程，甚至左右着公共关系活动的进程与成果。公共关系强调以信任他人，关心他人为宗旨，在其活动中重视情感上的沟通、联结、融洽，创造良好的组织氛围。从这一点来看，有人把公共关系活动比作感情投资是不无道理的。

（5）战略性。公共关系的基本方针是着眼于长期打算，着手于平时努力。任何一个组织要建立和巩固良好的社会形象，都不是一朝一夕，一蹴而就的事，必须付诸系统、全面、有计划、坚持不懈的艰苦努力和扎实的公共关系工作。试图一次活动就能立竿见影，是不符合客观实际的。同时，公共关系要求理顺长远利益与眼前利益，整体利益与局部利益，大利益与小利益的关系，依据组织的长远利益、整体利益、大利益制定公共关系活动计划，以达到公共关系的目标。

三、公共关系工作的基本原则

（一）真实性原则

真实性原则是指社会组织的公共关系工作要以事实为基础，据实、客观、公正、全面地传递信息，反映情况。具体来说，就是要尊重事实，是好说好，是坏说坏；有一说一，有二说二，不掩饰，不夸大，也不缩小；在调查研究的基础上，客观地反映现实，不以主观想象代替客观事实；对事实采取公众可接受的立场，不袒护、不推诿。

（二）平等互利原则

平等互利原则是指社会组织与公众平等相处，共同发展，利益兼顾。公共关系是为组织的既定目标和任务服务的，但这种服务要以一定的道德责任为前提，以利他的方式“利己”，既要对组织负责，又要对公众负责，只有“利他”才能“利己”。公共关系强调主体与客体的平等权利和义务，尊重双方的共同利益和各自的独立利益，信守组织与公众平等互利、共同发展的坚定信念。

（三）双向沟通原则

双向沟通原则是指一个组织在开展公共关系活动时，组织与公众互相传播、接受、反馈对方的信息，如对话、讨论等，从而使组织与公众互相影响，互相启发，最后达到相互信任。组织与公众之间建立良好的公共关系过程，其实质是组织与公众之间相互适应的过程，亦即信息交流和信息反馈修正的过程。双向沟通的原则，不仅立足于信息的相互交流，更注重于情感的相互沟通。

（四）整体一致原则

整体一致原则是指从社会全局的角度，审视公共关系工作，评价其经济效益，明确自身的责任和义务，符合公众的长远利益和根本利益。一个社会组织要保证自己的长远利益，求得自己的稳定发展，就必须取得社会公众和其他社会组织的支持与合作，顾及社会整体利益。公共关系整体一致原则的具体表现就是社会组织对公众负责，对社会负责。

（五）全员公关原则

全员公关原则是指组织的公共关系工作，不仅要依靠公关专门机构和专职公关人员的努力，还有赖于组织各部门的密切配合和全体员工的共同关心与参与。这就要求组织的全体成员都要树立公关意识，共同关注并参与公共关系工作。因为，建立、维护和发展组织的良好公共关系状态不是哪一个具体个人的事，也不是单一部门能够完成的工作。每一个成员与外界交往时，都是组织形象的宣传载体，他们的活动都体现组织的整体形象和风貌。因此，组织的每位成员都必须要拥有团队意识，注意自己的形象，从而维护组织形象。

（六）长期坚持原则

公共关系工作是一项长期的、持久的任务，任何组织良好形象的形成都是建立在长期努力的基础上。成功的组织在开展公共关系活动时，总是着眼于未来，以长远的目光来确定目标，并制定战略和政策。当然，随着社会经济、文化的发展，公众的价值观和需求也必然会发生相应的变化，对组织形象的评价标准也会不断变化，期望值也会越来越高。社会组织也必须不断地改造和更新自身的形象。

四、公共关系的基本职能

公共关系的职能是公共关系在组织中应发挥的作用和应承担的职责。从根本上讲，公共关系的职能就是调动一切可以调动的力量，运用各种方法，提升员工的素质，塑造良好的组织形象，赢得良好的生存环境，促进组织的生存发展，使组织在激烈的竞争中取胜。但其具体职能可概括为收集信息、咨询建议、沟通协调、塑造形象和提升素质。

（一）收集信息

管理需要决策，而决策的好坏，首先取决于信息的收集与分析的好坏。在“情报成功就等于竞争胜利”的今天，关注信息管理已成为企业的一大要务。只有及时准确地收集信息，才能使组织了解环境、监视环境、反馈舆论、预测趋势、评估效果，以帮助组织对复杂多变的公众环境保持高度的敏感性，维持组织与整个社会环境之间的动态平衡。

（二）咨询建议

咨询建议是公共关系最有价值的职能，公共关系也被称为“咨询业”或“智业”。公共关系咨询建议，就是指公共关系专业人员向决策层和各管理部门提供有关公共关系方面的意见和建议，从而使决策更加民主化、科学化、系统化，促进组织形象更加完善，与公众的关系更加和谐。其具体内容包括：关于企业奋斗目标的咨询、对社会组织及其产品形象的咨询、对社会组织知名度和美誉度方面的咨询、关于公众心理的咨询和预测。

（三）沟通协调

公共关系活动的过程，主要是组织与公众之间进行传播与沟通的过程。通常生活中的“沟通”是指信息的往来传递，协调就是在沟通的基础上，经过调整达到“彼”与“此”的和谐平衡与共同发展。公共关系中讲的沟通协调是组织与其公众在信息传递的基础上相互认识，并据此调整其中的不合理因素，对内以提高组织的向心力、凝聚力；对外以争取公众的好感与支持，为组织的生存和发展奠定“人和”的基础。

（四）塑造形象

公共关系中的组织形象，就是指公众对社会组织的整体印象和评价，是社会组织的表现和特征在公众心目中的反映。良好的组织形象，对于一个社会组织来说，是一笔无形的财富。良好的组织形象可以使社会组织获得更好的发展条件和发展环境，可以为社会组织的各种服务和产品创造出优良的营销环境，可以为社会组织吸引人才、集中人才提供优越的条件。

（五）提升素质

公共关系的提升素质职能主要反映在两个方面：一是对组织员工素质的培育和提升，以提高员工传播公共关系的思想认识和工作技巧，进行知识更新。二是对公众进行教育和引导。人们常说“公众永远是对的”，这是从服务的角度将“正确”让给对方，但客观地讲，公众不可能永远正确，而是需要加以引导。这种引导主要体现在公共关系活动对社会互动环境和社会心理环境的优化上。

【案例分析】

美国运通公司的捐赠

20世纪80年代，耸立在美国纽约湾边的自由女神像经过百年的风吹雨打，身上已多处受损，视她为美利坚象征的美国人民纷纷呼吁政府筹资修复，使自由女神重现当年风姿。美国运通公司看准时机，从1983年第四季度开始，大张旗鼓地向消费者宣传：凡本公司信用卡持有者，每购买一次商品，运通公司就向“自由女神修复工程”捐赠一美分；每增加一位申请使用本公司信用卡的新客户，公司则向修复工程捐赠一美元。此举一出，恰逢其时，大得人心。运通信用卡的购物次数和申请运通信用卡的人数急剧上升。运通公司当初在构想这一活动时曾经预测，公司信用卡业务有可能增长18倍，实际结果却是，运通信用卡的使用率提高了28%，信用卡新客户增加了45%，总共为自由女神像修复工程筹资170万美元。

运通公司名利双收，大喜过望。运通公司策划的这一场为修复女神像筹资的活动堪称是一个组织运用公共关系为企业提高知名度、美誉度的杰作。

【案例讨论】

1. 结合案例谈谈公共关系的内涵。

第二节　公共关系的界定

虽然公共关系传入我国已有 20 多年的历史，但许多人对它的性质、功能、手段等还只是一知半解，在使用公共关系这一概念或开展公共关系工作时，往往也会出现许多偏差和错误，因此，有必要将公共关系与其相关的其他社会现象进行区分，才能使公共关系朝着正确的方向发展。

一、公共关系与宣传

宣传是社会组织为了取得公众对其实施的政策、行动的理解和支持而采取的一系列活动。公共关系要塑造组织形象，扩大组织影响，引起公众的注意并进而引导公众的行为，也要开展宣传活动，并要利用人们在宣传活动中积累的各种理论、经验、技术和技巧。同样，宣传活动为了适应现代社会的发展，也要不断吸收公共关系的新内容、新方法，才能把宣传工作建立在更加科学的基础上，才能不断提高宣传效果。公共关系与宣传的区别主要在以下几方面。

(1) 形成历史不同。宣传活动是伴随着古代文明社会的产生而出现的一种社会行为；公共关系则是现代社会的产物。

(2) 活动内容不同。宣传活动的全部工作都是围绕“说”字下功夫；公共关系的全部工作不仅在“说”字上下功夫，它更重视在“做”字上下功夫。

(3) 工作准则不同。宣传活动既可奉行实事求是的准则，也可能奉行唯宣传者主观需要为是的准则；公共关系则只能奉行尊重事实，实事求是的准则。

(4) 行为特征不同。宣传活动偏重于单方面诱导式的影响、灌输；公共关系则必须注重双向的交流和沟通。

二、公共关系与广告

广告是通过使用传播媒介，以对产品、服务及某项行动的意见和想法进行推销宣传的活动。公共关系常常要借助广告的形式去实现其传播信息，建树组织形象的职能，广告也常常借助公共关系去增强它的说服力，但公共关系绝不等同于广告。

（1）行为导向不同。广告以销售产品、服务，引起公众的购买行动为导向，它注重的是产品、服务的介绍和宣传；公共关系以实现组织与公众的双向交流和沟通为导向，它注重的是组织形象的介绍和宣传。

（2）使用范围和活动领域不同。广告一般只在工商企业组织中得到采用，而且在工商企业中，是属于销售经营的局部性工作；公共关系可以在各类组织中得到采用，并且是涉及组织各个环节的全局性管理工作。

（3）传播信息的原则和特征不同。广告传播信息的原则是引人注目，形成轰动效应，为此，它往往进行不加掩饰的自我宣传，具有明显的倾向性、渲染性和夸张性；公共关系传播信息的原则是客观真实，实事求是，为此，它强调要在信息传播中体现真情、真意，以客观公正的态度向公众介绍组织的情况和面貌。

三、公共关系与市场营销

市场营销是指工商企业为满足消费者要求，把商品和服务从生产领域和流通领域转移到消费者手中的一切经营管理活动。在实践中，许多企业将公共关系作为重要的促销策略，借助公共关系与消费者进行感情沟通，使得传统的“硬性推销”向现代的“软性推销”转变。同时，公共关系的许多具体活动形式也要与营销的具体活动结合在一起。如组织形象宣传往往是与组织生产经营的商品和服务的宣传联系在一起，组织与公众的良好关系往往要通过组织向公众提供优质的商品和服务才能得以实现。但公共关系与市场营销之间有明显的区别。

（1）应用范围不同。公共关系的应用范围比市场营销要广得多，市场营销是企业独有的一种经济活动，而公共关系应用于包括企业在内的一切组织。在企业中，市场营销只是企业经营管理的一个方面，而公共关系贯穿于企业管理的全方位、全过程。市场营销的对象主要是消费者，而公共关系的公众对象除消费者之外，还有政府公众、社区公众等。

（2）任务不同。市场营销的任务只是销售商品和服务；公共关系的任务则是协调组织与公众的关系。

（3）着眼点不同。市场营销的着眼点主要是组织的经济效益；公共关系的着眼点既有组织的经济效益，又有组织的社会效益。当这两种效益发生暂时冲突时，公共关系从组织的长远着眼，往往更注重组织的社会效益。

四、公共关系与人际关系

人际关系是依赖某种媒介并通过个体交往而形成的人与人之间的关系。公共关系与人际关系联系紧密。因为组织内部的联系，主要是个人与个人之间的联系，组织与组织之间的联系，也往往表现为一个组织中的若干人与另一个组织中的若干人之间的联系。公共关系实务工作除了运用大众传播的手段，也常常通过人际关系的人际沟通来进行。所以，公共关系是以人际关系为基础的，良好的人际关系有助于组织内部环境和外部环境的和谐与发展，但公共关系与人际关系是有明显区别的。

(1) 目的不同。公共关系的目的是为组织在社会公众中树立良好的形象，建立组织与社会公众之间的良好合作关系；人际关系的目的是为个人结良缘、交朋友，是为了实现个人的心理需要，建立个人与个人之间和谐的人际环境。

(2) 结构不同。公共关系的主体是社会组织，在组织与公众的交往中实现的是组织的宗旨，体现的是组织的价值观念、行为规范。其客体对象公众也是一个整体概念，即使是通过人际交往的形式来实现的公共关系，构成关系的主客体仍然是两个集合体。人际关系则是个人与个人之间的关系，关系的主体与客体都是个体，实现的是个人的意愿、个人的目的，体现的是个人的价值观念和行为规范。

(3) 沟通方法不同。公共关系尽管也需要人际沟通的手段，但它主要是运用大众传播和群体传播的技术和方法，如报纸、电视、广播、网络，或召开记者招待会、大型集会等。人际关系则以自己的言谈举止为媒介，采用个人之间面对面的直接交谈，或借助电话、书信等技术和方法。

总之，公共关系不是人际关系，它要比人际关系复杂得多。因此，在开展公关工作时，不能把它当做人际关系来处理；即使是以个人身份出现，也必须增强自己的角色意识，要透过个人之间的关系，将组织与公众联系起来。

五、公共关系与庸俗关系

所谓“庸俗关系”，是一种不健康的、被扭曲了的、庸俗化的社会人际关系，也就是人们通常所讲的“走后门”、“拉关系”之类。公共关系与庸俗关系有着本质的区别。

(1) 产生的基础不同。公共关系是以商品经济、民主政治和大众传播媒介高度发达为特征的开放型社会的产物；而庸俗关系是以自然经济、集权政治和信息闭塞为特征的封闭型社会的产物。

(2) 本质和目的不同。公共关系追求社会组织与其公众利益的一致化和均衡化，强调社会组织与社会公众的互惠互利，共同发展，目的是争取社会公众的理解、信任和支持，树立社会组织的良好形象；而庸俗关系通常是通过损害国家、集体和社会公众的利益，不惜违法乱纪，以谋取个人和小团体的私利。

(3) 使用的手段和方式不同。公共关系主要是利用各种传播媒介，尤其是大众传播媒介，光明正大、实事求是地开展工作；而庸俗关系无非是利用职权、人情、物质利益等不正当手段，以权谋私、以情谋私、以钱谋私，因而只能采取偷偷摸摸、躲躲闪闪的方式进行暗中交易。

(4) 社会效果不同。公共关系有助于社会树立一种以诚相待的合作风气，有助于形成和谐、友善、健康、正常的人际关系，有助于提高社会的文明程度，对社会发展起促进作用；而庸俗关系则会给社会带来各种各样的矛盾，严重污染社会风气，破坏正常的人际关系，宏观上带来社会文明程度的下降，是人们深恶痛绝的社会进步的绊脚石。

从整个社会环境来看，公共关系的气氛浓烈，庸俗关系的市场就会缩小甚至消失。所以，开展公共关系工作是削弱庸俗关系市场，纠正不正之风的有效途径之一。

【案例分析】

中国的“两会公关”

经过了北京奥运会、上海世博会的成功举办，中国的开放程度越来越高。2011 年，中国的两会更像是一个“国际性会议”，达到了前所未有的透明程度：首次为记者提供国际俱乐部和人民大会堂之间的“摆渡车”；首次免费向媒体提供公共广播电视信号和图片服务；全程采用网络系统进行报名和联系采访；采用官方微博的方式通知记者采访安排、会议议程；向记者提供免费茶点……

这些迹象表明，今天的两会已经不仅仅是为中国人而开，它同时也是一场为世界和谐谋福的政治盛会。美国最有影响力的华文媒体《侨报》近日发表文章称，两会的召开，对中国的老百姓来说是参政议政的重要日子；对世界舆论来说，则是关注北京、评说中国的时机。因为，中国人要向世界宣示自己的想法并为之努力，不仅是中国人自己的事，也影响着亚太地区，乃至整个世界。

对许多外国记者而言，他们除了依然关注政治问题外，还关注中国的机构改革、人事安排、经济、民生、环保……随着两会的“更加开放、更加透明”，境外媒体不仅能采访从中央到地方的政要、经济学家和各界知名人士，同时还能在真切、直观地感受中国的开放之后，更准确、更客观地了解中国、报道中国。

两会的空前透明，是一种自信、一种谋略、一种能力，是有容乃大的包容性，更凸显了民主政治气氛的空前活跃，以及一个负责任大国在综合国力增加、国际地位提高后应有的胸襟。

【案例讨论】

1. 从公共关系的角度分析我国是如何通过两会扩大国际影响，提升国际形象的？

第三节　公共关系的产生与发展

一、公共关系的萌芽

公共关系的源流可追溯到古代社会。西方的一些公共关系学者认为，公共关系开始于古希腊。早在 2 300 多年前，古希腊的著名学者亚里士多德在其《修辞学》一书中就强调语言修辞在人际交往和宣讲中的重要性，并提出修辞是争取和影响听众思想与行为的艺术。为此，西方的一些公共关系学者认为《修辞学》一书是人类历史上最古老的公共关系经典之作。另外，当时有钱的王公贵族为了树立自己的形象，雇用诗人给他们写赞美诗。这种行为实际上就是一种公关活动，而诗人则可以被看成是古代的公共关系人员。在古罗马，人们还巧妙地把诗歌运用到宣传政府的政策之中。著名诗人维吉尔的《田园诗》，从表面看只是赞美乡村生活，实际上是受政府委托而作，目的是为了减轻城市人口过多给政府带来的压力。而恺撒的《高卢战记》则被有些学者认为是古代一流的公共关系著作。恺撒为了实现个人的政治目的，在被派往高卢去统帅军队期间，把他本人和军队的情况写成报告送往罗马。这些报告通俗易懂，生动活泼，被人们广为传诵，影响很大。因此，当他率部凯旋后，人们拥护他当了皇帝。这一系列的策划和运作，也被认为是古代公共关系活动的典型例证。

我国的一些公共关系学者认为，中国公共关系的萌芽早于古希腊和古罗马。在春秋战国时期，诸子百家争鸣，他们从各自学派的立场出发，提出了许多类似于公共关系思想的论述。例如，孔子主张“己所不欲，勿施于人”，表达了一种为他人着想的原则，并认为“人无信不立”，“人而无信，不知其可也”，这与公共关系中讲求诚信的原则也是一致的。孟子提出“仁信不如仁声之入人心也，善政不如善友之得民信也”，强调了舆论传播的重要性。墨子主张“兼爱”、“非攻”、与人为善的交往原则。除了这些思想认识外，还有大量的类似于公共关系的实践活动。例如，战国时期苏秦、张仪的游说活动；秦末刘邦攻入咸阳后与百姓的“约法三章”；汉代的张骞出使西域等等，都是古代公共关系活动的例证。

综上所述，无论中外，都有许多类似现代公共关系的认识和活动。但是，我们绝不能把这些认识和活动与现代意义的公共关系等同起来。作为一种社会分工、一种独立职业、一门独立学科现代公共关系，则发端于19世纪末20世纪初的美国。

二、现代公共关系的发展历史

现代公共关系在特定的社会政治、经济、文化、科技等条件下产生，并随着这些社会历史条件的变化而不断发展。现代公共关系的发展大致经历了以下四个历史时期。

（一）巴纳姆时期

有组织的公共关系活动发端于19世纪中叶在美国风行一时的报刊宣传代理活动。当时的一些政治组织和公司企业发现利用报刊宣传自己的主张、美化自己的形象有意想不到的效果，于是纷纷雇佣一些能在报刊上发表文章的记者和与新闻界有关系的人员为本组织展开宣传，挖空心思“制造新闻”。报纸为了扩大发行量，也推波助澜，以“制造”的“新闻”吸引读者，以离奇的故事引起公众的好奇和对自己的注意。在这方面最为突出的人物是报刊宣传员费尼斯·巴纳姆。应该说巴纳姆是一个新闻传播方面的行家里手，他具有卓越的吸引公众的才能。但是他为了能赚到更多的钱，经常无中生有，制造神话。他的工作信条是：“凡宣传皆好事”，完全不把公众放在眼里。因此，巴纳姆非但没有给公共关系增进正面影响，反而败坏报刊宣传人员的声誉，滥用公众信任的大众传播手段。这种做法与公共关系职业的基本要求和道德准则相去甚远。因此，这就使整个巴纳姆时期在公共关系的历史上成了一个不太光彩的时期，有人称之为“公众受愚弄”的时期。但这一时期的报刊宣传活动已带有一定的组织性和较为明确的目的性，其范围也从政治领域、思想宣传领域扩大到经济领域。

（二）艾维·李时期

19世纪末，美国进入垄断资本主义时代，垄断财团占有着社会的绝大部分财富。但是，垄断财团及其巨头与社会公众之间的矛盾、冲突与日俱增。于是，一些大财团和大公司公开雇佣记者创办自己的报刊，仿效巴纳姆时期报刊宣传活动的手法，杜撰有利于工商巨子们的耸人听闻的“神话”和“新闻”，遮掩自己公司和企业中出现的种种问题。结果适得其反，公众对垄断财团的敌意倍增。于是，以“说真话”、“讲实情”来获得公众信任的主张被提了出来，并越来越得到工商界一些开明人士的赞同。艾维·李就是“说真话”这一公共关系社会思潮的主要代表人物。

艾维·李认为，一个组织要获得良好的形象和声誉，不是依靠向公众封锁消息或以欺骗来愚弄公众，而是必须把真实情况披露于世，把与公众利益相关的所有情况都告诉公众，以此来争取公众对组织的理解和信任。一旦披露真实情况会对组织不利的话，那就应该调整组织的行为，而不是去极力遮盖实情。组织要想建立良好的公共关系，创造最佳的生存发展环境，其最根本的公共关系理念——说真话。

1903年，艾维·李辞去新闻记者的工作，成立了一家正式的公共关系事务所，承接企业和其他组织所委托的业务，协调各方面的关系。艾维·李开创公共关系事业后，成功地运用公共关系学原理处理了一些重大事件，在社会上产生热烈的反响，为他本人和公共关系学赢得巨大声誉，如帮助洛克菲勒财团摆脱困境。

艾维·李通过这样一系列卓有成效的公共关系实践活动，使公共关系工作在社会上产生了很大的影响并正式成为一门职业，他也被人们尊称为“公共关系之父”。

（三）爱德华·伯内斯时期

艾维·李虽然提出了一系列独创的公共关系思想，但是，由于当时历史条件的限制和个人精力的局限，还没有形成比较系统的公共关系理论，完成公共关系理论体系奠基任务的是美国著名的公共关系顾问爱德华·伯内斯。

1913年，爱德华·伯内斯受聘于美国福特汽车公司，担任该公司公共关系部经理，为塑造福特公司在公众心目中的良好形象，促进福特公司迅速发展立下了汗马功劳。第一次世界大战结束后，他和夫人在纽约开办了一家公共关系公司，并开始致力于公共关系的理论研究。1923年，出版了他的第一部公共关系学专著《公众舆论之凝结》。同年，他在纽约大学首次讲授公共关系课程。1925年，他出版了教科书《公共关系学》，1928年出版《舆论》，从而使公共关系的基本理论和方法形成一个较为完整的体系。

爱德华·伯内斯公共关系思想的核心是“投公众所好”。他认为，以公众为中心，了解公众的喜好，掌握公众对组织的期待与要求的态度，确定公众的价值观念应该是公共关系的基础工作，然后按照公众的意愿进行宣传工作，才能做好公共关系工作。

爱德华·伯内斯的理论探讨和实践活动为公共关系的职业化、科学化，为公共关系教育的发展做出了重要贡献，使他享有公共关系先驱者之一的美誉。

（四）卡特利普和森特时期

二次大战以后，国际间的经济、技术和劳务合作日趋频繁和紧密。在这样的社会背景条件下，美国著名的公共关系专家斯科特·卡特利普和艾伦·森特在他们的代表作《有效公共关系》中提出了“双向对称”的公共关系模式，成为当代公共关系的重要标志。该模式的基本思想：一方面要把组织的想法和信息向公众进行传播和解释；另一方面又要把公众的想法和信息向组织进行传播和解释，目的是使组织与公众结成一种双向沟通和对称和谐的关系。根据“双向对称”模式，公共关系必须有选择地注意那些对组织有影响的公众或者组织政策所涉及的公众。这不仅需要确定目标公众，而且还要运用研究技术，在协调组织本身的同时协调公众。

在“双向对称”模式中，对于公众的知识结构、观点与行为所施加的影响，是为了实现和维持组织目标，而这一目标又是组织与公众双方的共同利益。

三、公共关系形成的原因与条件

公共关系不是凭空产生的，它的形成有深刻的社会基础与必备条件。

（一）公共关系产生的社会基础

当社会发展到一定阶段，过去那种组织程度比较低的初级社会群体已不能适应需要，形式多样的社会组织应运而生。一个社会组织必须从外界环境得到支持，才能生存和发展，社会组织有意识地与环境互动，同环境相互依赖、相互作用，公共关系就产生了。所以，我们认为社会组织的建立和分化是公共关系产生的社会基础。

（二）公共关系形成的内在机制

社会组织与公众之所以能建立关系，最根本的原因是相互之间在利益上能够互补。企业用产品或服务从消费者那里获取利润，消费者用货币从市场上得到企业提供的自己所需的产品和服务。如果没有各自利益的实现和满足，双方就不会建立良好的关系。各自利益需求的驱动，使社会组织与公众发生接触、形成协作、建立起关系。利益的互补、合作的需要是公共关系形成的内在机制。

（三）公共关系产生和发展的思想条件

在现代社会，良好的社会关系是一种资源，是组织生存和发展的必要条件已被人们深刻地认识到。从强调以个人为中心到提倡团队合作精神，从重视个人间的竞争到重视组织成员间的协作，从强调对抗斗争到注重和平与发展，这些表明，人类开始增强相互帮助、相互合作的意识。在相互合作的思想指导下，人类相互关系越来越密切。人类协调、合作意识的增强是公共关系产生和发展的思想条件。

（四）公共关系产生的社会经济条件

商品经济发展导致社会分工越来越细，竞争越来越剧烈。分工越细越需要协作，竞争加剧的同时合作的要求也在增加。所以，商品经济的发展促使社会组织必须与公众加强联系和合作。

（五）公共关系产生的社会政治条件

社会政治生活的民主化发展，是公共关系产生和发展的社会政治条件。公众被认可，公众权益被尊重，使公众在社会政治生活中地位大大提高。公众参与意识的增强、参与实践的增多，对社会组织产生了重要影响。公众的信任和支持，已成为社会组织生存和发展的重要条件。

（六）公共关系产生的物质技术条件

传播媒体和技术手段的现代化是公共关系产生和发展的重要物质条件。尤其是电脑网络的发展，使我们当今的社会联系得更加紧密。社会组织的信息可以在瞬间通过电脑网络图文并茂地传送到世界各地，迅速而又广泛地影响着公众。物质技术条件的现代化使社会组织与公众相互作用的范围、程度和节奏等都发生了很大的变化。

四、当代公共关系的发展趋势

纵观当今世界公共关系的发展状况，主要表现在以下六个方面。

（一）公共关系的职业化和行业化

公共关系在美国初兴时，还未能从根本上摆脱新闻业的范畴，有着明显的附属性。即使艾维·李的公关活动，也带有浓厚的新闻色彩。只是到了伯内斯以后，公共关系才逐步从新闻界分离出来。即便如此，当时以公共关系为职业的人仍是极少数，还不能在社会上真正形成一门独立的职业。而当今的公共关系则大不相同了，它作为一门全新而独特的社会职业得到了蓬勃发展。以美国为例，现在美国公共关系协会在全国拥有会员 11 000 多人，全国专业公关从业人员达 20 万人，这些人员的待遇及收入与大学教授、律师、工程师、物理学家等接近。在美国，较大的公共关系公司就有 2 000 多家，从总统到平民都求助于公共关系公司。不仅美国，世界许多国家的公共关系都呈迅猛发展的势头，从业人员、设立机构、活动经费等年年递增。公共关系已发展成为一种被社会广泛承认的很有前途的行业。

（二）公共关系的规范化和国际化

公共关系兴起时，对这一活动的具体称呼并无定规，更不用说在活动范围、方式、对象、原则等方面有一个统一的标准，谈不上规范化。加上当时的公共关系活动主要在美国展开，也谈不上国际化。但随着第二次世界大战后整个世界范围内公共关系学科的普及推广与公共关系活动的广泛开展，公共关系的理论体系与操作体系日益走上规范化、国际化的轨道。1955 年，国际公共关系协会成立；1955 年，欧洲公共关系联盟组织问世；与此前后，比利时、意大利、法国、瑞士、日本等国的公共关系协会也相继成立。我国于 1987 年成立了“中国公共关系协会”，并于 1994 年成立了“中国国际公共关系协会”。所有这些组织尽管规章条文各异，但都有一个共同的宗旨，那就是促进公共关系活动的规范化，促进各组织以及成员之间联系交流的定期化、网络化。目前，公共关系的规范化与国际化目标已基本达到。

（三）公共关系活动主体与功能的多元化

早期的公共关系活动主体是企业和公司，其社会功能还仅限于经济领域。当今的公共关系活动已大不相同。首先是公共关系主体的多元化，充当这一活动的主体不仅仅是企业、公司，它已经扩大到政府、事业团体、军事单位、宗教部门等各类社会组织。同时，主体的多元化也带来了功能的多元化，目前，公共关系的社会功能早已超越了单一的经济领域，而在社会的其他领域和各种非营利性组织中发挥着重要作用。

（四）公共关系活动技术手段的现代化

早期的公共关系活动的传播手段主要是利用报纸杂志的新闻宣传，这种单一的文字语言传播，必然使公共关系活动受到一定的限制。随着科学技术的迅猛发展，公共关系活动的技术手段也日益现代化，比如，广播、电影、电视的推广运用，卫星空间传播工程的兴起，电脑的广泛使用，科学的调查研究方法的不断出现等等，不仅扩大了公共关系活动的范围，也大大增强了公共关系活动的效果。特别是随着互联网的迅速发展，为公共关系提供了新的传播渠道，公共关系网络化随之出现。

（五）公共关系实务运作整合化

随着公共关系实务运作的深入，人们越来越发现原来人们理解和实施的公共关系是一些局部的、零星的、散乱的、单个的活动。如开业典礼、迎来送往、记者招待会、产品展销会等，这些从战术角度认识和运用的公共关系很难适应公共关系实践的需要，于是，公共关系的社会实践向人们提出了整合化公共关系的课题。

公共关系实践显示：公共关系在组织中能够发挥它的各种主要职能，而不能偏颇任何一个方面。它主要职能应包括收集信息、分析环境、决策咨询、研究计划、传播设计、形象塑造、协调沟通、宣传推广、策划活动、教育引导、辅助服务、危机管理等。各种职能不应“各自为政”、“各自为战”，而应该相互协调与整合。公共关系实务运作整合化，还表现在策略公共关系与战略公共关系的有机整合。在战略公共关系方面，公共关系要支持本组织总部的整体经营管理战略。其要点是：高层协调、配合默契和有效沟通。策略公共关系要远离本组织总部，到基层去，要接近公众，进入到具体技术操作层面，这样，战略公共关系才有生存发展的根基，其战略决策才会正确无误。

（六）公共关系文化思想立体化

公共关系自诞生以来，就不断吸纳、融会社会科学和人文科学的最新成果，具有多学科交叉综合的特征，使得公共关系理论形成一种立体的文化思想。这种公共关系文化思想的立体化将在三个层面影响着人类社会生活。

在高层上，公共关系的理论思想将成为国际组织、各国政府协调国际关系、实施民主政治、优化人类生存环境、推进社会文明的重要思想武器。联合国的作用就是一种公共关系原则在国际合作中的运用，同样也是一种公共关系。

在中间层面上，公共关系具有优化组织行为、塑造组织形象、协调组织内外部环境等功能，也促使各组织的管理者把原来视为临时抱佛脚的“小玩具”、“小点子”，看做经营管理必不可少的管理哲学，赋予其组织战略思想的色彩。最近，欧美的一些企业已实现了“公关进入董事会”的重大转变，公共关系的作用从参与决策提升到成为决策的一部分。

在基础层面上，公共关系作为一种现代人的基本意识与能力在全民中得到普及。公共关系已成为现代社会常识化的文化知识，“公共关系”已不是新鲜的词汇，由于公共关系运用的普遍性，它将无所不在，甚至将淡化自身的学科性，而成为浑然无迹的社会文化。任何一个现代人，倘若无公共关系的文化知识及与之相应的素质能力，他将无法与他人相处合作，也就无法生存发展。如此，公共关系真正成为了一种普及性的文化思想。

五、公共关系在中国的发展

现代公共关系思想和实践进入中国，应以20世纪60年代香港、台湾地区的公共关系的引进为发端。公共关系作为一种新的经营管理思想和技术传入中国大陆，则始于20世纪80年代。随着中国实行对外开放政策，公共关系很快呈现出由南向北，由东向西，由服务行业向工业企业，由外资企业向国有企业，由企业组织向政府组织逐步发展的格局。其发展过程大致经历了以下三个阶段。

（一）导入阶段（20 世纪 80 年代初期）

随着改革开放的发展，在深圳、广州等地的一些中外合资企业和外商独资企业按照海外的管理模式，出现了公共关系活动，最早设立了公共关系部。在这些公共关系部中，多数是在海外受过公共关系训练的人担任经理。1980 年中港合资的深圳蛇口华森建筑设计顾问公司率先成立，这是我国第一家公共关系性质的专业公司，它主要是适应特区建设的需要，提供经验与技术。1982 年深圳竹园宾馆成立公共关系部，开展以招徕顾客，扩大影响的服务性公共关系活动。1983 年中外合资的北京长城饭店成立公共关系部。1984 年广州中国大酒店等宾馆、酒家和服务部门设立公共关系部。后来，广东电视台以这批宾馆酒楼的公共关系活动为背景拍摄了第一部反映公共关系理论与实践的电视连续剧《公关小姐》。该剧在全国放映后，影响千家万户，使公共关系为亿万中国人所知晓。1984 年 9 月，我国国有企业第一家公共关系部——广州白云山制药厂公共关系部正式成立。1984 年 11 月《经济日报》发表长篇通讯《如虎添翼——记广州白云山制药厂的公共关系工作》，并配发重要社论《认真研究社会主义公共关系》，对公共关系的引进和发展阐述了原则性的看法和指导性的意见，这标志着现代公共关系在中国已得到确立。导入阶段的公共关系主要是把国外的公共关系运作模式、运作程序、管理经验及具体做法引入中国。由于当初人们对公共关系缺乏认识和了解，公共关系的运用多采取简单搬用或模仿外国公共关系的做法。即便如此，对改革开放的中国人来说，能以新的思想观念接受外国的经验技术，已经是一个了不起的进步。

（二）迅速发展阶段（20 世纪 80 年代中后期）

这期间，中国出现第一个“公关潮”，其标志是专业公共关系公司、公共关系协会、公共关系教育及公共关系理论研究迅速发展起来。1985 年，两家世界上最有影响的公共关系公司——伟达公司和博雅公司先后进入我国。其中，博雅公司与中国新闻发展公司达成协议，成立中国第一家公共关系公司——中国环球公共关系公司。1986 年 12 月，上海成立全国第一家省级公共关系协会。1987 年 5 月，全国权威性的公共关系社团组织——中国公共关系协会在北京正式成立。此后，全国各省、直辖市、自治区以及若干大中城市相继成立地方性公共关系协会或学会。许多企业内部的公共关系部开始运作，并取得了较大的实践成果。“健力宝”等企业的公共关系活动在全国范围内产生轰动效应。

1985 年 1 月，深圳市总工会举办全国第一个公共关系培训班。在此前后，深圳大学、中山大学、复旦大学、清华大学、中国人民大学等相继讲授公共关系课程或开办公共关系专业。1986 年 11 月，中国社科院编著的《塑造形象的艺术——公共关系学概论》正式出版。同年 2 月，王乐夫、廖为建等人的公共关系专著问世。从1988年起，全国公共关系组织联席会议相继在杭州、西安、广州等地召开。1989年，全国高校第一届公共关系教学研讨会召开。弗兰克·杰夫金斯著的《公共关系学》，斯科特·卡特利普等著的《有效公共关系》等国外公共关系著作在中国大陆翻译出版。1988年1月，中国第一家公共关系专业报纸——《公共关系报》在杭州创刊，向全国发行。1989年1月，中国第一份国内外公开发行的公共关系杂志——《公共关系》在西安创刊。公共关系的理论研究十分活跃，理论成果十分丰富。据不完全统计，在发展时期公共关系专著、译著、教材公开出版发行近100部。在第一次"公关潮"时期，虽然仍有机械模仿、层次较低，良莠不齐、鱼龙混杂等情况，但理论上和实践上的"百家争鸣，百花齐放"的格局为下一时期的公共关系发展打下了良好的基础。

（三）稳定发展阶段（20世纪90年代至今）

公共关系在中国发展成熟的标志主要有四点。第一，中国的公共关系发展得到党和国家领导人的关注。1991年5月，中国公共关系协会在北京召开全国公共关系工作会议。党和国家领导人李瑞环、薄一波等同志在给会议的贺词中充分肯定了中国公共关系事业的发展方向和根本任务，这在全国产生了重要影响。第二，公共关系的教育和理论研究日趋成熟。1994年4月，中国国际公共关系协会成立，促进了中国公共关系理论研究与社会实践的国际化，推动了公共关系事业的进一步发展。1994年中山大学被教育部批准开办部属院校第一个公共关系本科专业，随后在一些名牌学府开始尝试招收公共关系方向的硕士生、博士生。至今，所有的本科院校全部开设了公共关系课程，约有20多所各类学校开设了公共关系专业。全国公开出版的公共关系专著、教材、译著、工具书等已超过1 000种。1990年，中国公共关系协会在河北召开全国第一届公共关系理论研讨会，之后在上海、福州、杭州、石家庄、大连等地召开第二届至第六届全国公共关系理论研讨会，极大地推进了中国公共关系的理论研究进程。在这一时期，学术研究较为活跃。一些学术流派产生，比如形象学派、协调学派、传播学派、管理党派等，细化了对公共关系的研究。第三，公共关系的实践活动从自发走向自为、从盲目走向自觉、从照搬走向自主创新。全国有一大批公共关系专家、学者分别主持策划企业公共关系、企业CIS、政府公共关系。第四，1998年，经国家劳动和社会保障部批准，公共关系职业载入"国家职业分类大典"，公共关系职业纳入国家正式行列。1999年国家职业资格工作委员会专门设立公共关系专业委员会，这标志着我国公共关系职业化迈出关键一步。2010年3月16日中国国际公共关系协会发布了《网络公关服务规范》（指导意见）。（见附录一）

六、中国公共关系事业的发展趋势

(1) 中国的公关市场将是最具潜力、发展最快的市场。因为中国的市场环境越来越开放，国外企业将继续保持在中国市场的高速投资步伐，中国本土企业将越来越与国际惯例接轨，一批具有国际眼光的企业家将成为未来中国经济的主导力量，进而带动公关需求量的增加。

(2) 公关市场竞争的国际化。国际公关公司将取得国民待遇，发展的种种限制将被打破，并以其品牌、技术、历史赢得市场。中国本土企业将以其对国情的熟悉、创新能力、灵活性赢得市场。在这种竞争中，本土企业将继续学习国际公关公司先进的技术和管理经验，并研究适合中国国情的市场战略和公关服务手段，使自己走向国际化。

(3) 高科技将普遍应用于公关事业。市场经济在中国的迅猛发展，使信息技术、传播技术广泛应用于公关业，媒体多元化、传播互动化、信息个性化为公关业务的创新发展提供了机遇。

(4) 竞争将产生优胜劣汰，效益向有品牌、有规模的公司集中。一些著名国际公关公司将继续加大投入，努力扩大公关市场的占有率；一批与国际接轨、具有专业公关水平的中国公关公司将会迅速成长起来。

【案例分析】

一位服务员的急中生智

2011年2月5日晚上，有四位客人在合肥××大酒店用餐。当他们在品尝该店的菜包子时，发现一只包子内有一根细小的鸡毛。于是，他们要求在一旁服务的餐厅服务员韩先生给予解释。这位服务员经仔细观察后，诚恳地说："对不起，是我们没有把包子做好，我马上给你们调换。"然而，这四位客人对此回答并不满意，提出请餐厅的领班来做进一步的解释。由于此时餐厅领班正忙得不可开交，这位服务员便对客人说："其实这只菜包里的东西并不是鸡毛，而是一片黄菜叶，不信，我吃给你们看。"话音刚落，他已一口吞下了这只包子。

目睹了这一幕的四位客人仍执意要见餐厅的领班。韩先生没辙了，只得怀着忐忑的心情，把餐厅领班从繁忙中拉来了。四位客人对领班说："我们走南闯北十几年，在外吃饭是常事。其间，也时常会遇上菜肴、点心质量不好的事，但是，像今天这位服务员的处理方式，倒还是第一次遇见。尽管这种方法并不很妥当，但是你们店有这么好素质的服务员，我们相信你们店一定会成为一流的酒店。"

第二天，这四位客人又一次光临该店，并指定要韩先生为之服务。

事后，有人问韩先生："你怎么会想到把鸡毛吞到肚中？"这位腼腆的服务员红着脸说："当时，我实在也想不出其他更好的办法。吞下鸡毛，为的是维护企业声誉。"

【案例讨论】

1. 请你运用所学公共关系基本理论分析案例中韩先生的言行。

2. 假如处在韩先生的位置上，你将如何处置这一问题？

3. 假如你是这家酒店的总经理，将怎样看待并利用这一事件，以便更好地塑造企业的良好形象？

【本章小结】

公共关系是社会组织通过形象塑造、传播管理、利益协调等方法，提高认知度、美誉度、和谐度，促成社会组织与其相关公众良好合作并和谐发展的科学和艺术。

公共关系的三个构成要素是社会组织、媒介和公众。公共关系工作的目标是提高认知度、美誉度、和谐度。公共关系的基本工作方法是形象塑造、传播管理、利益协调。公共关系具有客观性、公开性、艺术性、情感性、战略性5个基本特征。公共关系还具有真实性、平等互利、双向沟通、整体一致、全员公关、长期坚持等工作原则。公共关系与宣传、广告、市场营销、人际关系、庸俗关系等既有联系又有区别。

现代公共关系在特定的社会政治、经济、文化、科技等条件下产生，并随着这些社会历史条件的变化而不断发展。其发展大致经历了巴纳姆时期、艾维·李时期、爱德华·伯内斯时期、卡特利普和森特时期。

当代公共关系的发展趋势表现在6个方面：公共关系的职业化和行业化、公共关系的规范化和国际化、公共关系活动主体与功能的多元化、公共关系活动技术手段的现代化、公共关系实务运作整合化、公共关系文化思想立体化。

【课后实训】

1. 请收集一到两个符合或违背公共关系原则的事例，并结合所学知识进行分析。

2. 请观察你所在学校的领导或老师一天的工作，分析他（她）哪些工作属于公共关系工作内容？

3. 请以小组为单位采访某一家企业，了解企业的公共关系工作情况。

第二章

公共关系的构成

本章导读

公共关系是社会组织运用各种传播手段，来维持和发展与公众之间良好关系的互动过程。公共关系由社会组织、公众、传播三个要素构成，其中公共关系的主体要素是社会组织，客体要素是社会公众，联结主体与客体之间的媒介是信息传播。这三个要素构成了公共关系的基本范畴。公共关系的理论研究、实际操作和运行发展都围绕这三者的关系展开。科学地把握各个要素的含义、特征、类型和在公共关系活动中的地位与作用，对有效开展公共关系实践活动具有指导作用，是有效开展公关活动的前提。

公共关系工作大体可分为初级、中级、高级三个层次。初级层次主要是指一些具体的公关事务；中级层次主要是指组织开展的专题公关活动；高级层次是指从组织公共关系的全局着手，进行一些大型的公关策划。

学习目标

1. 了解社会组织的特征、类型与环境。
2. 理解公众的特征、分类与心理。
3. 掌握传播的要素、模式与类型。
4. 理解公共关系工作的三个层次。

课前思考

1. 公共关系是由哪三个要素构成？
2. 公共关系工作大体可分为哪三个层次？
3. 公众的心理定势有哪些？
4. 公共关系机构主要分哪三类？

第一节　公共关系主体

公共关系由组织、公众、传播三个要素构成，其中公共关系的主体要素是社会组织，也是公共关系活动的策划者和组织实施者。在公共关系中，社会组织对公关活动起到决策、发动、组织、实施、控制、管理等决定性作用。具体地说，它有三个层次：社会组织、代表社会组织行使公共关系职能的公共关系机构、代表社会组织具体执行公共关系职能的公共关系工作人员。

一、社会组织

（一）社会组织的特征

社会组织是公共关系的第一构成要素，是公共关系的主导，它决定了公共关系的状态、活动、发展方向。社会组织是指为了共同的目标，通过对人员进行不同的分工，使之发挥不同的功能，并利用不同的权力和职责合理地协调群体活动的体系。在协调公众关系、改善公众环境中，在树立自身形象、提高社会信誉中，在内外沟通联络、谋求合作发展中，社会组织都是总体的控制者和组织者，处于公共关系的主导地位。

社会组织有其鲜明的特征，具体表现如下。

（1）社会组织的目标性。任何社会组织都是为了实现一定的目标而建立起来的，组织目标是辨别组织的性质、类别、职能的基本标志，也是确定组织原则、组织宗旨、组织章程、组织计划的基础，对组织的活动起着指导和制约作用。任何社会组织的建立都有明确的社会目的，都有本身的目标追求，确定目标是建立社会组织的最重要条件。共同目标是维系社会组织的基础。组织是由生活在同一社会背景中的多数人的集合体，不同的组织有不同的目标。因此，社会组织虽然形式多样，内容各异，但它们的活动都是围绕着自身的共同目标而展开的，如学校的目标是培养人才，医院的目标是救死扶伤，工厂的目标是生产产品等。

(2) 社会组织的系统性。社会组织是由其下属的各部门按一定的结构组合而成的整体。社会组织及其内部的公关部门和从业人员来负责行使组织的公关职能；组织也为他们进行思想指导并提供开展公关活动的条件。社会组织是按照系统方式构建的，首先组织系统内部各部分之间是相互联系、相互制约的，其中任何一个部分发生变化都会影响整体变化。从内部结构看，组织成员按一定的人事关系形成系统，从外部环境来讲，社会是一个多层次的复杂大系统。社会组织存在于一定社会环境之中，组织系统与外部大系统都发生相互联系。因此，组织以系统的方式来进行构建才能最佳地发挥组织的独特功能。

(3) 社会组织的开放性。任何社会组织都是在一定的社会环境之中，与环境不断进行精神、物质、信息和能量的交流，以适应和影响变化着的环境。因此，社会组织是一个开放性系统。社会组织的生存与发展离不开环境，它既要受环境的影响，又要对环境产生作用。一方面组织要有适应性，根据环境输入的物质、能量、信息而调整自己的结构或功能。另一方面组织又要发挥自身的能动性，以自己的功能影响或改变与组织发生联系的环境。

(4) 社会组织的变动性。社会组织生存在社会环境之中，社会发展及其社会环境的变化对社会组织的生存与发展必然产生一定的影响。组织的新生与消亡，在某种程度上也往往要取决于社会环境的变化。组织的变动性具体指两方面：一是社会环境是不断变化的，要适应这一变化，社会组织就应适时地进行目标、功能、机构及人员的调整。二是社会组织本身也不断发展变化，在不同的发展阶段，组织的形象目标也会有所不同。因此，随着环境的变化，组织也要不断修正、调整自身及其公关工作的目标、职能、机构、运作方式以及对人员的要求等，以提高和加强自己的应变能力，创造更有利于组织的生存和发展的条件。

(二) 社会组织的类型

不同类型的社会组织的性质、目标、职能、结构形式和活动方式不同，其公关工作的重点、具体对象、实务活动和运作方法也不同。这就要求我们掌握社会组织的有关知识，以便更有针对性地开展公共关系工作。对社会组织进行分类，是为了开展公关工作时，能够比较准确地判断其组织性质、任务，进而把握其公共关系行为和公众类型，为以后的公共关系工作寻找策划运作的依据。

1. 按组织的社会职能分类，可以把社会组织划分成以下 5 种类型

(1) 经济组织。它是最基本的社会组织。它担负着向人们提供衣、食、住、行和文化娱乐等物质资料的任务，并要实现其所有者和经营者的利益。其

特点是，从事经济活动，具有经济职能。它包括工商企业、金融组织、交通运输组织、服务性组织等。经济组织公共关系的主要任务就是要建立一个良好的生产经营者形象，争取更多的顾客、消费者和其他公众的支持，以使本组织在发展中不断增强竞争力。

（2）政治组织。这类组织是为某种政治目的而组建的。它包括政党组织、国家政权组织、国家力量组织、国家司法组织等。它负责代表占统治地位的阶级利益和意志，为其提出奋斗目标、制定方针政策、组织社会的经济建设、保卫国家政权、处理与他国的关系等。政治组织公共关系的主要任务是在人民中树立其良好的领导者、管理者、保卫者、服务者形象，得到广大人民群众的拥护、理解和支持，完成其政治职能。

（3）文化组织。这类组织以满足人们的文化和精神需求为目标，以从事精神文化活动为任务。如文化艺术团体、教育科研单位、博物馆、文化馆、体育馆、俱乐部、医疗卫生部门等。这类组织公共关系的主要任务是塑造优秀的精神文明建设者和文化教育卫生事业服务者的形象，争取社会各方面尽可能多的人民群众支持、关心、参与。

（4）群众组织。这类组织是具有共同利益和共同志趣的个体组织起来的群体。它包括群众性协会、团体、学术性组织等。在我国，工会、共青团、妇联、青联、文联、作协、科协及其他专业学会、协会等都是群众组织。这类组织公共关系的主要任务是在人民群众中树立起社会利益和群众利益的捍卫者、呼吁者形象，取得社会各方和人民群众的支持，为群体和广大人民群众服务。

（5）宗教组织。这类组织是具有共同宗教信仰的人们所组合起来的。我国的佛教协会、道教协会、伊斯兰教协会、天主教爱国会等都是宗教组织。其公共关系的主要任务是在信教群众和宗教界人士中树立一个组织者的形象，与有不同信仰的人和平共处，争取得到信教群众和宗教界人士的拥护和爱戴。

2. 按组织目标与受益者的关系分类，通常将社会组织分为以下 4 种类型

（1）营利性组织。例如，工商企业、服务行业、金融机构、旅游服务性单位、宾馆等，其公关工作的一个重要任务是如何为组织增进效益。营利性组织侧重开展促销型公共关系活动。

（2）服务性组织。这种组织是以服务对象的利益为目标，为服务对象谋求利益，不以营利为目标。这类组织有学校、医院、慈善机构、社会公共事业机构。这类组织公关工作的重要任务则是提高服务质量，以质量求信誉，求生存，通过提供各种高质量的服务显示组织诚意和品位，密切与公众的关系。服务性组织侧重开展公益服务型、实力展示型的公共关系活动。

（3）互益性组织。这种组织以组织内部成员之间互相获得利益为目标，即

组织内各成员之间相互都有好处。如党派、群众团体、宗教等组织。互益性组织侧重开展内部沟通型、社会公益型公共关系活动。

（4）公益性组织。这种组织是以国家和社会利益为目标。如政府、军队、治安机关。公益性组织侧重于开展公益服务型公共关系活动。

3. 按照组织是否营利和竞争分类，可以把社会组织划分为以下 4 种类型

（1）竞争性的营利组织。这类社会组织有明显的经济利益驱动，又是在激烈竞争中争取公众支持，因此，这类社会组织的公共关系意识较强，公共关系行为也较自觉和主动。如工商企业就属于这类社会组织，他们十分注重对消费者的公共关系，因为消费者是他们实现自身利润目标，求得发展的根本。这类社会组织一般容易偏重于对那些与市场活动直接相关的公众进行公共关系。

（2）竞争性的非营利组织。这类社会组织不以经济利益为根本追求，但由于他们需要在竞争中赢得舆论的理解和公众的支持，因此，也会尽可能广泛地建立和发展自己的公共关系。如学校、医院等就属于这类社会组织。

（3）独占性的营利组织。这类社会组织对其产品或服务具有垄断性，即使自己与公众关系不好或自身形象不良时也能营利。另外，由于这类组织的特殊性，在管理机制上不容易输入公众的信息，但又有营利的动机，因此，这类组织比较容易产生违反公众利益的行为。如垄断的电力部门、自来水公司、煤气公司、邮政局等。

（4）独占性的非营利组织。这类社会组织不仅没有经济利益的驱动，而且还缺乏竞争压力，因此，他们往往会忽略自己的公众，其公共关系工作一般是比较薄弱的。诸如公安机关、法院等社会组织，其内部的成员有时不很重视公共关系行为，容易与公众脱离，产生误解和不理解，影响到自己的形象和信誉。

（三）社会组织的环境

社会组织存在于复杂的宏观和微观环境之中，其存在和发展必然要受到环境的制约和影响。一方面，社会组织的运作方式要同一定的社会环境相适应，组织成员要通过对环境的监测和把握来选择，确定合适的运行方式和管理方法；另一方面，组织成员也必须想方设法创造有利的环境以实现组织的目标。因此，对所处环境的调节与控制，也自然成为社会组织公共关系工作的一项内容。

社会组织的环境大致分为两个方面：一是组织的内部环境，二是组织的外部环境，这两者构成了社会组织的环境系统。

1. 社会组织的内部环境

社会组织的内部环境，包括组织内部的人际关系环境和组织内部的管理环

境，其中人际关系环境是社会组织内部最普遍、最重要的内部环境。做好组织内部公共关系工作是组织搞好内部环境建设的重点。

在现代社会，一个组织要想生存发展，必须具有较强竞争力，而健全的运行机制、高效的工作业绩以及全体成员的精诚合作是一个组织立于不败之地的根本保证。现代社会组织往往是由相互依存、相互联系的若干要素组合而成的一个复杂的系统。组织内部各职能部门之间能否密切配合、步调一致，组织成员是否爱岗敬业、士气高昂，反映着这个组织是否具有生存和发展所必需的生机与活力。一个组织的公共关系目标能否得以顺利实现，首先也要取决于组织内部公众是否真诚接纳，因此，协调组织内部各个部门、各个科室之间的关系，使组织内部上上下下的全体成员都为组织目标的实现献计献策，尽心尽力，这是组织内部环境建设的重要任务。

2. 社会组织的外部环境

社会组织的外部环境，主要是指组织的生态环境、社会文化环境、政治环境和经济环境。如果说组织的内部环境重在影响组织本身的运作过程，那么，组织的外部环境则重在制约组织的运行方向和目标。社会组织生存于确定的社会环境之中，其形象的塑造必须要考虑环境的要求并与之相适应，否则，再好的公共关系方案也不可能取得预期的效果。

（1）生态环境是指社会组织所处的自然环境，包括土壤、气候、地理位置等，自然环境一般相对稳定。社会文化环境包括人口数量、年龄构成、人口的生理状况、文化水平等。

（2）社会文化影响着社会组织成员的思想、观念和认识方法，同时也决定着对社会组织所开展的公共关系工作的评价。富有创意的公共关系活动，如果得不到外界公众的认可也是徒劳的。

（3）政治环境与经济环境也是相互关联的，具有重要作用的外部环境因素。政治环境主要是指对社会组织活动有制约作用的社会政治制度、政治结构及政治关系等因素。它主要通过组织体系的合理化和有效的权利分配机制对组织产生影响。政治关系则表明一定社会中的各种社会角色在政治体系运行中所形成的关系。这种关系往往影响着社会组织公共关系目标的选择和实现的程度。

（4）经济环境是影响社会组织生存与发展的最基本因素。经济环境主要是指特定的经济制度和结构、经济实力和发展水平等相关因素，这些因素无论对组织的形态特征，还是制度特征或行为特征都有强硬的制约作用。当然对不同性质、不同规模的社会组织而言，环境因素的影响力和制约作用也会有所不同。正因为如此，组织决策者对不同环境因素的重视程度也会有一定的差异。

二、公共关系机构

公共关系机构是组织内部从事公关工作的部门和社会上提供公关服务组织的总称，就目前的情况看，公共关系机构主要分三类：一是社会组织内部设立的公共关系部；二是社会上成立的公共关系公司；三是公共关系学术界成立的公共关系协会。

（一）公共关系部

公共关系部是社会组织内部自行设立的专门负责处理公共关系事务的部门或机构。公共关系部是社会组织公关职能部门常用的名称，也有称作公共事务部、公共广告部、对外关系部、信息广告部、社区关系部、市场推广部等名称。

1. 公共关系部的类型

通常我们将公关部分为以下几种类型。

（1）部门所属型。这种类型的公关部通常附属于行政部门、销售部门，或广告宣传部门，其地位不是很突出，公关工作只是一种偶然性的活动。一般适合小型企业或组织采用。

（2）部门直属型。这种类型公关部与企业其他的销售财务、人事、技术各部门处于同一层次是二级部门，地位较突出。当然要成功地开展工作，还需积极与其他部门密切配合。

（3）领导直属型。这种类型的公关部从组织系统和组织地位来看，属于第三级机构，归属于部门经理负责领导，是一个有相当自主权的职能机构。这种设置类型综合以上两种类型的优点，有利于公关工作灵活全面开展。

（4）职能分散型。在许多企业的机构设置系列中，不设公共关系部，但可将公共关系的职能分解在其他部门。如有的企业在营销部门中有专门从事企业及产品形象宣传和调研工作；在宣传部门中，有专门负责与新闻媒介联系的工作等。

2. 公共关系部的作用

（1）信息调研。公共关系部搜集的信息主要有：组织向社会提供的产品或服务的形象信息；关于组织自身总体形象的信息；关于社区的民意和舆论情况。公共关系部门要积极搜集来自内外公众的各种信息。收到大量信息后，要进行处理，去粗取精，去伪存真。以便感知和预测影响组织目标实现的公众态度及社会环境的变化。公关部要及时、准确地向组织提供环境变化的信息，帮助组织准确分析并预测环境的变化，从而进行适当的行为和目标的调整，这要依靠完善的信息网络和广泛的信息沟通渠道来完成。

（2）决策咨询。在采集、整理、分析信息的基础上，为组织目标的实现提供选择的决策方案。或对已有的决策方案提出咨询的意见，协助组织决策者进行科学决策。公关部的作用：协调组织决策者分析、权衡各种决策方案的利弊；预测组织决策所产生的社会后果；提示组织决策者修正不利于组织长远发展的政策与行为等。

（3）协调沟通。借助各种媒介有效地与公众进行信息交流，获得公众的理解和信任，支持与合作。组织内部的公关机构要不断地向公众宣传组织的政策，组织的行为，增加组织的透明度。现代组织是一个开放的系统，它必须与公众实现有效的沟通。因此，传播信息、增强组织的知名度、美誉度是其重要职能，对外赢得公众，对内增强组织的凝聚力。它还应通过对外联络，为组织广结良缘、发展友谊、化解矛盾、协调关系，创造一个“人和”的环境。

3. 公共关系部的工作内容

公共关系部的工作主要包括对外关系协调、对内关系协调和专业技术三方面。

（1）从事外部关系的协调。主要涉及媒介关系、政府关系、社区关系等，其具体工作有：负责同新闻媒介、出版机构的合作关系；负责同政府有关部门的联系；负责与社区的联系；对消费者进行产品促销活动；进行各种礼宾接待工作等。

（2）从事内部关系的协调。包括员工关系、部门关系、股东关系、干群关系等。其具体工作有：与员工沟通；教育引导员工增加公关意识，真正实现“全员公关”；编辑、出版内部刊物；搜集组织内部员工的各种意见；参加董事会及生产、销售等主要部门的会议；为领导层确定公共关系目标提供方案，并为其他决策提供咨询；培训公共关系工作人员等。

（3）专业技术工作。其具体工作有：组织安排庆典活动；组织安排开（闭）幕仪式；策划和组织纪念活动；举办记者招待会；安排领导人与新闻媒介的接触；举办展览会；举办参观活动；开拓广告业务；负责图片、摄影等技术性工作；民意调研，进行舆论意见研究等。

4. 公共关系部的人员配置

公共关系部的人员配置应视社会组织的规模和公共关系部的工作量而定，当然也要本着机构精简、人员精干的原则来考虑。根据公共关系部的工作要求，通常需要配备以下五类人员。

（1）调查分析人员。公共关系调查分析工作，是开展公关工作的前提和基础。调研信息的质量关系公关工作的成败，作为一名调查分析人员应具有市场学、社会学、社会心理学等方面的知识和各种社会调查的经验。

(2) 策划人员。公共关系部为实现社会组织的某种目的，要进行一系列的公共关系活动，要想使这些活动取得良好的效果，就需要有高水平的策划人员。有创新思想，才能策划出优秀的公关案例，比如，白沙集团借助亚洲飞人刘翔所开展的公关活动就较为成功。

(3) 编辑、撰稿人员。这类人员主要任务是采写新闻，撰写各种报告、请示，编辑各种刊物、年度报告、年鉴等。这类人员需要有新闻写作的知识和经验。

(4) 组织人员。其任务主要是具体组织、管理公共关系活动。他们一方面要充分了解公共关系实务的工作原则、方法和技巧，另一方面还要有组织管理能力及处理日常事务的能力。

(5) 其他专门技术人员。如摄影师、印刷设计师、法律顾问等，这些专门的技术人员也是不可缺少的。

(二) 公共关系公司

公共关系公司又称公关咨询公司、公关顾问公司、公关事务所，是指由公关专家和专业人员组成，独立于社会组织之外，以提供公关咨询服务为主要工作内容的知识密集型的专业机构。公共关系公司的业务范围很广，能参与多方面的公共关系事务并提出建议，提供服务。公共关系公司的基本职能是对客户的一切影响公众利益的活动予以指导、建议和监督，帮助客户与社会公众之间的双向信息交流沟通，为客户建立美好的声誉和形象。公共关系公司的工作实际上是公共关系部工作的社会化。

1. 公共关系公司的类型

依据不同的划分方式，公共关系公司有多种类型。从国际上看，公共关系公司大致有以下几种类型。

(1) 综合服务咨询公司。这类公共关系公司以分类公共关系专家（如媒介关系专家、消费者关系专家、社区关系专家、员工关系专家等）和公共关系技术专家（如演说专家、出版物专家、民意测验专家、宣传资料专家等）为主体组成。这类公司经济实力较为雄厚，业务范围广泛，能为客户提供综合性的服务。

(2) 专项业务服务公司。即以各种专业人才、技术和设备为客户专门提供各种公共关系技术服务的公司。例如，为客户专门提供广告设计服务或专为客户提供形象调查服务等。

(3) 特定行业服务公司。这类公共关系公司是为特定行业提供公共关系服务的公司。如帮助工商企业推广业务、促进经营、维护合法权益和树立良好形象的公共关系公司。

2. 公共关系公司的工作模式

(1) 提供公关业务咨询。就客户提出的公关问题，提供建议和咨询，提供某方面的信息等，供客户决策层参考。

(2) 策划实施公关活动。受客户委托，全权负责某项专题公关活动，如市场调查、公众调查，大型活动方案的制订和执行，充当客户的引见人和调解人等。

(3) 代理客户的公关工作。受客户的长期聘请，包揽客户的全部公关工作或指派公关专家做客户的长期公关顾问。

3. 公共关系公司的工作内容

公共关系公司的业务可分为咨询业务和代理业务，具体工作内容包括以下几个方面。

(1) 确立公共关系目标。即通过协助客户开展调查研究，分析原因，提出解决问题的办法，进而确立公共关系目标。

(2) 制订实施计划。根据已确定的公共关系目标，以及客户存在的实际问题，帮助客户制订出有效的公共关系计划，并协助客户实施公共关系计划。

(3) 培训人员。接受客户委托训练公共关系人员，以提高他们的业务水平和工作能力。

(4) 编制预算，帮助客户编制公共关系预算。

(5) 协助客户开展内部公共关系工作。

(6) 协助客户处理社会性事件，消除不良影响。

(7) 帮助客户进行公共关系计划实施效果的评估。

(8) 为社会组织提供公共关系专题服务，如企业中的公共关系机构如何设置，公共关系人员如何培训，某个公共关系难题如何处理等。

(9) 为客户提供公共关系一般业务服务，如帮助客户联系新闻媒介，策划专题活动，组织大型会议、撰写稿件等。

4. 公共关系公司的工作程序

公共关系公司的工作程序一般分为以下几个步骤。

(1) 接受客户委托并签订协议书。协议书的签订表明委托关系的正式形成，这种委托的形成既可以由客户主动提出，也可以由公共关系公司主动联系。

(2) 调查研究与分析。针对客户的公共关系目标，对公共关系现状和影响公共关系目标实现的因素进行调查分析。

(3) 撰写委托报告书。根据调查研究的结果，向客户提交开展委托开展公共关系事务的详细方案的报告。

（4）进行可行性论证。主要是对委托报告书中的方案是否能够达到公共关系目标，以及是否具备实施的条件进行论证。可行性论证要有客户代表参加，若被通过，可进行下一步骤，若未能通过，则重新进行调查研究与分析。

（5）实施工作计划。在这个过程中，公共关系公司应接受客户的检查和监督，发现问题及时采取措施解决。

（6）效果检测评估。评估的结果作为公共关系公司此次工作业绩优劣的衡量标准。

5. 公共关系公司的机构设置

公共关系公司的内部机构一般由3个部分构成。

（1）行政部门。包括总经理、副总经理和一定数量的业务经理人员。其中业务经理人员的主要工作是具体组织、制定和实施为客户服务的公共关系项目。

（2）审计部门。该部门一般由业务经理人员、业务部门负责人和公共关系专家组成。其任务是在公司承办的各项业务开始时或实施过程中，审查项目的可行性、效益高低和实施情况，并负责统筹安排人力、物力、财力，及时为各个项目提供指导和咨询、避免事故，保证质量。

（3）专业部门。是根据公司的业务范围和专业特色设置的具体业务部门。一般有以下部门：财政关系部、形象服务部、调研预测部、公共事务部、产品宣传部、项目研究部、美工影像部、顾客服务部、外事联络部、教育培训部等。

（三）公共关系协会

公共关系协会是从事公关理论研究和实务工作的人按照一定的规章制度自发组织起来的民间群众团体。其宗旨是团结公关界同仁，研究公关理论，交流公关信息，开展公关咨询服务和公关培训，促进公关事业发展。

1. 公共关系协会的特征

（1）人员的广泛性。公关社团的会员，由热心公共关系事业的各行各业人士组成，既包括其所在地区的企业、新闻、科技、文教法律、党政机关等单位的人士，又包括社团所属行业中有代表性的单位，具有行业的广泛性、人员构成多层次和职业的差异性特点。通过这种组织，可以形成四通八达的信息联络网，广采信息，广交朋友，广辟渠道，广泛合作。

（2）组织的松散性。公共关系社团没有统一的强制性纪律，组织内部结构根据组织自身需要而灵活设置，其成员都是因对公共关系有共同兴趣而聚在一起的。

（3）工作的服务性。公共关系社团聚集了一批懂理论、重实践的专家学者和实际工作者，利用这一优势，可以为社会提供信息咨询服务。服务是公共关系社团的宗旨，一切活动都应以服务为准则，服务的质量是其生命力所在。通过提供及时、实用、优质、高效的服务，既可满足社会对公共关系的需求，又可提高社团的知名度、信誉度和权威度。

（4）经费的自筹性。作为民间的自发团体，公关社团的活动经费主要靠自筹，包括团体会员和个人会员的会费，为社会开展咨询策划活动、公关培训工作所取得的服务费、学费以及所属经济实体的营业收入和企业赞助等。

2. 公共关系协会的类型

（1）综合型协会。这类组织主要指公关协会。目前，我国已有两家全国性的公关协会：中国公共关系协会和中国国际公关协会。大多数省、直辖市、自治区和众多的地区都有自己的公关协会。综合型社团多为民办官助，会员主要来自不同行业，协会领导多由离退休官员及在任官员担任，具有广泛性、代表性、权威性，其主要任务是为政府部门、企事业单位提供咨询服务，协助有关部门和单位开展大型活动。

（2）学术型协会。这类组织主要指各类公关学会、公关研究会等，如中国高等教育学会公共关系教育研究会，会员主要来自大中专院校、科研机构。学术型协会是个知识分子群体，学术性比较强，其主要任务是进行学术研究、探讨，交流公共关系理论，从事公关培训，指导公关实践，把握公共关系发展的趋势。

（3）行业型协会。这类组织是一种行业公共关系组织。不同的行业开展公关工作，有不同的特点。随着公共关系的深入发展，公关组织的行业化势在必行，发达国家许多行业都有了自己的公关组织。

（4）联谊型协会。这类组织没有严密的组织机构和规章制度，形式松散，常见的名称有公关俱乐部、公关沙龙、公关联谊会等。其主要活动方式是定期、不定期举办一些沙龙聚会，在成员之间沟通信息，联络感情，建立良好的人际关系。

3. 公共关系协会的职责

公共关系协会是一种特殊的公共关系组织，它既是广大公共关系专家、学者及公共关系爱好者组成的民间团体，同时又是公关界与政府、工商企业及其他组织相互联系的纽带与桥梁，其宗旨是宣传公共关系思想，普及公共关系知识，协调公共关系活动，其具体职责体现在以下几个方面。

（1）发展和联络会员。

（2）宣传普及公共关系知识。

（3）组织公共关系专业人员的培训工作。

(4) 制定公共关系职业道德规范。

(5) 交流公共关系信息，开展公共关系咨询服务。

(6) 编辑、出版刊物。

(四) 公共关系人员

公共关系人员指专门从事公众信息传播、组织关系协调和形象管理事务的调查、咨询、策划、实施的人员。从狭义上讲是指以公关为职业的专职人员，包括组织内公关职能部门工作人员和社会上公关公司专业人员。从广义上讲是指从事与公关相关工作的专、兼职人员。从事公关工作的人员应该具备强烈的公关意识、良好的心理素质、全面的知识能力等基本素质，遵守公关职业道德准则。

1. 公关人员的基本素质

(1) 强烈的公关意识

公共关系意识也被称为“公共关系思想”、“公共关系观念”，是指一种尊重公众，自觉致力于塑造组织形象、传播沟通、争取公众理解与支持的观念和指导思想；是对公关知识的凝练，公关实践的升华。公共关系意识是组织建立良好公共关系的必要前提，是组织公共关系工作人员职业素质的核心。公关意识包括以下内容。

① 服务公众意识。公共关系也叫公众关系，因此公关就是在做公众工作。公关人员必须有尊重和服务公众的意识，一切公关工作都要从维护公众利益出发，满足公众各方面的需求，投公众所好，为公众提供周到的服务。

② 塑造形象意识。良好的组织形象是组织最重要的无形资产，是从事公共关系工作的最终目的。公关人员要懂得知名度、美誉度对组织的价值，努力塑造、维护或矫正组织形象。公关意识中最重要的就是珍惜信誉、重视形象。

③ 协调沟通意识。协调沟通意识强调重视信息传播沟通，是一种平等民主、真诚互惠的意识。公关工作是一个系统工程，需要协调各方面关系。因此，公关人员应该具备良好的协调意识，要遵循双向对称原则，平等竞争、公平合作，在沟通中寻求理解与支持，来增强组织内部的凝聚力和外部的和谐力，在沟通中谋求和谐发展。

④ 立足长远意识。立足长远的意识是塑造组织形象稳定性的要求，也是其艰苦性的表现。一个形象一旦传播出去、树立起来，就具备了相对稳定性。与公众建立良好的关系，不可能一蹴而就，需要经过努力，不断积累，才能成功。为此，公关人员要有长远眼光，既要立足于公关活动的经济效益，更要着眼于长期的公关战略目标，既要追求公关活动的经济效益，更要注重公关活动的社会效益。

(2) 良好的心理素质

① 充满自信。自信是指当面对现实或所要解决的问题时，能经过冷静的分析并进而产生相信自己的乐观心态。公关工作复杂难办，只有充满自信，公关人员才能有强烈的事业心，意志坚定，创造性地开展工作。

② 有开放的心态。公共关系工作是一项开放性的事业，具有开放心理的人才能热情宽容地与各类性格的人相处，并能建立良好的关系。开放的心理表现为乐于接受新鲜事物，学习别人的长处，不断解放思想，更新观念，在工作中能够大胆开拓创新，积极探索。

③ 有热情乐观的心态。热情乐观的心理能使公共关系从业人员充满想象力和创造力，保持广泛的兴趣，用真诚的热情和乐观的精神去与人打交道，去帮助和感染对方，这样才能结交众多的朋友，更好地完成公关工作。

(3) 具备较全面的知识

公共关系既是一门多学科的理论，也是一门实践性强的实务，作为公关从业人员，必须掌握多方面的知识，主要有公关理论、经营管理知识、传播沟通知识、社会交往知识。

(4) 具备较强的操作能力

公关工作要求从业人员具有较强的操作能力。如人际交往能力、组织协调能力、表达写作能力、创新策划能力等。此外，随着国际交往的加强，公关人员还应熟练地掌握一门或多门外语。

2. 公关人员的职业准则

各国公共关系职业道德准则的具体条文虽然不尽相同，但可归纳为以下几个方面。

(1) 遵纪守法，不损害社会道德和他人正当权益。任何一个国家的公共关系人员，或者在任何一国进行公共关系活动的人员，必须遵守该国基本的法律、法规和社会公认的道德规范，这是公共关系人员最基本的职业准则。在公共关系实践中，某一组织的个体利益与社会整体利益有可能发生冲突，公共关系人员在这种情况下必须牺牲个体利益，不能采取不正当的手段和方式，不能违法乱纪损害社会整体利益或其他组织的利益。

(2) 忠于职守，自觉维护组织信誉。公共关系人员是代表某一组织进行公共关系工作的，应忠于职守，避免使用含糊或可能引起误解的语言；对当前和以往的客户或雇主都始终忠诚如一；在任何场合均应在行动中表现出他对所服务的机构和公众双方的正当权益的尊重，以赢得有关方面的信赖；不能借用公共关系的名义从事任何有损所属组织或公共关系信誉的活动。

(3) 公正诚实，不传播虚假信息。公共关系人员在进行公共关系活动中，不能传播没有确凿依据的信息，或者为了个体利益故意传播虚假的或使人误解的信息。做好这一点既是公共关系人员对公众权益的尊重，也是从根本上长久维护组织良好信誉的保证。

【案例分析】

“公关科，公关科，离开吃喝没事做!”

一新任县长上任后，发现设在政府办公室内的公关科整天忙于迎来送往、交际应酬等琐碎之事，他决心改变这种状况。在他提议下，县政府决定把公关科独立出来，由分管副县长直接领导，负责县政府的公关管理工作。一段时间后，秘书告诉他：“政府里的人说‘公关科，公关科，离开吃喝没事做’”！县长找来公关科长，科长说“没办法，人家都认为公关就是如此”。县长困惑了。

【案例讨论】

1. 公关部门组织形式变了，其作用为何依旧？

2. 你若是县长的话，下一步将怎样做？

【案例简析】

1. 改变组织公关部门的结构模式是必要的。把公关部门从原来的部门所属型变为高层领导直属型，提高了公关部门的地位，表明对政府公关工作的重视。但是只追求形式的变化是不够的，不论何种形式的公关组织都有其优点，关键是要有明确公共关系意识、公关目标、公关计划和具体实施方案，此外，还要有一支懂得公共关系业务的优秀公关队伍，这样才能保证组织公关的科学性和有效性。

2. 首先，提高县政府公关人员尤其是主要决策者的公关专业知识水平和能力。其次，注重培养公关人才，实施全员公关计划。

第二节　公共关系客体

公共关系的工作对象是社会公众。公众的支持和信任是组织生存的基础，公关的工作对象和中心任务就是处理和协调好社会组织所面临的各类公众，在公众心目中树立良好的组织形象，营造一个和谐合作的公众环境。公共关系实际上就是公众关系。

一、公众的特征

公众是指与特定的公共关系主体发生相互联系和相互影响的群体、组织和个人，是公共关系工作对象的总称。公众的基本特征有以下几方面。

（一）层次性

组织所面临的相关公众环境是由若干个人、群体和社会团体组合而成的，具有多层次的主体结构，因此，要用全面系统的观点来分析自己面临的公众。不同的群体和不同的层次形成不同的公众，有紧密程度比较高的社会组织，有比较松散的群体组合，还有更松散的初级群体，他们可以属于三个层次：内部公众、外部有组织的公众和外部无组织的公众。

（二）相关性

一个人、一个群体或组织能够成为某一组织的公众，是因为他们与该组织存在着一定的相关性。组织的行动和政策对公众会产生影响，同时公众的言行和态度对组织的存在与发展也会产生影响。公众的同质性是指组成某一类公众的个体都面临着同一问题。社会群体是由于共同的需求和目的而成为某一组织的相关公众。相关公众是具有某种内在共同性的群体，例如职务、年龄、工作、性别不同的消费者，由于购买了某一品牌的产品，就成为该企业的公众，形成了利益共同体，他们的态度、行为就能对该企业产生影响。

（三）互动性

互动性是指某些公众的意见、观点和行为同组织相关且相互作用。公众对组织的目标和发展具有实际或潜在的影响力、制约力，甚至可以决定组织的成败。同样，组织的决策和行为对它的公众也具有实际或潜在的影响，制约着公众所面临问题的解决及需求的满足。

（四）多变性

公众与社会组织之间的联系及相互作用总是处在不断变化和发展过程中。首先，表现为公众性质的变化性，如相关公众变成无关群体，潜在公众变成行动公众，次要公众变成主要公众，协作关系转化为竞争关系等。其次，公众数量也是随时变化的，如用户增多或减少等；再次，内部员工也经常处于变化之中，如员工的吸纳与解雇等。根据公众的多变性，公关工作要随时调整自己的方针政策。

二、公众的类型

组织所面临的公众是复杂多样的，为了更好地了解自己的公众，提高公关工作的针对性和目的性，要根据不同的需要，从不同的角度，对公众进行科学的分类，把握其内在的规律性，这样才有利于公关工作的开展。

（一）按公众的隶属关系分类

按公众的隶属关系不同，公众可分为内部公众和外部公众。

内部公众一般与组织有归属关系，是组织的构成部分，它包括组织的职工、员工、股东及家属等。这类公众与组织有着密切的关系，他们的意见、态度、情感等对组织的生存与发展会产生直接的影响，同时，组织的境况也直接决定着他们的利益，他们是组织最重要的公众。协调好内部公众的关系，是公关工作中最重要的任务，是组织内求团结、外树形象的保障。

外部公众是指那些与组织没有归属关系的公众，是组织面临的外部宏观环境，包括政府公众、社区公众、媒介公众、消费者公众、同行公众、社会名流公众等。本节后面内容中会有详细的叙述。

（二）按公众的重要程度分类

按公众的重要程度不同，公众可分为首要公众和次要公众。

首要公众是指对组织的生存和发展能够产生重大影响，甚至具有决定性意义的公众，如政府要人、社会名流、新闻记者、意见领袖等。次要公众是那些对组织的生存和发展有影响，但影响程度不大的公众，如个别普通消费者。

一般来说，首要公众是少数的，而次要公众往往是大量的。所以对于首要公众组织应投入大量的人力、物力和时间，将其作为公关工作的重点。对次要公众要注意其群体倾向，注意引导、转化。首要公众和次要公众是相对的，两者之间可以转化。

（三）按公众对组织的态度分类

按公众对组织的态度不同，公众可分为顺意公众、逆意公众和边缘公众。

顺意公众是指那些对组织的政策、行为持赞成意向和支持态度的公众。逆意公众指对组织的政策、行为持否定意向和反对态度的公众。边缘公众又叫独立公众，是指对组织持中间态度，尚未表明观点或意向不明朗的公众。

顺意公众和逆意公众往往只占少数，边缘公众则是大量的。公关工作注意稳定和扩大顺意公众，不断加强与他们的联系，减少逆意公众，做好逆意公众的转化，重点争取边缘公众，引导他们成为顺意公众，防止他们成为逆意公众。

（四）按公众构成的稳定性程度分类

按公众构成的稳定性程度不同，公众可分为临时公众、周期公众和稳定公众。

临时公众是因某一突发事件、偶然因素或专题活动而形成的公众，如示威游行的队伍，展览会、音乐会的观众等。临时公众虽然是临时的，但有些突发性的事件往往是由临时公众引起的，处理不好会影响公关工作。因此，平时要注意“防患未然”，提高应对突发事件的能力。

周期公众是指按一定规律和周期出现的公众，比如节假日的游客，他们的出现是有规律的，可以预测的。所以商家经常利用“五一”或“十一”黄金周开展促销活动。

稳定公众即比较稳定的公众，如老主顾、常客、社区人士等。稳定公众是组织的基本公众，数量的多少是衡量一个组织公关工作业绩的重要标志。企业如果有大量的铁杆忠诚者，企业的发展就更有保障。

（五）按组织对公众的态度分类

按组织对公众的态度不同，公众可分为受欢迎的公众，不受欢迎的公众和被追求的公众。

受欢迎的公众是指那些主动接近组织，扶持组织，有利于组织生存和发展的公众，如赞助者、投资者、慕名前来的顾客等，对这类公众组织应给予一定的回报。

不受欢迎的公众是指那些违背组织意愿，对组织构成潜在或现实威胁，并损害组织利益的公众。如持不友好态度的记者，索取赞助的团体或个人、乱收费的政府部门等。这类公众虽然不受欢迎，但也不能不理不睬，而应实事求是地说明情况，争取他们的理解，防止双方对立。

被追求的公众是能够给组织带来有利影响，但又对组织不了解或不感兴趣的公众，如著名的记者、社会名流等。对这类公众，要设法接近，与他们建立起密切关系。

（六）按公众发展过程阶段分类

按公众发展过程的阶段不同，公众可分为非公众、潜在公众、知晓公众和行动公众。

非公众是指与本组织无关，其观点、态度和行为不受该组织影响的公众。明确了组织的非公众，可以减少公关工作的盲目性，避免不必要的浪费。

潜在公众。当某一社会群体、个人与组织发生利益关系时，就由这个组织行为引起的某个共同问题，由于这些问题尚未暴露或这些公众还未意识到问题的存在，这些公众就成为组织的潜在公众。因此，及早发现潜在问题及其可能出现的后果，着手采取行动，是最佳公关方案。

知晓公众是由潜在公众发展而来的。当潜在公众意识到自己可能面临的由组织行为引起的某个问题时就发展成为知晓公众。这时，公关组织就要积极沟通，主动传播，引导局面。

行动公众是由知晓公众发展而来的。当知晓公众采取实际行动或准备采取实际行动来解决所面临的问题时，他们就成为行动公众。对于行动公众要冷静处理，善于引导，防止事态变化，使问题得到妥善的解决。

三、公众的心理

（一）公众的心理倾向

公众并非是被动地接受组织的信息，而是具有主观能动性的。公众的这种能动性发挥得越好，他们参与意识和实际介入程度越高，公关活动也就越容易成功。公众的参与和介入通常有以下5个方面：喜欢与否、需要与否、值得与否、能够与否、实行与否。而这5个方面与下列5种心理倾向有密切的联系。

（1）公众的兴趣。兴趣是人脑对特定事物的特定反映，它表现为个人渴望深入探究某种事物，并力求参与该种活动的意向。兴趣对一个人的动机和行为模式有重要的影响，在某种程度上可以指导一个人的行为。正如孔子所说，知之者不如好之者，好之者不如乐之者。公关人员要善于观察，发现公众在不同时间和地点的不同兴趣和爱好，投其所好才有利于提高公关活动的效果。

（2）公众的需要。需要是人们对某种目标的渴望和个体的欲望，是人缺乏某种东西或受到某种刺激时产生的一种主观状态。不同的人有不同的需要，同一个人在不同的时间和场合也有不同的需要。美国心理学家马斯洛的“需求层次理论”，将人类的需要由低到高分为5个层次：生理需要、安全需要、社交需要、尊重需要和自我实现的需要。但是人类的需要是发展的，不一定严格按照这种顺序。在现实生活中，随着社会的进步，每个人的需要是千差万别的，但在某一特定时期里，每个人都会有他最迫切的需要，我们称其为优势需要，作为公关人员要及时了解和满足公众的优势需要，以赢得公众的支持和依赖。

（3）公众的价值观。价值观是一个人对周围事物的是非、好坏、善恶和重要性的评价。它是决定人的态度和行为的心理基础。国家和民族不同，宗教信仰或社会制度不同，往往会产生不同的价值观。在相同的客观条件下，价值观不同的人会产生不同的行为。在开展公关活动时，要注意针对性。我国加入WTO后，组织要在国际范围内，与更多的人打交道，所面临的环境更为复杂。因此，公关人员要加强学习，只有具备了全面的知识面，学会与不同价值观的人打交道，求同存异，才能取得更多公众的支持。

（4）公众的自我倾向。公众中有的是主观自我倾向占主导地位，有的则是客观的自我倾向占主导地位。主观自我倾向就是强调自身的主体地位，经常考虑“我想怎样”、“我要怎样”；而客观的自我倾向则更多强调环境的制约作用，

“我应该怎样”，“我能怎样”。这两种自我意识，因人而异，因时间和地点不同而异。而公众的这两种自我意识都可以通过对某件事的认识、评价，以及他们的态度反映出来。作为公关人员，要了解公众的自我倾向，还要努力引导公众，使公众的态度与评价向着有利于组织的生存与发展的方向转化。

(5) 公众的决策倾向。不同的人，以及同一个人在不同的场合，对于某件事的决策也会表现出不同的特点。以顾客的购买行为为例，有理智型、冲动型、习惯型、不定型等几种决策倾向。作为经营者，要与各种各样的顾客打交道，如果能及时准确地判断出顾客的购买行为，则有利于交易的成功，提高营销活动的效率。从公关角度，作为公关主体的社会组织，应该针对不同的收入阶层，不同的职业和文化水平，不同的性别和年龄段的消费者，采取积极主动的公关策略，不失时机地引导和推动消费者的需求。

(二) 公众的心理定势

公众的心理定势，是指在一定社会条件下，由人与环境相互作用时出现的公众对于某一对象（人、事、物等）产生共同心理状态的行为倾向。

心理定势有时会产生积极作用，但很多情况下会造成消极的影响。在公关活动中，在与人交往的过程中，如何利用心理定势，如何对待和处理公众的心理定势，具有十分重要的意义。

(1) 首因效应。首因效应（首次效应）就是“第一印象”的意思。在公关活动中，公关人员与人打交道要十分注意自己的仪表，给人以良好的“第一印象”，这是很有必要的；反之，与人交往，又不能犯“第一印象”的认识偏差，避免“第一印象”可能造成的错误判断。首因效应不仅仅来自直接的接触，很多情况下也来自传播媒介的间接影响。因此，开展公关活动，还应注意传播媒介的特殊功能。要从一开始就十分注意，让自己的组织在各种媒体上树立起一个良好的形象。

(2) 近因效应。近因效应是指最后给人留下印象而形成的影响。如文艺演出，放在最后的一个节目往往是最好的，也是最能吸引观众的，俗话叫“压轴戏”。同样道理，搞公关活动，在活动结束时，要搞得别具一格，气氛浓烈一些，就要注意结尾的高潮部分，一项公关活动如果“虎头蛇尾”，那往往会失败。与首因效应一个道理，了解公众也不能受近因效应的过分影响。

(3) 晕轮效应。在刮风天气之前的晚间，月亮周围出现一个大圆环，称为月晕，又称晕轮。月晕是月光照在带水分的空气上造成的一种特殊的光学效应。由于这种效应，使人们看不清月亮本来的面目。“晕轮效应”就是由此引申过来的，用以表示主体对认知对象的一种认知偏差倾向。这主要表现为“以木为林”，以偏概全的心理定式。“晕轮效应”也有正面和负面两个方面的影响。作为公关人员，完全可以利用人们这种认知偏差，策划并开展一些公关活动。如北京的一些仿膳饭店，突出强调“皇帝吃过的饭菜”，使顾客形成一种强烈的先入为主的印象，认为皇帝吃过的饭菜肯定不会错，因此，吸引了大批中外游客前来品尝。

(4) 社会刻板印象。由于地理、政治、经济、文化等条件不同，人们往往对不同的人群形成一种较为固定的看法，这种判断未必有充分的理由，但在很多场合左右着人们对不同人群的评价和人格判断，这就是社会刻板印象。

社会刻板印象也是一种以偏概全的思想方法，因为它只凭一些过去的经验，或是沿袭下来的看法，以有限的信息得出较为普遍的结论，当然容易出现偏差。由于刻板印象的存在，阻碍了人与人之间的正常沟通。因此，公关人员与人打交道时，不要以学历高低为根据去判断人的水平高低。切忌只凭职业、地区、性别等方面的已知经验，把人分为豪爽、细腻、粗鲁、诚实等品质类型。

(5) 定型效应。定型效应也叫定型作用或经验效应，是指公众个体要对对象进行认知时，总是凭借自己的经验对对象进行认识、判断、归类的心理定式。也就是说，人们在认识他人或他物时，会自觉不自觉地根据自己的经验产生一种心理准备状态，这种准备状态使他对对象会作定型或定式分析。由于定型效应在公关活动中广泛存在，所以，公关人员应注意利用定型效应。一是要利用公众的定型效应来巩固自己组织在公众中的良好形象；二是要注意一旦因为某事或某人使自己组织在公众心目中的形象受损，往往要先改变人们的定型模式。

(6) 移情效应。移情效应是指人们在对对象形成深刻印象时，当时的情绪状态会影响他对对象本身及其关系者（人或物）的评价的一种心理倾向，即把对特定对象的情感迁移到与该对象相关的人或事物上，引起他人的同类心理效应。移情效应首先表现在“人情效应”方面，即以人为情感对象，并将自己的情感迁移到他人身上的效应。其次，表现为由人情而达到的“爱屋及乌”，即由于爱某人而爱及他的一切。最后，表现在人们之间的情绪感染方面，即人的喜怒哀乐等情绪往往会影响其周围的人，从而产生情绪迁移。例如现代广告的“名人效应”就是一种移情效应的运用。乔丹为耐克鞋做了代言人以后，乔丹的 fans（追随者们）都争相购买耐克鞋。由于移情效应的作用越来越大，所以公关人员要自觉利用移情效应，充分调动公众的良好的情感体验，有效地开展公关活动。

四、获得公众的艺术

没有公众，公共关系工作就会无的放矢，就会失去工作关系的实际意义。

如何获得公众呢？概括起来主要有以下几种。

（一）劝导方法

劝导就是劝说和引导。公关人员通过对公众的劝说和引导而引发公众心理的认同变化，从而产生服从组织导向的行为。劝导方法主要有流泻式劝导、冲击式劝导和渗透式劝导。

（1）流泻式劝导。流泻式劝导是以告知为基本目标，没有特定的针对性的普及性劝导方法。流泻式劝导是没有严格的对象范围，犹如地上的积水一样自由流泻，它是以“广而告之”、“广而导之”对公众心理产生“知”和“导”的影响。比如彩色电视机广告，公众不知道现在买哪种电视机最合适，各个彩色电视机厂家的广告和流通部门的广告使公众了解彩色电视机的销售行情，从不知到知晓，在知晓过程中不自觉地受到了引导，这就是流泻式劝导对这部分公众的影响。这种方法适用于组织初创时的广告宣传，但要注意引导内容的真实性和吸引力。

（2）冲击式劝导。冲击式劝导是一种全力说服公众改变态度的专门性劝导方法。与流泻式劝导相比，冲击式劝导就像灭火和冲洗汽车的高压水枪一样，以集中的水力“灭火去污”，影响公众改变态度，真正解决这部分公众对组织行为“知”而“不信”的问题。冲击式劝导往往和批评结合在一起，此时应尽量做到：全面了解特殊公众的情况及其意见、原因等；调查研究掌握第一手可靠的说服资料；选择适当的机会和环境；语言表达要得体；巧妙运用非语言表达；体现关心但不必显示热情；挑明利害但不必代作结论或决定；简明扼要，点到为止；旁敲侧击，巧用幽默；以身作则，取信于众。

（3）渗透式劝导。渗透式劝导是一种以舆论氛围方式影响观众的方法。其特点是作用持久而温和，像浸润某种固态的液体一样，缓慢地产生着作用。这种作用的结果，使某些公众产生从众心理，作出自我否定，放弃个人意见的从众行为，并自觉不自觉地对组织的行为导向产生“服从”和“同化”效应。心理学研究表明，人们在正确舆论的影响下，大约会有三分之一的人会作出由衷的或是故意的认同。因此，渗透式劝导关键在于要形成正确的舆论。

（二）暗示方法

暗示是指在无对抗的条件下，用含蓄间接的方法对人们的心理和行为产生影响的方法。暗示的形式有语言和非语言形式，有意暗示和无意暗示，外界暗示和自我暗示等。暗示的功效在于对公众有启迪思考、批评教育、缓解气氛、调节情绪等功效。比如就启迪思考功效而言，传说孔子拜访老子，问老子身体如何。老子先问孔子“我牙齿如何”，又问“我舌头如何”，孔子答“牙齿都掉了”“舌头很好”，说完孔子马上告辞。孔子的学生不解，孔子告诉学生：“老子已给我上了一课，他告诉我柔弱胜过刚强。”这时，孔子从老子那里获得了暗示，也获得了启迪。在公共关系活动中，公关人员运用暗示的方法，要注意暗示技巧，自觉遵循和运用暗示规律。

（1）强度。暗示信息要有一定的刺激强度才能被暗示对象感知。强度小容易忽略，过大可能引起反感。比如有的人惯于把领导的每句话当做指令来狐假虎威，对此群众形容其“拿着鸡毛当令箭”，这说明狐假虎威的暗示是令人反感的！过分追求暗示的身份、地位只能使暗示的结果适得其反。所以，公关人员在公共关系活动中巧用暗示，必须通过分析暗示信息的性质、被暗示对象的心理状态和心理特征，恰当地选择暗示的方式。

（2）对比。暗示有效与否，关键要有一定的对比度，对比度小暗示不清晰，对比度过大会产生副作用。例如，战国时期的魏文侯有一次问众臣“我是怎样的一位君主”，众臣都答：“君王是仁君”，只有一个叫任座的大臣说：“君王得了中山，封自己的儿子，这不是仁君所为。”魏文侯听了大怒。这时另一位叫翟璜的大臣赶紧奏言：“君主是仁君。我听说君王仁厚而后大臣耿直，任座敢于直言，正说明君王是仁君。”魏文侯听了转怒为喜，既褒奖了任座，又改变了册封。这里，魏文候的情绪转变是因翟璜巧妙地运用了反话正说的暗示。翟璜的暗示之所以有效，是因为他的暗示内容和其他大臣的言论形成了适度对比。另外，对比方式也有颜色对比，声音对比，图像对比。这些对比都要公关人员在公共关系活动中恰当选用。

（3）协同。暗示要和对象各种感觉器官感知到信息相协同才能有效地发生，否则，就会受到被暗示对象的抵制或拒绝。比如某企业向社会公开招聘翻译人才，似有“尊重知识，尊重人才”的暗示。但是，经过严格考核被录用的翻译者发现平时辅导他们外语的老师就在这家企业看仓库。这种“尊重知识，尊重人才”的暗示显然和事实相抵触的。由此可见，只有实事求是，遵循认知规律的暗示才能引起注意，获得暗示对象的认同。

（三）感染方法

感染方法是以一定的方式引起人们和自己相同或相似的情绪反应和情感共鸣的方法。感染方法与暗示方法不同之处在于感染是以感情的传递为特征的。感染的基本方法主要有间接感染和直接感染。

（1）间接感染。间接感染是指通过影视戏剧、文学作品、演讲、报告、诗歌等形式引起公众的情感体验。这种感染的特点，一是感染者和被感染者无须直接见面交流，而是通过一定的中间媒介而形成的感染。如作品中的典型人物的感情魅力打动人心；二是间接感染影响面广，如一首好歌，一部电影，一个英雄模范人物的先进事迹，其感染力不仅能广泛地震撼人心，而且还能使几代人受到理想人生的启迪。

(2) 直接感染。直接感染是通过感染者的自身的语言、表情动作、行为所显示的情绪和情感，在无压力的条件下影响公众发生类似的情感的方法。直接感染的特点，一是即时性，即这种感染的时间较短，带有冲动的色彩，随即进入平静状态。二是情境性。即这种感染的发生受到特定时间环境的影响。比如某单位有人突遭横祸，立即发起募捐要比过一段时间的募捐更有感染力。三是互动性，这是指感染往往使在场者产生相互模仿、相互作用，比如在足球比赛场上，有些观众情绪激动，也会感染周围其他观众乃至全场观众狂呼或者骚乱。

在公共关系活动中，公关人员运用感染法增强感染力量，不仅要提高感染者自身素质，使感染者以知识渊博、才能出众、品行优良感染公众，而且还要注意寻求组织态度与公众态度的相似性，全面认识公众的心理特征和倾向，正确处理好感染者与被感染着的关系。只有这样，才能真正使感染者产生“以情感人”的效应。

(四) 吸引方法

公共关系工作也是争取公众的艺术。吸引公众的方法主要有下列几种。

(1) 利益吸引。公共关系工作要以公众利益为出发点，把公众利益放在第一位。组织如果只顾自己的利益，不顾公众的利益，自己的利益最终也得不到保障。只有激发公众和组织共同获利的需要，才能更好地发展组织与公众的关系。

(2) 形象吸引。组织形象关系到组织的生存与发展，良好的组织形象、产品形象、服务形象，对公众具有强大的吸引力，是争取公众的法宝。随着我国市场经济的发展，更多的组织注重自身形象塑造，近几年来一些企业采取CIS战略取得了良好的效果便是例证。

(3) 信息吸引。在当今信息社会里，组织的生存与发展需要及时的接受和传播自己的信息，以此吸引公众。实践表明，公众总是有选择接收那些与自己观念一致或与自己需求相关的信息，拒绝、回避那些与自己认识抵触或不感兴趣的信息。因此，公关人员应注意了解组织的公众需求，分析其心理，一要力求做到传播出去的信息为更多的公众所接受，二要及时地搜集有关公众的反馈信息。

(4) 示范吸引。示范吸引就是用直观的，可学习模仿的行为来吸引公众。例如企业有意识的举办展销会，对产品进行演示操作，免费品尝，然后征询公众意见，这样可以引发公众兴趣，激发他们的购买欲望。

(5) 目标吸引。组织目标是组织未来所要达到的状态或事实。鲜明的组织目标会增加对公众的吸引力，并得到公众的理解、支持。例如 IBM 公司以“IBM 意味着服务”的组织目标理念，吸引了世界各国公众，占领了世界 40%以上的电脑市场。公关人员在公共关系活动中还可把组织目标贴附在社会时尚、公众热点等有关事件上，以此来吸引公众。

【案例分析】

35 次紧急电话

日本东京的奥达克余百货公司就是通过开展防御性公关工作，不仅使公司避免了一次危机事件，还为公司赢得美誉。

一次，一位名叫基泰丝的美国记者，来到日本东京的奥达克余百货公司买了一台“索尼”牌唱机，准备作为见面礼，送给住在东京的婆家。售货员彬彬有礼，特地为她挑选了一台未启封的机器。

回到住所，基泰丝开机试用时，却发现该机没有装内件，因而根本无法使用。她不由得火冒三丈，准备第二天一早就去“奥达克余”交涉，并迅速写好了一篇新闻稿，题目是《笑脸背后的真面目》。

第二天一早，基泰丝在动身之前，忽然收到“奥达克余”打来的道歉电话。50 分钟以后，一辆汽车赶到她的住处。从车上跳下“奥达克余”的副经理和提着大皮箱的职员。两人一进客厅便俯首鞠躬，表示特来请罪。除了送来一台新的合格的唱机外，又加送蛋糕一盒、毛巾一套和著名唱片一张。接着。副经理又打开记事簿，宣读了一份备忘录。上面记载着公司通宵达旦地纠正这一失误的全部经过。原来，昨天下午 4 点 30 分清点商品时，售货员发现错将一个空心货样卖给了顾客。她立即报告公司警卫迅速寻找，但为时已迟。此事非同小可。经理接到报告后，马上召集有关人员商议。当时只有两条线索可循，即顾客的名字和她留下的一张“美国快递公司”的名片。据此，奥达克余公司连夜开始了一连串无异于大海捞针的行动：打了 32 次紧急电话，向东京各大宾馆查询，没有结果。再打电话问纽约“美国快递公司”总部，深夜接到回电，得知顾客在美国父母的电话号码。接着又打电话去美国，得知顾客在东京婆家的电话号码。终于弄清了这位顾客在东京期间的住址和电话，这期间的紧急电话，合计 35 次！

这一切使基泰丝深受感动，她立即重写了新闻稿，题目叫做《35 次紧急电话》。

【案例讨论】

结合案例，分析美国记者基泰丝对于奥达克余百货公司而言曾处于哪几个不同的公众发展阶段？公司在不同的公众阶段采取公关活动是否一样？

第三节　公共关系传播

联结公共关系主体与客体之间的媒介是信息传播。信息传播是指一定的社会组织在特定的时空范围内，将自身产生的或业已吸收的信息，通过一定的编码处理，借助于一定的信息传输通道，按照预定的目标，向有关公众进行的一种组织信息传播活动。要使信息传播真正有效，就必须首先了解传播的有关知识。

一、传播的要素

传播是人们在交往过程中将信息进行传递、接受、共享和沟通的过程。传播要素是构成传播活动的必要条件。构成信息传播的要素有哪些，学术界至今还没有完全统一的意见，有人认为是四个要素，即传播者、信息、途径、受传者；有人认为是 6 个要素，即传播主体、传播内容、传播媒介、传播对象、传播效果和传播反馈等。我们认为，信息传播由 5 个要素构成，即：信源、信宿、信息、信道、反馈。它们之间相互联系、相互制约，并且处于不断循环的过程。

（一）信息发生源——信源

信息发生源是信息交流的基础，即传播者。在传播过程中，传播者处于积极、主动的地位。它确定传播的内容，选择传播的形式、方法。信源影响和制约着整个信息传播的全过程：传播什么、向谁传播、什么时候传播、什么地点传播、通过什么渠道传播、要达到什么目的等，都是由它所确定的。因此，信息发生源是信息传播中最关键的因素。

（二）信息接收源——信宿

信息接收源是信息接收者，实际上就是公众。它是信息到达的地方，即接受并利用信息的一方，又称受传者或受众。受众是传播的目标和归宿，在传播活动中虽然处于被动地位，但在对信息的接受上则有决定权。信息源从类型上来说，他们可以是个体、群体，也可以是各种社会组织。信息传播只有尊重公众的需要，反映公众的要求，并从传播内容上确保公众接收的可能性，才能使公众真正接收和分享组织传来的信息，取得良好的传播效果。

（三）信息内容——信息

信息是可以被感知、采集、储存和传递的，是具体传播的原材料，是传播得以存在的基础。信息内容包括信息的实质内容及其表现形式。信息传播的内容一般包括：组织基本情况、组织实力情况、组织产品与服务情况、组织生产与工作情况、组织管理与组织文化建设情况、组织的重要活动情况、组织的荣誉和社会影响情况、公众对组织的评价和反映情况等。选择与加工真实的信息内容，也是确保信息传播有效性的关键之一。

（四）信息通道——信道

信息传播通道，是指信息从发生源传输到接收源的过程中所经过的途径，也称媒介，媒介是信息传送的载体或渠道，用于记录、保存、传递、反馈信息，如语言媒介、文字媒介、实物媒介等。在信息传播中，信息从发生源到接收源总是要经过一定通道的，大致有 6 种类型，人际信息传输通道、组织信息传输通道、大众信息传输通道、邮电信息传输通道、信息网络传输通道、专题活动传输通道。

（五）信息反向传播——反馈

在信息传播系统中，信息的发出者将信息传输给接收者，接收者将接收、应用的效果以及有关问题作为信息反向传输的内容传输给发出者，以便发出者了解传播效果以及为下一次的传播活动决策提供依据，这种信息的逆向传输过程，就是信息反馈。在传播过程中，传播者可根据受众对信息的反馈来调整自己的传播行为。也就是说，信息反馈使信息传播构成了一个闭环控制系统，真正实现了信息传播的双向交流特性，有利于提高信息传播的质量和信息传播的效益。

二、传播的模式

信息传播主要有拉斯韦尔 5W 模式、线性传播模式、双向传播模式和公共关系传播的一般过程模式。

（一）拉斯韦尔 5W 模式

传播学中，总体研究范畴的规划者是美国人哈罗德·拉斯韦尔。他提出至今为传播学公认的传播要素理论——5W 理论。谁（Who）——传播主体、说什么（Says what）——传播内容、通过什么渠道（In which channel）——传播媒介、对谁说（To whom）——传播对象、产生什么效果（With what effect）——传播效果。

因为这 5 个要素的英文表述各有一个以 w 打头的疑问词，这个 5 要素理论也叫 5W 模式（如图 2-1 所示）。

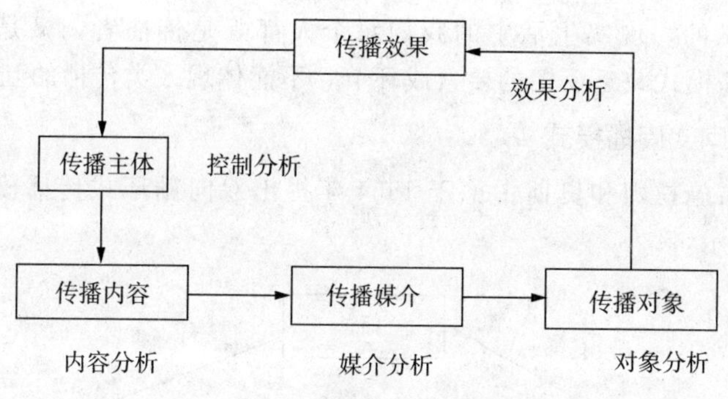

图 2-1 拉斯韦尔 5W 模式

（1）传播的控制分析。传播的控制分析主要包括：传播的法规与政策；传播者的社会控制和自我控制；传播者对传播的影响；传播者的社会责任。

（2）传播的内容分析。传播的内容分析主要包括：传播的分类；传播的符号；传播的宣传方法等。

（3）传播的媒介分析。传播的媒介分析主要包括：传播的媒介环境；传播的媒介特点等。

（4）传播的对象分析。传播的对象分析主要包括：传播对象的心理；传播对象的劝服方法等。

（5）传播的效果分析。传播的效果分析主要包括：传播的效果类型；影响传播效果的因素；测定传播效果的定量方法等。

（二）线性传播模式

线性传播模式，最早由香农和韦弗于 1949 年提出，其模式见图 2-2。这种模式是一种单向直线运动过程，信息由信息源传出，经过传者将其用信号发出，受者接收到信号再还原成信息，得到结果，在信号传递过程中，还会受到噪音的干扰。这种传播模式在传播学上具有广泛影响，被称为“香农——韦弗模式”。这种模式忽视了信息传播过程中的制约因素，如：社会环境和主观思维等方面的能动作用。

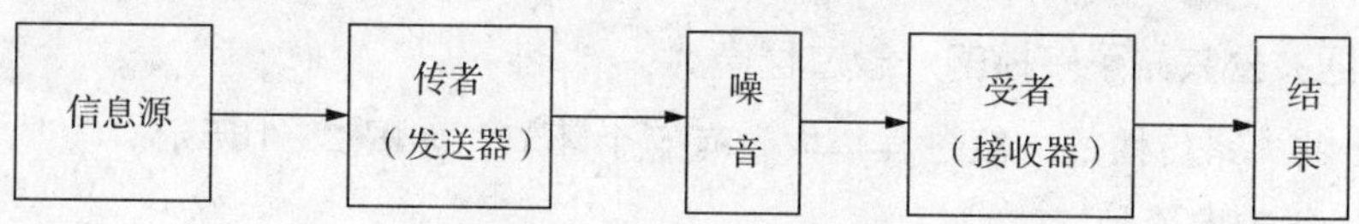

图 2-2 线性传播模式

由图观之，线性传播模式在阐述人类的社会传播过程中具有明显的缺陷。首先，它容易把传播者和受传者的角色、关系和作用固定化，一方只能是传播者，另一方只能是受传者，不能发生角色的转换；而在人类的传播活动中，这种转换是常见的，现实生活中的我们每个人都既是传播者，又是受传者。其次，线性传播模式缺乏反馈的要素或环节，不能体现人类传播的互动性质。

（三）双向式传播模式

美国学者施拉姆和奥斯古德于 1954 年提出双向循环式传播模式，其过程如图 2-3 所示。

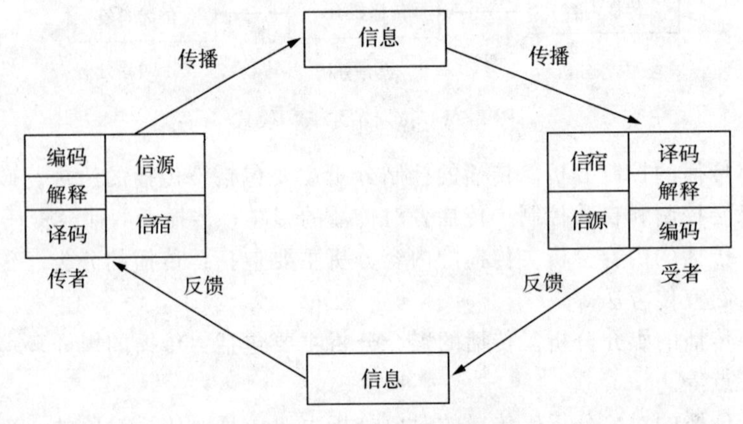

图 2-3　双向式传播模式

从图 2-3　可以看出，该模式与线性传播模式有明显的不同。

（1）这里没有传播者和受传者的概念，传播双方都作为传播行为的主体，通过讯息的授受处于你来我往的相互作用之中。

（2）该模式的重点不在于分析传播渠道中的各个环节，而在于解析传播双方的角色功能；参加传播过程的每一方在不同阶段都依次扮演着译码者（执行接收和符号解读功能）、解释者（执行解释意义功能）和编码者（执行符号化和传达功能）的角色，并相互交替着这些角色。

（3）这种模式引入了反馈机制，把传播理解为一种互动的循环往复的过程。在这一循环系统中，反馈还对传播系统及其过程构成一种自我调节和控制。

（四）公共关系传播的一般过程模式

公共关系传播的一般过程，大致有 5 个环节，如图 2-4 所示。

1. 传播者编码

在第一个环节，传播者将信息编制成传播符号，将信息送入传播过程，编码时一定要用受传者能够理解的方式，并且要保证编码准确无误，避免干扰信息的传递。

2. 传送

在此环节中，信息通过传播媒介，将信息的传播符号传给受传者。在此环节要注意排除影响信息交流的任何干扰。

3. 译码

信息的接受者即受传者接受到传播符号后，将其翻译成信息。受传者不是简单、被动地接受符号，而是按照自己的立场、观点、方法和偏好来分析和吸收信息。

4. 产生效果

受传者在获得信息后，产生一系列的心理活动，导致一系列行为的发生，最终产生传播者预料中或意料外的各种结果。

5. 反馈

传播的效果通过各种渠道反馈到传播者，使传播者总结经验，分析失败的原因，为新的传播活动做准备。

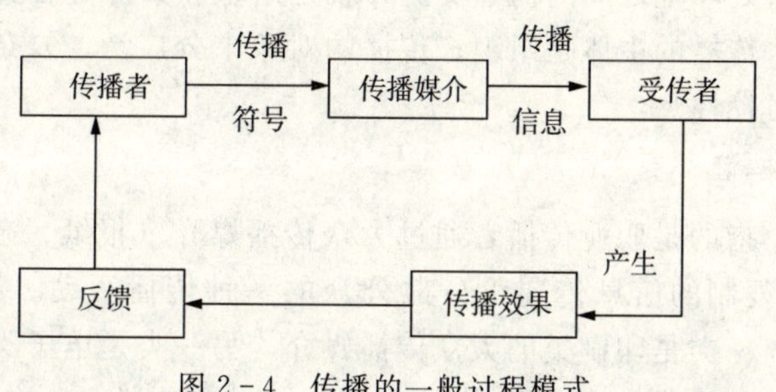

图 2-4　传播的一般过程模式

上述公共关系传播的一般过程，是拉斯韦尔 5W 模式的改进，它清晰地描述了传播的基本过程，是目前被广泛认同的传播模式。

三、传播的类型

根据人类传播的发展过程，一般可将传播分为 4 种类型：自身传播、人际传播、组织传播和大众传播。

（一）自身传播

自身传播，也叫人的内向交流，即传播的“双方”集于一身，本身内部进行交流。其表现形式是人的自言自语、自问自答、自我发泄、自我陶醉、自我反省和沉思默想。这种传播的特点是“主我”（I）和“宾我”（Me）之间的内向沟通。因此，从严格意义上讲，它是个人内心的思维活动。从传播学角度看，它却是人类传播的基本单位和细胞。

（二）人际传播

人际传播，指的是个体与个体之间的沟通交流。它是最常见、最广泛的一种传播方式。其表现形式分为面对面传播和非面对面传播两种。前者一般通过语言、动作和表情等媒介进行交流；后者则通过电话、电报和书信等媒介进行交流。

这种传播的特点是个性化、私人性和信息反馈的及时性。因此，在传播过程中，双方不断地相互调整、相互适应，传播效果也易于显现。

（三）组织传播

组织传播，指的是组织和其成员，组织和其所处环境之间的沟通交流。组织和其成员之间的传播有两种形式：一种是职能传播，例如厂长与车间主任、经理与员工之间的角色沟通，其沟通方向一般为下行和上行的垂直传播；另一种是非职能传播，员工与员工、校长与师生之间的感情沟通，其沟通方向一般为平行的横向传播。

组织和其所处环境之间的沟通交流，就是组织和其外部各类公众的沟通交流。其特点是：传播的主体是组织；传播的对象十分广泛、复杂；传播具有明确的目的性和可控性。

（四）大众传播

大众传播，指的是职业传播者通过大众传播媒介（报纸、杂志、广播和电视等），将大量复制的信息传递给分散公众的一种传播活动。从媒介角度看，它有两大类型：一类是印刷类的大众传播媒介；另一类是电子类的大众传播媒介。这种传播的特点是：传播主体的高度组织化、专业化；传播手段的现代化、技术化；传播对象众多，覆盖面极广；传者和受者之间的“人际关系”不复存在；信息反馈比较缓慢、间接等。

传播的4种基本类型，既自成体系，具有独特的结构、要素、形式和功能，同时又相互联系、互为补充，其关系可用图2-5表示。

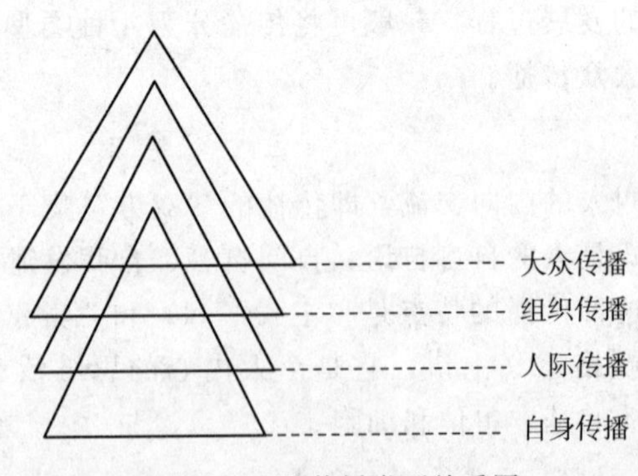

图2-5　四种传播类型关系图

从这个树状的层级系统中，自身传播位于最底部，并与其他传播形式重合，成了一切传播形式的基础。而大众传播则处于该系统的顶端，具有最大的传播规模和包容能力。在这个系统中，由下往上，传播形式出现了4个变化：第一，受众面越来越大；第二，传受双方在距离和感情上越来越远；第三，信息的个性化越来越淡；第四，组织系统和传播技术越来越复杂。

四、公共关系传播原则

公关工作中的传播活动，呈现出无处不有，立体交叉，灵活多样的复杂现象。公关传播要遵循以下几方面原则，才能保证传播工作取得效果。

1. 目的明确原则

公关传播是带有明确目的性的传播。公关传播的总目标是树立、改善组织形象，形成有利的舆论环境，获得各界的支持。在总目标的指导下，公关传播每一次具体活动，工作也要有具体的目的。

这种目的明确的传播在很多情况下，要求目标公众也要明确，这是传播目的中的重要内容。组织的公众都是组织公关工作的对象，但对于某项具体的公关工作来说，成为对象的仅仅是与此项工作有关的那些公众，即组织的目标公众。组织的对象明确，才可能在传播活动中做到有的放矢，节省成本，提高工作效率，收到更好的传播效果。

2. 双向沟通原则

双向沟通原则是指传播双方互相传递，互相理解的信息互助原则。公共关系传播活动中，信息的流动是双向的，即组织传播给公众，又由公众将信息反馈至组织。公共关系传播的效果并不是传播者的主观认识，而是由公众即传播的对象来评判。组织应该将其自身的目标、政策、产品、服务等信息传播至公众后，及时收集公众对组织的反馈信息，并且不断改进传播活动，增强传播活动的效果。

这一原则具体包括以下主要内容：一是沟通必须由两人以上进行；二是沟通双方互为角色，任何一方都可传递信息，也可反馈信息；三是沟通双方相互理解并有所交流。

3. 平衡理论原则

这种理论认为，当人处于不平衡状态时，会感到心情紧张，并产生一种力求恢复平衡的力量。所谓平衡，是指人的感觉系统与所经验的情绪毫无压力地存在的一种状态。当人处于平衡状态时，传播更有效。

4. 有效沟通原则

有效沟通原则是指通过沟通活动要取得预期效果的原则。即通过沟通使公众理解、喜爱，支持组织。在实践中，影响与公众有效沟通的因素主要有以下几个方面。

(1) 信息的真实性与信息量的大小。

(2) 传播者的方式与态度。

(3) 传播内容的制作技巧与传播渠道的畅通。

【案例分析】

周恩来的“代表作”

1971 年春，美国乒乓球队与其他 4 个国家的乒乓球队应邀来华访问。

周恩来与美国代表团成员一一握手后，作了讲话：“你们作为前来中华人民共和国访问的第一个美国代表团，打开了两国人民友好往来的大门……”周恩来问大家：“你们住的怎么样？习惯中国菜的口味吗？还有什么问题要提？”

科恩（19 岁，洛杉矶圣莫尼卡的大学二年级学生）倏地站了起来，他穿了件西装，没打领带，长发披肩。科恩略微欠欠身子，大声说：“总理先生，我想知道您对美国嬉皮士的看法。”

大厅里静静的，人们都关注着周恩来。周恩来看了看科恩那飘垂的长发，说：“看样子您也是一位嬉皮士。”

周恩来继而把眼光转向大家：“世界上有的年轻人对现状不满，正在寻求真理，在思想变化的过程中，在这种变化成型以前，这是可以允许的。我们年轻的时候，也曾经为寻求真理尝试过各种各样的途径。”

科恩是大学二年级学生，学的是历史和政治学。他原以为在这个最革命的国家，听她的总理评价嬉皮士，一定会听到那种“资产阶级”、“颓废的”、“没落的生活方式”之类的训词，结果出人预料，周恩来并没有用革命大道理训人，还表示十分理解当代年轻人的思想。科恩不由自主地为周恩来所折服，敬佩而信服地听着。

周恩来又将眼光转向科恩：“要是经过自己做了以后，发现这样做不正确，那就应该改变，你说是吗？”

科恩耸耸肩，友好而诚恳地笑着点点头。

周恩来略略停顿，又补充一句：“这是我的意见，只是一个建议而已。”

周恩来这番话，在第二天（1971 年 4 月 15 日）几乎被所有的世界大报与通讯社报道。4 月 16 日，科恩的母亲从美国加州威斯沃德托人通过香港，将一束深红色的玫瑰花送给周恩来总理，感谢周恩来对她的儿子讲了一番语重心长的话。

事后，基辛格评价说：“这整个事情是周恩来的代表作。”

【案例讨论】

结合传播的有关原理，说明基辛格为什么高度评价周恩来？

第四节　公共关系的工作层次

公共关系工作的内涵是很丰富的，如迎来送往、待人接物、交际应酬、社交礼仪、传播信息、沟通感情、协调关系、组织活动、调研评估、趋势预测、参谋咨询、项目策划等。从公关关系工作的难易程度、所起的作用及对组织目标的影响等方面综合分析，公共关系工作大体可分为三个层次，即初级、中级、高级三个层次。初级层次主要是指一些具体的公关事务；中级层次主要是指组织开展的专题公关活动；高级层次是指从组织公共关系的全局着手，搞一些大型的公关策划。

一、公关事务

公关事务是公共关系工作的初级工作，也是日常工作。公关事务包括接待工作、礼仪活动、一般性地交往、宣传等，对于一个社会组织，这些工作是必不可少的。在商业服务业当中，每天开门迎客，接受顾客咨询等也是必不可少的。一些商场每天开业前有模仿天安门广场国旗班升旗仪式的开业升旗礼仪，然后开门迎客。在企业接待工作中，公关人员为客人奉上一杯热茶，与洽谈合作伙伴适度交际，宣传本企业，消除客人对合作的疑虑，促进洽谈合作成功，都属公关事务的内容。这些工作虽属于公关工作的初级层次，但却是万万不能缺少的。

要完成公关事务，需要具备一些基本公共关系知识，并受过一定专业训练。一般来说，具备一些基本条件的人经过一段时间的训练，都可达到这个要求，胜任这项工作。目前报纸上时常可以看到招聘公关人员的广告，很多城市的公关组织为满足这个需要，相继举办了一些公关礼仪培训班，为各单位提供公关礼仪服务。当然他们所提供的服务多半是一些大型的公关礼仪服务。就一个组织来说，一般都由本单位的公关人员从事这些事务性工作。

公共关系事务是伴随着市场经济的高度发展而发展的。由于我国目前尚在建立社会主义市场经济体制的进程中，法制建设还不完善，公共关系教育尚未普及，公关活动在发展中还存在一些不足，社会对公关这项事业尚缺乏科学的了解，人们往往只是从自身的体察来理解，因而对公关事务工作的重要性认识还不充分。但是随着公关工作对组织的作用会愈来愈明显，人们对公关事业的认识将越来越高，对公关工作的初级层次活动——公关事务工作也会给予较高的评价。

二、公关活动

（一）公关活动的含义

公关活动是社会组织实现公关目标、建立信誉、树立良好形象的重要工作。根据组织的需要，公关活动方式多种多样，其主要工作都是围绕着传播信息、沟通感情、联络朋友、协调关系，以达到提高组织的知名度和美誉度的目的。有见地、有眼光的领导者都十分重视公关活动的开展。福建省某集团公司总经理在谈企业公关的时候说：对内公关就是与企业职工多交流、多沟通，关心他们，以增强企业的凝聚力和活力；对外公关是热情待人，树立企业良好的形象，与客户建立长久可靠、广泛的业务基础；上公关就是主动与上级主管部门多接触，及时汇报工作，取得他们的支持；下公关就是针对海关、商检、银行等部门开展公关的工作（这里的“下”不是下级，而是与“上”相对的意思）。

（二）公关活动的内容与方式

具体来说，公关活动有召开新闻发布会、撰写宣传稿件、举行联谊活动、组织庆典活动、开展专题活动、组织游说等。公关活动一般应以传播信息为主，但根据企业不同的公关目标，有时也需要开展其他一些活动。例如，请企业外的人员搞联谊以联络感情，巩固协作关系等；召开消费者座谈会，为顾客设热心顾客奖、幸运顾客奖，以增强消费者对本企业的信任度，提高企业的知名度和美誉度。由此可见，公关活动形式很多。

（三）公关活动是组织公共关系工作的主体

与初级公关事务相比，中级公关活动所产生的效果明显大于公关事务，并对组织的公关目标产生直接影响，有些活动的结果，可直接达到公关目标。所以社会组织对公关活动的开展都非常重视，精心组织，不惜投入大量的财力和人力。

某制药厂 2010 年在全国范围内开展了以“我为父亲献爱心”为主题的公关活动。活动内容包括：每一位儿女只要写信参加此项活动，便可使父亲收到该制药厂免费赠送的一张精美父亲节贺卡。几个月时间，该厂收到了几十万封信，也就是说该制药厂要向几十万个来信者的父亲邮寄精美贺卡。虽然仅此一项活动该厂就要支付几十万元的费用，但对提高本企业知名度，树立企业的良好形象起到了十分重要的作用。

在人力的投入上，社会组织应以保证活动效果为前提。当然人力的投入应注意投入人力的“质”与“量”两个方面。这里所说的人的“质”，主要是指人的公关方面所具备的素质。如较全面的公关知识，较好的心理和公关意识，较强的语言和文字表达能力、交际协调能力和应变能力等。在“量”的方面，主要是指公关活动所投入的人的数量和时间。概括起来讲，开展公关活动所投入人力的“质”和“量”两个方面都要比从事公关事务的人从整体上层次更高一些。

三、公关策划

（一）公关策划的含义

公关策划就是公关人员为了达到组织目标，在充分进行公共关系调查的基础上，对总体公共关系战略和专门公共关系活动进行设计的工作。它主要包含以下几层含义。

1. 公关策划是建立在公关调查基础上的

公关策划必须是紧紧扣住公共关系调查，并在调查基础之上开展工作，它不是单凭主观想象产生的，而是在所掌握有用信息的基础上产生的。公关调查是整个公关策划活动中的一个必不可少的环节。

2. 公关策划是为组织目标服务的

公关策划必须紧紧围绕组织目标，是为实现组织目标服务的，因此，无论是公关调查、公关总体战略、公关活动以及具体的公关操作都必须完全服从组织目标。

3. 公关策划分为三个层次

总体公关战略的策划是对组织的总体、宏观、战略性的公共关系方针进行计划、谋略和设计；专门公关活动的策略则是对某一个公关活动进行计划、谋略和设计；具体公关操作的策划则是为了完成某一公关活动、推行某一公关方案而搞的具体的策划。

4. 公关策划包括谋略、计划和设计三方面的工作

谋略、计划和设计这三者是彼此难以分离的三个方面。相对来说，谋略比较抽象而宏观，比较笼统而静态化；计划比较专门化，是公关“内围”的内容；设计则是公关活动中方方面面的内容，比较“外围”化。

（二）公关策划的意义

1. 公关策划是整个公关活动价值的集中显现

尽管公共关系活动是连续不断的过程，但在重大活动中不搞公共关系策

划，光靠连续不断的日常运作是绝对不行的。例如，苏联切尔诺贝利核电站的事故，导致香港公民对深圳建设大亚湾电站的恐慌与反响；墨西哥的强烈地震，导致墨西哥旅游业瘫痪等。在这种情况下，不进行高层次的公关策划是解决不了问题的。

2. 公关策划是公关运作中的飞跃

公共关系运作与公共关系策划二者的关系，犹如量变与质变的关系。没有日常的公共关系运作，光靠一两次公共关系策划就希望“万事大吉”、“一劳永逸”是违背公共关系原则的。但如果没有公关策划，只有日常运作，也同样无法实现较高的公关目标和取得最佳公关效果。尽管公共关系运作能起到塑造形象、协调公众的效果，但效果强度不够，不足以在公众心目中形成广泛和深刻的影响，正像一部交响乐或一部戏剧缺乏高潮一样。所以公共关系运作与公共关系策划之间，前者是后者的准备与基础，后者是前者的飞跃。

3. 公关策划是公共关系竞争的法宝

公共关系的竞争本身是企业竞争、组织竞争的重要组成部分。怎样才能在公关竞争中取胜呢？良好的公共关系策划是制胜的法宝。被称为“世纪大战”的可口可乐与百事可乐为竞争世界第一饮料而开展大型征询性活动；法国白兰地为了打进美国市场而在艾森豪威尔总统 67 岁生日时赠送两桶保存了 67 年之久的法国白兰地。这些高明的公关策划都是现代公共关系中的绝妙事例。

公关策划是公共关系工作的最高层次，重要的是公关公司要拥有一批高水平、高档次的公关专家。公关专家策划出来的“成果”付诸实施，便是组织者和操作者的事情了。我国公关起步时间不长，虽然有的公关专家已比较有名气，但作为一个公关专家的群体尚在成长过程之中。目前，相当一部分公关策划是由公关人员和组织领导等一起完成的。

（三）公关策划的重点

在进行公共关系策划时，要注意由于组织性质、组织形态的不同，导致各类组织公共关系策划的特点各异。下面仅以商业企业为例，谈一下公关策划的侧重点。

商业企业属于流通领域，在进行公关策划时首先要纠正目前一种认识上的偏差——公共关系活动中过于强烈的推销性、劝说性，从而将推销术、广告术与公共关系策划区别开来。

目前，我国的商业环境已经发生重大变化，即由过去的卖方市场转变为买方市场。商业企业处在这种情况下，花大力气做广告搞推销是正常的。但很多情况下，推销部门要么完全忽视公共关系，要么将公共关系纳入推销工作；常常把公关策划当做招徕顾客的免费广告；而某些长于使用宣传手段的人则把公关策划当做是单向宣传的开展。这些状况的出现，原因在于人们头脑中的偏颇认识。公共关系策划，常常代用宣传技巧，但它又是对传统宣传的超越。商业公共关系必须顾及卖方与买方两方面利益，公共关系的宣传如果也讲功利性的话，那么它是服务于双方功利的。

在商业企业公共关系策划中，要将策划贯穿于商业活动的全过程，改变某些企业只是在销售中佐以公关术的做法。顺应时代潮流的商业企业早已由单纯经营转为经营与服务并重，由纯重视商品形象发展到既重视商品形象，更注重企业形象。这些企业以“顾客至上、信誉第一”为宗旨，牢记“顾客永远是对的”、“顾客就是上帝”等信条，他们的服务工作像指南针一样永远指向顾客，所以他们不仅策划销售过程中的公共关系活动，而且把公共关系推向销售前与销售后，使得整个销售过程贯穿着公共关系的策划和公共关系的实施。

在进行商业企业公共关系策划时，要把着眼点放到“信息沟通”方面上，这样可使公共关系活动更上一层楼。公共关系在调查、传播、引导等方面可以为商业企业促销立下功劳，今后的公共关系策划，无疑应继续发挥这些作用。公共关系策划者更不能忽视自己代表买卖双方利益的职责，在协助搞好各种推销业务的同时，必须倍加注重所提供的信息的客观性、真实性和准确性，加强与消费者的沟通，提醒他们注意商品的质量，并对他们进行商品使用知识的教育。

【案例分析】

法国白兰地进军美国市场

1957 年，法国白兰地在其国内市场非常畅销。于是，厂家开始谋划打进和占领更多的国际市场。为了达到这个目的，公关策划要抓住向美国总统艾森豪威尔赠送生日礼物的契机，进一步提高白兰地在美国和国际市场上的声誉。

法国厂家委托公共关系部门制定了一份公关计划，对此举的每一个细节都进行了精心的策划：趁当时的美国总统艾森豪威尔 67 岁寿辰之机，将两桶窖藏了 67 年的白兰地赠送给其做寿酒用；酒桶是由法国第一流的塑造师精制的，本身就是一件名贵的艺术品；挑选四位英俊的青年，身着法国宫廷礼服，包下专机护送两桶白兰地，并向保险公司投了巨额保险金。

1957 年 10 月 14 日，美国报纸发表了重要新闻，标题为：“热烈欢迎法国使者！”“美国人醉了！”有的美国报纸还画着“法国鸡同美国鹰干杯”等漫画。华盛顿街道的两旁挂满了热情洋溢的大幅标语，城市内几乎所有的车辆都朝白宫的方向驶去。

赠送仪式定在白宫的花园举行。白宫前的广场上人山人海，人们兴奋地等待法国使者的到来。当法国使者来到广场的时候，全场沸腾起来，有的甚至唱起了法国马赛曲。艾森豪威尔总统还亲自出席了赠送仪式……

“礼轻情意重，酒少情谊浓。”此举也恰到好处地表达了法、美两国人民的情谊。

“水越鲜越甜，酒越陈越香。”窖藏了67年的白兰地不仅陶醉了美国人，也让许多其他国家的人们耳目一新。

这次空前盛大的赠送白兰地活动，是法国白兰地在美国市场上，也是在国际市场上的精彩亮相。白兰地的精彩亮相，漂亮地敲开了美国市场和国际市场的大门，成功上演了一出精美绝伦的大型公共关系活动。

【案例讨论】

结合公关策划的有关原理，说明法国的白兰地是如何打进美国市场的？

【本章小结】

公共关系由社会组织、公众、传播三个要素构成。其中公共关系的主体要素是社会组织，客体要素是社会公众，联结主体与客体之间的媒介是信息传播。

社会组织一般具有目标性、系统性、开放性和变动性四个特征。但应注意不同类型社会组织，其公关工作的重点、具体对象、实务活动和运作方法也不同。

公共关系机构主要分三类：一是社会组织内部设立的公共关系部；二是社会上成立的公共关系公司；三是公共关系界成立的公共关系社团。它们分别有不同的业务范围和工作职责。

从事公关工作的人员应该具备的公关意识、良好的心理素质、全面的知识能力等基本素质，遵守公关职业道德准则。

公众是指与特定的公共关系主体发生相互联系和相互影响的群体、组织和个人。公众的基本特征有：层次性、相关性、互动性、多变性。为了提高公关工作的针对性和目的性，应对公众进行科学的分类，同时还应把握公众的心理。

传播是人们在交往过程中将信息进行传递、接受、共享和沟通的过程，由传播者、接受者和传播媒介等要素构成。常见的传播模式有拉斯韦尔模式、香农—韦弗模式和施拉姆模式。明确区分传播的类型，有利于正确地选用传播方法，使组织取得良好的公关效果。

公关活动可分为三个层次：初级层次主要是指一些具体的公关事务；中级

层次主要是指组织开展的专题活动；高级层次是指从一些大型的公关策划。

【课后实训】

1. 以小组为单位到一家设有公共关系部的企业去见习，了解社会到底需要什么样的公关人才？

2. 假如你是一家公司的公关部部长，你将如何组建一个公关部？选拔公关部成员的标准是什么？

3. 请为你所熟悉的组织列举出 3 种不同类型的公众。

4. 根据自己的身份、经历，列出你曾经是哪些组织、哪几种类别的公众？

5. 通过公众心理有关内容的学习，分析企业应用明星代言产品有哪些好处？

6. 要求学生到公共场所与 3 个以上的陌生人沟通，然后结合传播原理相互交流感受。

第三章

公共关系工作程序

本章导读

为了使公共关系活动顺利地开展，必须对公共关系工作进行全面筹划，制定一套完整的实施方案，保证公共关系工作遵循一定的程序有条不紊地进行。公共关系工作开展可分为公共关系调查、公共关系策划、公共关系实施和公共关系评估四个步骤，我们通常称之为公共关系的“四步工作法”。在公关工作的四步循环程序中，公关调查是起点，是基础。公关策划是关键，是公关实施的指南和效果评估的标准，离开了公关策划，公关工作就会漫无目标，不得要领，难以协调统一，成效甚微。公关实施是核心，是执行公关策划，取得公关成效的具体行动，离开了公关实施，再好的策划也只是纸上谈兵。效果评估是重要的反馈环节，也是下一轮公关活动的起点。

学习目标

1. 了解公共关系开展的工作程序。
2. 掌握公共关系调查的程序、内容和方法。
3. 学会调查报告及策划书的撰写。
4. 理解公共关系评估的主要内容及基本方法。

课前思考

1. 开展公共关系工作应采取哪些步骤？它们之间的关系怎样？

2. 公共关系调查有什么特点？组织在开展公共关系调查时应注意些什么？

3. 要策划一次公共关系活动应掌握哪些技巧？

第一节　公共关系调查

公共关系调查是运用科学的方法，有计划、有步骤地搜集相关信息，综合分析相关的因素及其相互关系，以考察组织的公共关系状态，了解组织面临的公共关系方面的实际问题，从而为组织的形象设计、公共关系活动的策划提供依据。

公共关系调查是公共关系工作的基础，它在整个公共关系活动中起到举足轻重的作用。通过公共关系调查，可以帮助组织了解其在公众心目中的形象和地位，开展公关工作的条件、困难及竞争对手的情况，实现目标的可能性等，为组织决策提供科学依据，从而增强公关活动的针对性，提高公关活动的成效。

一、公共关系调查的内容

公共关系调查的内容较广泛，具体可分为以下两大方面。

（一）组织形象调查

组织形象是指社会公众心目中对一个组织机构的全部看法和总体评价，亦即一个组织的实际表现在公众中的投影。对于组织而言，良好的社会形象是最重要的无形资产。拥有它，就会得道多助，兴旺发达。

组织形象的衡量是以组织的知名度和美誉度两项指标为依据的。知名度表示一个组织被公众所了解的程度，社会影响的广度和深度，是评价名气大小的客观尺度。美誉度表示一个组织获得社会公众的好感和赞美的程度，社会影响的美、丑、好、坏，是评价好坏程度的指标。

1. 组织内部形象调查

组织内部形象调查主要是采集组织内部各层级员工对组织实际形象评价与期望形象要求的相关信息和数据。其调研对象主要分：组织领导层、中级干部层与操作员工层三级代表。其调研课题着重包括经营方针、经营政策、决策能力、计划能力、预算能力、信息通畅度、办公环境、生活环境、生产状况、技术优势、协同能力、财务状况、薪资福利、服务质量、发展前景、员工关系等，并应认真听取、详细记录员工的意见和建议。

2. 组织外部形象调查

组织外部形象调研主要是采集组织外部各公众对组织实际形象评价与期望形象要求的相关信息数据。其调研对象主要是外部公众一定数量的设定代表。

其调研课题着重包括办公环境、生活环境、技术优势、品牌影响力、产品质量、包装形象、供货速度、服务态度、专业化水平、售后服务、信誉度、价格等，并应认真听取、详细记录外部公众的意见和建议。

组织实际形象的评价分析指标可以采用百分制，并通过计算平均值求得（见表 3－1）；或在每一个分析指标的正反两极之间设立若干档次，如非常、相当、稍微等 5～7 个档次，用以表示程度的差别，然后将该表发给各界公众以及顾客填写，最后统计汇总（见表 3－2）。

表 3－1 组织内部实际形象评价表

评价项	评价比分										
	30	35	40	45	50	55	60	65	70	—	100
经营方针											
生活环境											
管理政策											
协同能力											
——											
合计											
说明：30～40 分表示极差、40～50 分表示较差、50～60 分表示一般、60～70 分表示良好、70～80 分表示优、80 分以上表示极优。											

对组织形象调查包括 3 个方面：自我形象测定、实际形象调查和形象差距比较分析。

（1）自我形象测定。任何一个组织都有自我期望形象标准，自我期望形象越是完善，则标准越是严格，对组织自觉做出公共关系努力的可能性就越大。对组织的自我期望形象的设计，应通过对组织凝聚力、组织实际状态以及组织员工对组织形象的反映这三个方面展开调查与分析，在组织自我期望与实际可能相结合的基础上，确定本组织的自我期望形象。

（2）实际形象调查。实际形象调查是通过了解公众对组织知名度、美誉度的评估和分析，从而了解组织的实际社会形象。由于组织自我期望形象只是反映了组织对树立自身形象的主观要求，带有较强的主观性，这种形象与组织在公众中的实际印象会有差距。要使公众对组织的实际印象与组织所期望的印象一致，就必须通过实际形象调查，从而找出差距，以便有的放矢地制定改善公共关系状况的具体措施。

某家管理顾问公司针对100人进行其公司的组织形象调查，调查之后将所收集的信息制成调查表（见表3-2）。

表3-2　组织形象要素调查表　　单位：人

正评价调查项目	非常	相当	稍微	中等	稍微	相当	非常	负评价调查项目
经营方针正直		70	20	10				服务方针不正直
工作效率高			25	60	15			办事效率不高
服务态度诚恳				20	15	65		服务态度不诚恳
管理手段有创新					20	15	65	管理手段缺乏创新
管理水平高						15	85	管理水平低
经营规模大					20	60	20	公司规模小

这份调查表所显示的公司总形象是低知名度和低美誉度，具体表现为：公司服务方针正直，但办事效率一般，服务态度欠诚恳，业务缺乏创新精神，企业管理没有名气，公司规模过小等。通过这个调查结果可以进一步用来分析组织形象差距及其原因，并且有必要针对这些原因去制定公共关系的计划和措施。

（3）形象差距比较分析。由于组织自我期望形象只是反映了组织对树立自身形象的主观要求，带有较强的主观性，这种形象与组织在公众中的实际印象会有差距。要使公众对组织的实际印象与组织所期望的印象一致，就必须通过比较组织的实际形象与组织的自我期望形象，找出两者差距，以此作为组织公共关系应该努力的方向，从而帮助组织制定切实可行的工作计划。绘制“组织形象要素差距分析图”能比较直观地显示出这一差距。

组织形象要素差距分析图的绘制分三个步骤：第一步，将组织形象要素调查表中表示不同程度评价的7个档次数据化，使其成为数值标尺，图3-1中用实线表示的是组织的实际形象。第二步，将组织形象要素表中的自我期望形象的各要素也数据化，用虚线表示。第三步，将实线所表示的组织实际形象和用虚线表示的自我期望形象对照比较，就可以清楚地看出两者之间的明显差距，并从中得到一定的启示。

以上面提到管理顾问公司为例，其“形象要素差距分析图”如图3-1所示。

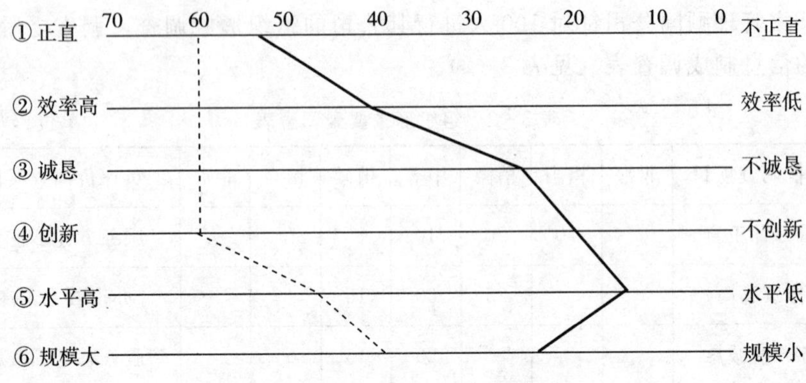

图 3-1　组织形象要素差距分析图

（注：实线表示组织社会实际形象；虚线表示组织自我期望形象。①经营方针；②工作效率；③服务态度；④管理手段；⑤管理水平；⑥经营规模。）

（二）组织所处的社会环境调查

社会环境是指与组织有关的各类公众和各种社会条件的总和，它影响着组织的生存和发展。社会环境主要包括组织的政治环境、经济环境、法律环境、人文环境、技术环境、公众环境等。进行社会环境调查的目的是找出影响组织发展的主要因素，预测其变化规律，为组织的发展决策提供依据。

（1）政治环境调查。政治环境调查是指对现在和未来一定时期国内外的政治形势、政治制度及方针政策、法规、案例、规章制度等的调查，凡是同组织活动特别是同公共关系有关的政策法规都应纳入调研的内容。例如，经济合同法、环境保护法、劳动法、商标法等。

（2）经济环境调查。经济环境调查是指一个国家或地区的经济制度、经济结构、物质资源、经济发展水平、消费结构和消费水平以及未来的发展趋势等状况。经济环境的变化，影响和制约着组织公共关系的开展，只有把握国际国内经济形势，才能做出正确的经营决策，保证组织在错综复杂的经济环境中求得生存和发展。

（3）人文环境调查。人文环境调查是指一个国家和地区的人口结构、家庭状况、文化教育水平、生活习俗、社会规范和文化观念等因素的调研。其中最主要的是文化习俗方面，如民族的特点、区域文化的基本特征、目标消费者的宗教信仰及禁忌等。

（4）技术环境调查。技术环境调查主要是调查目标市场的技术水平、技术特征、技术要求、技术标准、技术类型等，这种调查对于企业成功地占领目标市场，迅速打开销路是十分有效的。

（5）公众环境调查。公众环境调查主要指组织内部公众调查和组织外部公众调查两部分。组织内部公众调查已在组织基本情况中说明，下面仅介绍组织外部公众调查。外部公众包括消费者公众、媒介公众、社区公众、政府公众等，主要是了解各类公众的特征、覆盖面、需求、对组织的评价，以便针对不同公众开展有效的公关活动，协调组织与公众的关系，促进组织发展。

二、公共关系调查的程序

为了使整个调查工作有计划、有步骤地进行，保证整个活动的科学性，公共关系调查应包括制订调查方案、搜集调查资料、整理分析资料、撰写调查报告四个步骤。

（一）制订调查方案

在确定了调查课题以后，调查者必须根据调查的课题制订调查方案。一个完整的调查方案主要包括以下几方面。

（1）确定调查的目的。调查的目的是指调查所要解决的问题，明确调查目的是制订调查方案的关键所在。只有确定了调查目的，才能确定调查的范围、内容和方法，才能有针对性、有目的地进行公关调查，避免盲目行动导致的工作失误。

（2）确定调查对象。调查对象是根据调查目的、任务，来确定调查范围与调查单位。调查单位是构成调查对象中的一个个具体单位，是我们搜集信息、分析信息的基本单位。在实际调查中，注意选择调查对象的科学性，保证公众的代表性。开展公共关系状态调查时，不可能也没有必要对所有的公众进行调查，只要注意选择公众工作的科学性，按照随机原则，通过抽样技术，就可以取得接近公众总体的资料。

（3）确定调查项目和调查表。调查项目是调查的具体内容，确定调查项目就是要明确向被调查者了解些什么问题，如消费调查中消费者的性别、民族、文化程度、年龄、收入、动机、态度等。对项目进行科学的分类、排列，构成调查提纲和调查表。

（4）确定调查时间和地点。调查时间的确定应包括两个方面：一是要明确规定调查资料所反映的是调查对象从何时起到何时止的资料；二是规定调查工作的开始和结束时间。调查地点应与调查单位相统一。

（5）确定调查方式和方法。在调查方案中，应明确采用什么组织方式和方法取得调查资料。搜集资料的方式有普查、重点调查、典型调查、抽样调查等多种方式。具体调查方法有访谈法、观察法和问卷法等。调查采取的方式、方法不是固定和统一的，往往取决于调查对象和调研任务。大中型调研要注意多种方式和方法的结合运用。

（6）确定调查工作的组织实施。调查组织计划是指实施整个调查活动过程的具体工作计划，主要是指调查的组织领导、调查机构设置、人员的选拔和培训、调查工作步骤及其善后处理等。

（7）制订调查预算。在进行调查预算安排时，要将可能需要的费用尽可能全面考虑。一般来讲，调查经费预算应包括四个方面：调查方案设计及实施费用、调查资料整理分析费用、调查报告撰写费用以及相关办公费用等。

（二）搜集调查资料

搜集资料的主要任务是按调查方案的要求与安排，系统地搜集各种资料。调查资料的搜集可以从两方面进行：一方面是搜集未做任何加工整理的原始资料，也称第一手资料或初级资料；另一方面是搜集他人已调查整理过的资料，也称第二手资料或文献资料。

初级资料搜集的方法包括访问法、观察法、实验法等。文献资料往往是已经公开出版或发表的资料，对这类资料的搜集采取文案调查法。

（三）整理分析资料

整理分析资料是指运用科学的方法，对调查所得的各种零散的资料进行审查、检验和综合加工，使之系统化和条理化，从而以集中、简明的方式反映调查对象总体情况的工作过程。资料的整理分析，通常包括下列工作。

（1）审查核实。在进行资料汇总前，首先对调查得到的资料进行审核，这是保证调查工作质量的关键。审核的内容主要是对其及时性、完整性和正确性的审核。

（2）分类汇编。资料经过检查核实后，为了便于归档查找和统计方便，还应按照调查的要求进行分类汇编。资料的分类是根据事物内在的特点和调查研究的要求，按某种标志将所研究现象的总体划分为若干组成部分，然后进行分类登录及归档，以备查阅。汇编是按照调查的目的和要求对分类后的数据和资料进行计算编辑和汇总，使之成为能反映调查对象客观情况的系统、完整、集中、简明的材料，为分析工作打下良好的基础。

（3）分析处理。资料的分析包括定性分析和定量分析。前者是以资料或经验为依据，主要运用演绎、归纳、比较、分类和矛盾分析的方法找出事物本质特征或属性的过程。后者是运用概率论和数理统计的测量、计算及分析技术，对社会现象的数量、特征、数学关系和事物发展过程中的数量变化等方面进行的描述。为了取得比较符合实际的结论，不仅要进行定性分析，而且要进行定量分析，要在定性的基础上尽量根据不同要求把资料量化，在此基础上编制成统计表或统计图，或计算百分比、平均值等，然后运用这些量化资料进行分析，并将分析所得的结论提供给相关的决策部门，作为策划的依据。

（四）撰写调查报告

撰写调查报告是公关调查的最后程序。作为调查工作的结束，最终要形成一个调查报告。撰写调查报告的目的是对调查活动过程以及对调查数据分析整理的过程及其工作成果进行总结汇报，为制定科学的公共关系计划方案提供依据，为领导者决策提供参考，寻求领导的支持和帮助。

三、公共关系调查的方法

公共关系调查的方法很多，根据不同的分类方法可以把它们分成不同的类别。在进行公关调查时，应根据调查研究的目的、意义、规模、对象、范围的不同，选择适当的方法来进行。

（一）按获取调查资料的方法分类

根据所要获取调查资料的方法不同，公关调查可以分为第一手资料的调查和第二手资料的调查，如图 3－2 所示。

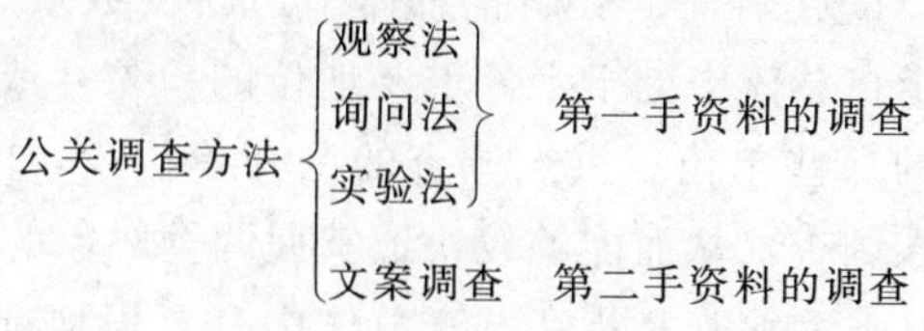

图 3－2　公关调查方法分类

（1）观察法。观察法是指调查者深入现场，通过直接观察、跟踪和记录被调查者的情况来搜集第一手资料的一种调查方法。这种方法具有目的性、计划性和系统性，要求调查者事先做出观察的计划，事后要对所观察到的事实做出实质性的结论。采用这种方法时，调查者既可以直接参加他所观察的活动，以一个参与者的身份来观察，也可以作为一个旁观者置身于他所观察的情景之外进行观察。

（2）询问法。询问法亦称访问法，是调查者通过面谈、电讯或邮寄等方式向被调查者进行调查的一种调查方法。面谈又可分为个别面谈和集体面谈，个别面谈灵活方便，彼此容易沟通，情况了解深入，可多方面搜集资料；集体面谈（即座谈会）能集思广益。电话访问可跨越空间距离障碍，但只适用于有电话的场合。信函调查是将设计好的调查表邮寄给被调查者，由被调查者根据要求填好后寄还的一种调查方法，这种方法以对于居住分散的调查对象最为适用，不仅成本较低，而且可使被调查者有充分时间考虑作答。

（3）实验法。实验法是在人为控制某种因素的前提下，通过做各种对比实验从而取得资料的方法，其结果较客观、准确、可靠，但往往费时、成本高，而且存在许多实际因素无法人为控制，从而导致实验结果可能出现误差。

（4）文案调查。文案调查也叫历史法、文件法、文献调查法，是一种搜集、分析、整理现成文献资料的调查研究方法。这是第一手资料不够用或不可能取得第一手资料时，利用第二手资料的方法。运用这种方法对于获取资料较为方便、容易，调查成本低，但所取得的资料可能在时间上、资料的完整性上具有一定的局限性。

（二）按调查对象的选择方法分类

根据调查对象的选择方法不同，公关调查可分普查、重点调查、典型调查和抽样调查。

（1）普查。普查是将调查区域中的每个对象都列为调查对象，无一遗漏地逐个进行调查。这样的调查比较全面，但是工作量大，成本高。普查的特点决定它一般在较小规模的公关调查中运用，较大规模的公关调查一般不采用普查方法。

（2）重点调查。重点调查是从调查总体中选出少数重点单位进行的调查。所谓重点单位，是指在总体中处于十分重要地位的单位，或者在总体某项标志总量中占较大比重的那些单位。重点调查的调查单位少，能够用较少的人力、物力、财力进行深入调查，从而能够较快地掌握调查对象的基本情况。

（3）典型调查。典型调查是指在调查总体中有意识地选择若干具有代表性的对象进行调查，达到推算一般的调查方法。典型调查由典型单位的情况可推断调查总体的情况，一般都比较接近实际。因此，典型调查适用于调查总体庞大，调查者对总体情况比较了解，能准确地选择有代表性的公众作为调查对象的情况。

（4）抽样调查。抽样调查是遵循一定的原则从调查区域中的所有调查对象中抽取一部分样本进行调查，以此推断总体特征的一种调查方法。这种调查方法由于针对性强、调查次数少，因此可以降低调查成本、提高调查效率，是公关调查经常采用的一种方法。抽样调查可分为随机抽样和非随机抽样两种。随机抽样是在若干个平等的调查对象中随机地选择几个作为调查对象，具体抽样方法包括单纯随机抽样、分层随机抽样和分群随机抽样。非随机抽样是在若干个调查对象中主观地选择几个作为调查对象，具体抽样方式可分为便利抽样、判断抽样和配额抽样三种。

就各种调查方式与调查形式来看，各自都有自己的特点，也有自己的长处和不足。因此，为保证公关调查所搜集的资料的可靠性、准确性和科学性，在选择调查方法时，应注意多种调查方法、技术的综合使用，集中各种调查方法的优势，充分而准确地搜集信息资料。

四、公共关系调查问卷和调查报告

（一）公共关系调查问卷

调查问卷是进行直接调查的重要工具，在采用访问法进行公关调查时，往往需要使用一定的调查表或问卷来搜集资料。调查问卷一般分为自填问卷和访问问卷。自填问卷即由被调查者自己填答的问卷，而访问问卷则是由访问员根据被调查者的口头回答来填写的问卷。而自填问卷依据发送的方式又可分为邮寄问卷和发送问卷两种。邮寄问卷通过邮局把问卷表寄到被调查者手中，被调查者填完后，仍通过邮局寄回；发送问卷则由调查员或其他人将问卷送到被调查者手中，回答者填完后，由调查员逐一收回。也有采用二者相结合方式发送的。

1. 调查问卷的结构

调查问卷的结构通常包括三部分：前言、主体和结束语。前言是对调查目的、意义及有关事项的说明；问卷的主体包括调查问题的内容和问题形式；结束语主要是用简短的语言对被调查者的合作表示感谢。

2. 调查问题的形式

调查问题的提出一般有两种形式。

第一种形式是封闭式问题。这种提出方式往往限制被调查者的回答，即限于已拟定的备选答案。设计较难而回答容易，便于统计分析，且资料较准确；但答案范围狭窄，往往不全面（不能穷尽各种情况）、不具体（如归入“其他”一项的）。封闭式问题的提出有多种形式，其中包括：选择题、比较题、评判题。

第二种形式是开放式问题。这种提出方式能使被调查者自由回答，不受任何限制。设计容易归总难，答案过于分散，不易归纳，不利于统计分析，且资料不准确，易产生偏差；但可以让被调查者充分发表意见，从而得到足够全面、具体的答案。

开放性问题一般用于探索性的问题上，调查者对此问题不了解，需要搜集原始资料时较多采用，它还常用于正式调查前的小规模调查，这样便于了解情况。

由于开放性问题和封闭性问题都有一些不足之处，因此，在一份问卷中，应该既有开放性问题，又有封闭性问题。

3. 调查问卷设计的原则

调查问卷的设计质量会直接影响到调查内容，关系到能否得到正确的答案。在设计问卷时，应遵循以下设计原则。

(1) 针对性和必要性——调查问卷的拟定与设计是为了取得满意的调查成果。因此，应严格按照调查目的设计提问，所有项目都是必需的，无关紧要的问题不应列入。

(2) 简明性和准确性——问题不应过多、过长、过散，以减轻被调查者负担和调查统计的工作量；所提问题力求明确，用词准确简洁，清楚具体，含义明晰单一，应避免词意含混、模棱两可的问题。

(3) 客观性和可行性——提问避免带有倾向性、暗示性、引导性，保持中立态度，以求真实，以免造成调查的偏差；调查问卷的设计应注意适合被调查者的身份和水平，尽量避免提出一些被调查者难以回答的问题。

(4) 系统性和艺术性——问卷设计应讲究艺术，问题排列有逻辑性和顺序性，思路清晰连贯，层次分明，由易到难，由简单到复杂，由浅入深，由近及远；提问亲切自然、有礼貌、有趣味，注意回答的心理或社会影响。

(二) 公共关系调查报告

调查报告是对调查过程的回顾和调查成果的总结，调查报告撰写的好坏影响着调查结果在有关决策中的作用。撰写出一份具有说服力的好调查报告，这是卓有成效地进行公关调查的一个不可忽视的方面。

1. 调查报告的内容

一般来说，调查报告主要包括以下内容。

(1) 序言。主要介绍研究课题的基本情况。

(2) 摘要。概括地说明调研活动所获得的主要成果。

(3) 引言。介绍研究进行的背景和目的。

(4) 正文。对调研方法、调研过程、调研结果以及所得结论和建议作详细的阐述。

(5) 附录。呈现与正文相关的资料，以备读者参考。

2. 撰写调查报告的注意事项

调查报告是调查活动的成果的体现，调查的成败以及调查结果的实际意义都表现在调查报告上。因此，撰写调查报告时，要特别认真细致，尤其应注意以下几个问题。

(1) 要考虑读者的观点、阅历，尽量使报告适合于读者阅读。

(2) 尽可能使报告简明扼要，不要拖泥带水。

(3) 使用普通词汇，尽量避免行话、专用术语。

(4) 务必使报告所包括的全部项目都与报告的宗旨有关，删除一切无关资料。

(5) 务必使资料准确无误。

(6) 充分利用统计图、统计表来说明和显示资料。

(7) 务必使报告打印工整匀称、易于阅读。

【案例分析】

合肥市十大商场服务质量及公共关系形象调查问卷

亲爱的顾客，您好！

为了促使合肥市商业系统服务质量的提高，为了您能享受到更好的服务，请您回答下列问题。答题时在您所选定的序号前画“√”。第 20 题麻烦您简洁地写上几句。谢谢合作！

××学院公关研究中心

××年××月××日

您的基本情况：

1. 您是：A. 本地人　　B. 外地人

2. 性别：A. 男　　B. 女

3. 年龄：A. 22 岁以下　　B. 23～35 岁　　C. 36～49 岁　　D. 50 岁以上

4. 文化程度：A. 小学　　B. 初中　　C. 高中　　D. 大专以上

5. 家庭月人均收入：

A. 2 000 元以下　　B. 2 000～3 000 元　　C. 3 000～5 000 元

D. 5 000～8 000 元　　E. 8 000 元以上

商场基本情况：

6. 您认为该商场外观设计及商品橱窗的装饰：

A. 很好　　B. 较好　　C. 一般　　D. 不好　　E. 很差

7. 您认为该商场的内部布局：

A. 巧妙美观、井井有条　　B. 没有特色、很一般

C. 乱七八糟、很差

8. 您认为该商场的服务质量：

A. 很好　　B. 较好　　C. 一般　　D. 不好　　E. 很不好

9. 您认为该商场售货员的业务水平：

A. 很好　　B. 较好　　C. 一般　　D. 较差　　E. 很不好

10. 在大多数情况下，您在该商场曾经受到售货员的：

A. 热情接待　B. 较好　　C. 一般　　D. 不好　　E. 很不好

11. 您认为该商场的售后服务：

A. 很好　　B. 较好　　C. 一般　　D. 不好　　E. 很不好

12. 您认为该商场的设备：

A. 很齐全　B. 比较齐全　C. 一般　D. 不齐全　E. 很不齐全

13. 您每年光顾该商场的次数为：

A. 10 次以下　B. 10～20 次　C. 20～30 次　D. 30～40 次

E. 40 次以上

14. 您每年在该商场购物的总金额大约在：

A. 500 元以内　B. 500～1 000 元　C. 1 000～3 000 元　D. 3 000 元以上

15. 您认为该商场的商品质量：

A. 很好　B. 较好　C. 一般　D. 不好　E. 很不好

16. 您在该商场购得的商品不能令您满意时，一般来说：

A. 都能得到退换 B. 只有个别的能得到退换　C. 一个都不能退换

17. 在该商场买东西时，如果您的利益到侵害，您是否想到去找消费者协会?

A. 想到过　B. 没有想到　C. 认为没有必要

D. 想找，但不知道到哪儿去找

18. 您认为该商场哪一类活动搞得最好?

A. 优质服务竞赛活动　B. 优惠展销　C. 有奖销售

D. 店庆让利

19. 您认为该商场急需解决的问题是：

A. 提高服务质量　B. 提高业务水平　C. 改变内部布局

20. 您认为应怎样解决这一（些）急需解决的问题?

【案例讨论】

请为你所在的学校设计一份组织整体形象的调查内容清单。

第二节　公共关系策划

公共关系调查使组织获得了客观的社会形象地位，但从组织的发展来讲，组织应在社会公众中不断完善自身的形象和进一步提高自己的形象地位。这就需要根据公共关系存在的主要问题确定公共关系活动目标，制定公共关系活动方案，寻求解决问题的方法和途径，也就是需要开展公共关系策划工作。

策划一般可以理解为“出谋划策”。而公共关系策划就是指公关人员根据组织形象的现状和目标要求，分析现有条件，设计最佳活动方案的过程。公关策划的目的在于：通过科学策划，设计和选择出有效的公关活动方案，从而增强组织公关活动的目的性、计划性、有效性，提高组织开展公关活动的成功率，最终在社会公众中不断提高和完善组织的形象地位。

一、公共关系策划的程序

在进行公共关系策划的过程中，公共关系人员首先要依据公关调查中所确定的组织形象的现状，提出新的目标和要求，并据此设计公共关系活动的主题，然后，通过分析组织内外的人、财、物等具体条件，提出若干可行方案，并对这些活动方案进行比较、择优确定出能够达到公关目标要求的最适当、最有效的方案。因此，公共关系策划应包括 6 个工作步骤：确定公关目标、确定公众、设计主题、选择媒介、编制预算、审定方案。

（一）确定公关目标

公共关系目标是公共关系行为期望达到的成果。它是公共关系活动的方向，也是公共关系活动成功与否的衡量标准。

1. 公共关系目标的类型

根据公共关系沟通内容，组织的公共关系目标一般有以下 4 种类型。

（1）传播信息。向公众传播有关本组织的信息，让公众了解、信任、支持本组织。

（2）联络感情。通过感情投资获得公众对组织的信任与爱戴。

（3）改变态度。让公众接受组织及其所提供的产品、服务、文化等。

（4）引导行为。引导公众产生组织所希望的行为方式。

2. 确定公关目标的要求

确定一个公共关系目标，必须能够起到指导整体工作的作用。因此，要使目标能发挥其作用，在确定目标时应遵循以下四个原则。

（1）一致性原则。目标应与组织的整体目标相一致，为组织整体目标服务。

（2）具体性原则。目标应具体明确，含义单一，避免使人产生多种理解。

（3）可行性原则。目标应符合当时的内外部条件，通过努力可实现。

（4）可控性原则。目标必须具有一定的弹性，以备条件变化时仍能灵活应变。

（二）确定公众

公共关系是以不同的方式针对不同的公众展开的，而不是像广告那样主要通过大众传媒那样把各种信息传播给大众。要使活动能有效实施，需要确定作为组织公关活动对象的那一部分公众，即目标公众。

目标公众的确定，有利于具体公关方案的实施；有利于确定工作的重点、科学地分配力量；有利于更好地选择传播媒介和传播技巧等。

目标公众确定之后，公关人员还应对目标公众进行详细的了解和深入的研究，主要是分析目标公众的权利和要求。一般说来，不同的公众有不同的权利要求，了解目标的权利和要求，并将其与本组织的目标和利益加以权衡、比较，以便确定公关计划的基本要求。

（三）设计主题

公共关系活动主题是对公共关系活动内容的高度概括，提纲挈领，对整个公共关系活动起着指导作用。任何一个成功的公共关系活动都是由一系列活动项目组成的系统工程。为避免活动项目过多给人杂乱无章的印象，需要设计出一个统一、鲜明的主题，以统领整个活动、连接各活动项目。

主题的表现方式有多种多样，它可以是一个口号，也可以是一句陈述或一个表白。主题设计得是否精彩恰当，对公关活动的成效影响很大。要设计出一个好的主题，必须满足 4 个要求：

第一，公关主题必须与公关目标相一致，并能充分表现目标。

第二，公关主题要适应公众心理的需要，既要富有激情，又要使人感到亲切。

第三，公关主题应独特新颖，富有个性，突出活动的特色，使人留下深刻的长久印象。

第四，公关主题的表述应做到简短凝练，易于记忆和传播。

【公关链接】

2000 年奥运会各国申办城市的宣传主题

伊斯坦布尔的宣传主题是“让我们相聚在亚欧相汇聚的地方”；

柏林的宣传主题是“柏林感谢世界”；

悉尼申办主题是“分享奥运精神”；

北京申办的主题是“开放的中国盼奥运”。

（四）选择媒介

不同的传播媒介都有自身的特性，既各有所长、又各有所短，只有选择合适媒介，才能取得良好的传播效果。在选择传播媒介时，应注意以下几个方面。

（1）与公关目标相结合。各种传播媒介都有其特定的功能及优势，适合为公共关系的各种类型目标服务。选择传播媒介时应首先考虑组织的公关目标和要求。

（2）与传播内容相结合。不同的传播信息内容有着不同的特点，而不同传播形式也有着各自特点和适用范围，在选择时应将所传播的信息内容的特点和传播媒介的优缺点结合起来综合考虑。

（3）与传播对象相结合。不同的公众对不同的传播方式和传播媒介的接受机会和感受是不同的，组织应根据目标公众的年龄结构、职业性质、生活方式、教育程度、接受信息的习惯等选择合适的传播方式来传播信息。

（4）与经费预算相结合。由于公共关系活动的经费是有限的，组织应根据自己的具体经济条件选择传播沟通媒介，尽可能用有限的经费和资源创造最大的效益。

（五）编制预算

任何一项公关活动都需要花费一定的人力、物力和财力，通过编制预算，使公关人员预先了解活动的投入成本，做到心中有数并能在事前进行统筹兼顾的全面安排，保证公关工作正常开展，便于监督管理，堵塞漏洞。公关预算主要包括三个方面。

（1）经费预算。公共关系预算的经费大致可分为基本费用和活动费用。基本费用是指相对稳定的费用，包括人工报酬、办公费用、房租费和固定资产折旧费等。活动费用是指随某项公共关系活动的开展而形成的费用，包括专项设施材料费、调查研究费、专家咨询费、活动招待费、广告宣传费、赞助费等开支。

（2）人力预算。人力预算是指对实现既定公关目标所需的人才进行初步的估算，应落实公关计划的实施需要组织投入多少人力，什么样的人才结构，是否需要外借人员等。

（3）时间预算。时间预算是指为公关具体目标的实现制定一个时间进程表，规定出各阶段的具体工作内容以及所持续的时间，以便公关人员按部就班地进行工作。

（六）审定方案

审定方案是公共关系策划的最后一项工作。公关人员根据组织的现状，提出各种不同的活动方案，每一个方案都是策划者智慧的结晶，但这些方案未必都适宜，也未必能同时采用。因此，对这些方案进行优化和论证才能选定最终方案。审定方案工作可分为两个步骤。

第一步，优化方案。就是尽可能地将公关方案完善化、合理化，提高方案合理值，强化方案的可行性，降低活动耗费。通常可采用重点法、转变法、反向增益法、优点综合法等方法进行方案优化。

第二步，方案论证。一般由有关高层领导、专家和实际工作者对方案提出问题，由策划人员进行答辩论证。论证方案应满足系统性、权变性、效益性和可操作性要求。

二、公共关系策划的方法

公共关系是一门创造性的学问，这种创造性充分体现在公共关系策划中。公共关系策划的灵魂在于创新，所策划的公共关系活动越是新颖独特、出神入化，就越能吸引公众。但强调策划的创造性、新奇性，并不意味着策划越玄越好，策划尽管可以奇象环生、扑朔迷离，但它仍然有一定的规律。有效的公共关系策划离不开科学的策划思想和巧妙的策划艺术。离开了创造性思维，公关策划就会变得平淡乏味，就会变得苍白无力。公关策划的方法，其实就是创造性思维的方法。

【公关链接】

什么是策划

把一把梳子卖出去叫推销；

把一千把梳子卖出去叫营销；

把梳子卖给和尚的思维和办法是策划。

在大街上吆喝卖一瓶酒是推销；

在大街上卖一千瓶酒是营销；

在十条大街上各卖一千瓶酒的思维和办法是策划。

(一) 常用的创造性思维

公共关系策划所依仗的完全是策划者的创造性素质，而这种创造性素质的核心无疑是创造性思维能力。因此，我们要探索策划的奥秘，进行成功的策划，就必须探究创造性思维。

所谓创造性思维，即思维主体借助逻辑推理与丰富的想象，对概念、表象等思维元素进行组合加工，从而产生创造性思维成果的过程。其一般具有积极的求异性、敏锐的洞察力、创造性的想象、独特的知识结构、活跃的灵感等特性。

成功的公共关系策划，离不开创造性思维。策划者有意无意地总在运用着各种各样的创造性思维方法。一般来说，常见的创造性思维方法主要有以下四种。

(1) 头脑风暴法。公关策划中最常用的产生创意的方法就是“头脑风暴法”。又称思维碰撞法，自由思考法。头脑风暴法是利用群体共同探讨和研究，通过相互间的某些激励形式，以提供能够相互启发、引起联想的机会和条件，使大脑处于高度兴奋状态，不断地提出新颖、新奇的创意的思维方法。

（2）发散思维法。发散思维是从给定的信息中产生出新的信息，其侧重点是从同一来源中产生各种各样的为数众多的信息输出，并可能会发生转换作用。通俗地说，发散思维是针对一个问题，沿着各种不同的方向思考，从多方面提出解决问题的方案，寻求各种各样的解决办法，以求得最佳解决问题答案的思维方法。

（3）逆向思维法。公关策划中的逆向思维，就是要突破常规，突破习惯，以出惊人之效果。即人们应从与习惯思路相反的角度，突破常规定势，作反向思维，以找到出奇制胜之道，这就是逆向思维法。在公共关系策划中，策划者就常常用到这种创造性思维方法。人们都熟悉的司马光砸缸的故事就是一个典型的逆向思维实例。一般儿童的思路是“人离开水”，而司马光的思路是“水离开人”，一反常规之思维，达到了出人意料的效果。我们说，逆向思维即突破常规、习惯的约束，从反面“倒着想问题”。

（4）联想思维法。联想思维是在原先并不相关的事物之间，搭起一座由此及彼的桥梁，将表面看来互不相关的事物联系起来，从而达到创造性思维的界域。这种联想思维，可以使自己以往的经验为新的创造性思维服务。在公关策划中，当我们为某个问题所困扰的时候，也可以受某一事物的启发而想到另一事物。这种联想的形式，或由于事物在时间上和空间上接近而形成，或由于事物具有相似的特点而形成，或由于对比关系，因果关系而形成。我们通常说的由此及彼、举一反三就是指的这种情形。

（二）公共关系策划的原则

在进行公共关系策划时，应遵循以下原则。

（1）创新性原则。公共关系策划活动应该力求新奇、独特、精致、不落俗套。

（2）时效性原则。公共关系策划活动应该随着形势的变化，积极、主动、及时进行，方案的实施能够取得良好的效果。

（3）可行性原则。公共关系策划方案应该切实可行，没有可行性的方案，即使是再漂亮的创意和文字，也不会有丝毫的意义。

【举例说明】

“老鼠和猫”

传说有一群老鼠，他们为了降低被猫捕杀的机会，开了一个家族会议。会上，一个“聪明”的幼鼠提议在猫的脖子上挂一个铃铛，这样的话，一旦猫有动静，他们就会听到铃铛的响声，大家就可以“闻铃而逃”。不少老鼠对此建议表示赞同，认为这是一个在好不过的办法。但是，一只年长的老鼠的声音打断了他们欢呼，“这个办法很好，但是由谁去挂这个铃铛呢?”众鼠哑然。是呀，谁去挂呢?

(4) 整体性原则。公共关系策划活动应该考虑和顾全与策划项目相关的各个方面。

(5) 道德性原则。公共关系策划活动应该符合社会道德要求，才能得到社会公众的接受和好评。

(三) 公共关系策划的技巧

公共关系策划是公共关系原则与创造性思维的碰撞结合，这种碰撞结合形成了一些相对稳定的思路和轨迹。公共关系策划的技巧很多，这里简要介绍几种方法，以给公共关系策划者们若干启发。

(1) 制造新闻。所谓“制造新闻”，也称“策划新闻”，是指社会组织或个人在尊重事实、不损害公众利益的前提下，有目的地策划、组织、举办具有新闻价值的事件，制造新闻热点，争取报道机会，通过新闻媒介向社会传播，以达到吸引公众注意，扩大组织知名度和影响力的目的。它具有新、奇、特的特点，并必须符合新闻规律，要真实可靠，不允许编造事实、欺骗舆论。这是公共关系利用舆论的主要手段，也是与广告在传播上最大的不同。

(2) 借冕增誉。借冕增誉指社会组织在策划公共关系活动时，将组织及其产品与声望高、权威性强的名人、知名组织、有影响的事物事件联系起来，借助他们的名望、声望及权威来扩大组织的影响及知名度，从而达到事半功倍的效果。

(3) 小题大做。小题大做指在与公众交往中，社会组织要注重小节，在小事上发掘大道理，在小事上展示自己的大观念，从而有效地强化自己的形象。

(4) 以攻为守。以攻为守指当组织与社会环境发生矛盾，环境对组织的生存发展构成严重威胁时，社会组织不应消极观望等待，而应主动出击，对环境积极施加影响，从而变被动为主动，化不利为有利。

(5) 以诚换诚。以诚换诚是指当公众对社会或个人产生不满、误解、抱怨时，社会组织或个人要首先摸清情况，对社会、公众做出善意的解释，提出相应措施，以实际行动换取公众的谅解。

(6) 宁为鸡头。宁为鸡头是社会组织在进行形象定位和产品定位时所运用的一种策略，即在实施名牌战略时，企业要想方设法使自己的产品成为世界一流的产品。

三、公共关系策划书的制作

公关活动方案经过论证后，必须形成书面报告——公共关系策划书。公共关系策划书是公关策划工作的表现总结，又是公关活动的实施指导、依据和规范。它为公共关系工作的开展提供一个蓝本和标准。制定公共关系策划书的目的是方便计划制定者随时查看项目进展，管理层能够有效对公关结果进行评估，以便获得更好的公关传播效果。

公共关系策划书可以分为长期战略规划、年度工作计划和专题活动计划，它们的基本结构和写作方法大致相同，但也有一些区别。一份标准的公关策划书通常包括以下五个部分。

1. 封面

封面是策划书的“脸面”，是对策划书的“第一印象”，因此，封面不能太随意，格式要规范；要大方、典雅；要求设计独到、紧扣主题；可以图文并茂，也可以用不同颜色、不同规格、不同字体的文字来设计。封面要注明三个主要内容。

(1) 标题。标题应有制订计划的组织的名称、活动的内容、活动方式及文种。如：“美的 MPV 产品全国巡展策划书”。

(2) 密级。可以分为秘密、机密、绝密；或密级：A、AA、AAA。

(3) 落款。落款中应注明制作策划书的单位名称及日期，并加盖公章。

2. 序文

序文是指把策划书内容概要加以整理，简明扼要，让人一目了然。序文一般不超过 400 字，视情况可加些说明，不过尽量不要超过 500 字。

3. 目录

目录务求使人读后能了解策划的全貌，它具有与序文相同的作用，十分重要。

4. 正文

正文这是策划书中最重要的部分。正文的内容因策划种类的不同而有所不同，但必须以让读者能一目了然为原则，切忌过分纷杂。正文的写作方式以文字为主，也可以配以表格或图示。内容层次一定要清楚、具体。

(1) 背景分析。这部分主要目的在于就公关传播中存在的问题进行陈述与分析，并阐明公关计划的首要目标。

(2) 本次活动的主题词。用一句简练新颖、独特、有感染力的语言概括本次活动的宗旨、目的、意义，使活动主题更加突出。

(3) 本次活动的主办单位、协办单位、赞助单位及承办单位。主办单位、协办单位、赞助单位或承办单位，必须一一“对号入座”，切不可混淆不清而影响责、权、利的划分。

(4) 本次活动的时间、地点、参加者及邀请者。应写明活动的时间、地点和参加者的来源、人数、具体落实的情况。

(5) 本次活动的实施方案。这是策划书的核心和“重头戏”，也是本次公共关系专题活动的创意体现和水平检验。每项具体活动项目应包括：活动名称；活动目的及在整个活动中的地位、作用；活动主要内容、方式和基本要求；项目负责人、参与者及分工、项目完成时间及进度表；经费、设备总量和分配；所需的传播媒介及场地等。

(6) 本次活动的成效检测标准及方法。应写出负责检测的主持者与参与者，检测的各项具体标准以及检测的多种方法，检测的程序。

5. 附件

附件主要是指策划的相关资料。这部分内容可附也可不附，只是给策划参与者提供参考。资料不能太多，择其要点而附之。

【课堂训练】

一、发散思维的训练

(1) 材料发散。尽可能多地说出石头的用途，尽可能多地说出书的用途。

(2) 功能发散。怎样才能达到快乐的目的？怎样才能达到长寿的目的？

(3) 结构发散。尽可能多地画出“球”结构的东西，并说出它们的名称；尽可能多地列出立方体结构的东西。

(4) 形态发散。尽可能多地设想利用香味做什么；尽可能多地设想利用光线做什么。

(5) 组合发散。尽可能多地说出某企业可以和哪些行业合作；尽可能多地说出人与哪些人组合形成新的关系？

(6) 方法发散。尽可能多地列出用“吹”解决哪些生活中的问题。

(7) 因果发散。尽可能多地列出手机普及的原因；尽可能多地列出成才的原因。

(8) 关系发散。尽可能多地列出太阳与人类的关系；尽可能多地列出电脑给人类生活带来的变化。

二、联想思维训练

(1) 图形想象。尽可能多地列出与菱形相像的物品。

(2) 假象性推测。假如世界没有电……

(3) 缺点列举思维训练。尽可能多地列出皮鞋的缺点。

(4) 愿望列举思维训练。尽可能多地列出年轻人的愿望。

【案例分析一】

丰田汽车的"霸道"广告

2003年12月《汽车之友》杂志刊登出丰田汽车在中国推出的三款新车广告即：陆地巡洋舰、霸道、特锐平面广告，意在中国传统节日——春节期间取得销售佳绩。未曾想到，雄心勃勃的广告推广活动最后演变成四处灭火救急的危机公关事件，让《汽车之友》、盛世长城广告公司、一汽丰田颜面无存。

在"霸道"的广告中，一辆霸道汽车从城市中驶过，其右上方正好设置了两尊石狮，一只呈俯首侧目状，而另一只夸张地举起右爪向霸道越野车敬礼，整幅广告的背景采用了没有明显建筑特征的城市建筑，根据外观大概可以猜出是上海、广州或香港之一，其相应的广告语为"霸道，你不得不尊敬。"

在"陆地巡洋舰"的广告中，一辆丰田"陆地巡洋舰"越野车拉着一辆绿色的大卡车，而广告左侧的图案告诉那是一辆军用卡车，而广告诉求中透露出来的地点是可可西里，根据广告的综合信息分析，那辆军用卡车无疑是国产的"东风"汽车。

此两则广告一出，引起了轩然大波，读者的民族情结高涨，甚至提升到政治的高度，网友开始全面反击，制作丰田负面广告，最有代表性的有二则：两尊威风凛凛的石狮把夹在中间的"霸道车"翻了个面；一辆东风汽车装载着一辆丰田"陆地巡洋舰"，广告语为"东风汽车为丰田陆地巡洋舰指定施救车。

【案例讨论】

1. 一汽丰田汽车广告问题出在哪里?

这无疑是广告创意简单"直译"惹的祸，汽车品牌的推广包括四个层面的内容：产品品质、产品风格、人文背景以及独特的精神主张。一汽丰田的广告无疑想从这四方面对产品以及品牌作一个强势推广，"霸道"、"陆地巡洋舰"仅从产品副品牌来理解与美国的"悍马"、英国的"陆虎"一样，就极具杀伤力，而丰田的副品牌还要更加强悍，通过何种方式把这种产品风格恰如其分的表现出来，成为创意的核心思考内容。

盛世长城广告公司无疑采用了"直译"的办法，以强映强，找最有说服力的东西去表达一汽丰田的产品风格，石狮、东风汽车则成为理想的参照物。石狮在中国作为权力、地位、财富的象征，也是极具有民族特征的产物，石狮的屈服正体现了"霸道"的风格；东风汽车笨重，小个头"陆地巡洋舰"在斜坡上拉大块的东风汽车是最好的强悍佐证，同时，石狮，东风汽车、在消费者中认可度的较高，石狮、东风汽车出现在广告中一方面很"中国"，另一方面形成了良好的视觉冲击力。

然而广告商与广告主忽略了汽车品牌构成中的重要组成部分：人文背景，丰田作为日本的品牌与中国应该融入而不是征服。诚如众多网友评论："霸道"广告中的石狮，让我想起卢沟桥的枪声。中、日关系因为历史的原因，造成了巨大的民族伤害，日本的汽车业在中国的发展还得认真研究中国的人文背景，一汽丰田在广告产品风格诉求以及人文背景的表达上无疑已上了一个最大的错误。

【案例分析二】

10 万美元寻找主人

某公司宣传其新型保险柜的卓越功能，登出一则这样的广告："10 万美元寻找主人！本公司展厅保险柜里存放有 10 万美元，在不弄响警报器的前提下，各路豪杰可用任何手段拿出享用！"

广告一出，轰动全城。前往一试身手的人形形色色：有工人、学生、工程师、警察和侦探，甚至还有不露声色的小偷，但都没有人能够得手。各大报纸连续几天都为此事作免费报道，影响极大。这家公司的保险柜的声誉随之大增。

【案例讨论】

1. 本广告策划的创意如何?

第三节　公共关系实施和评估

正确地制订具有创意的公共关系计划方案固然重要，但更重要的是将公共关系计划付诸实施，才可能真正产生效用。公共关系实施是在公共关系计划方案确定后，将方案所确定的内容变为现实的过程，它是整个公共关系工作的中心环节。

一、公共关系实施的原则

公共关系实施是一个复杂而科学的过程，客观上需要一整套科学的实施原则作指导。

1. 准备充分原则

实施准备是公共关系实施成功的基础和前提。准备越充分，公共关系实施就越顺利，失误就越小。在正式实施策划方案之前，要用足够的时间做好各种实施准备工作。

2. 目标导向原则

目标导向原则要求公共关系人员在公共关系方案实施过程中，不断利用目标对整个实施活动进行引导、制约和促进，以保证实施活动不偏离公关目标。

3. 控制进度原则

控制进度原则就是根据公共关系计划中各项工作内容实施时间进度的要求，随时检查各项工作的进度速度，及时发现滞后（或超前）的情况，搞好协调与调度，使各项工作内容按计划协调、平衡地发展，并确保按时完成。

4. 整体协调原则

整体协调原则是指在公共关系实施过程中，使工作所涉及的方方面面达到和谐、合理、配合、互补和统一的状态。

5. 反馈调整原则

反馈调整原则是指通过监督控制机制及时发现公共关系实施中的方法偏差甚至错误，并及时进行调整与纠正，通过多次循环往复的反馈、调整，使实施不断完善，直到完成公关计划。

二、公共关系实施的要求

要使公共关系实施真正达到预期效果，在实施过程中应达到以下几点要求。

（一）有效地排除实施中的障碍

虽然公共关系计划经过认真论证，但在实施过程中也难免遇到这样那样的障碍，这些障碍有内部的也有外部的，有主观造成的也有客观造成的。正视种种障碍并采取有效的措施予以排除，才能保证计划的有效实施。影响公共关系实施的障碍主要有以下几方面。

（1）主体障碍。这类障碍主要是产生于实施主体自身，包括组织的人员素质、管理水平、计划论证等存在的问题与失误，从而造成公关目标障碍、公关创意障碍、公关预算障碍等。这些障碍将会直接影响到实施的效果和目标的实现。

（2）沟通障碍。公关方案的实施目的在于实现组织和公众之间的双向沟通。但在沟通过程中有不少障碍因素，比如，语言障碍、习俗障碍、观念障碍、心理障碍、组织障碍等。这些障碍都会影响信息传播的真实性，使组织无法顺利实现与公众对象的沟通。

（3）环境障碍。公共关系实施环境障碍是来自于实施环境的各种制约因素、对抗因素、干扰因素。这些因素会从正面（促进）和反面（制约）影响着实施工作的开展。

（二）及时妥善处理实施过程中的突发事件

对公关方案的实施干扰最大的莫过于突发事件。如果组织不能及时妥善地处理，不但使整个方案无法实施，甚至会给组织带来巨大的危机。产生突发事件的原因有多种，但不论何种原因导致的突发事件，最关键的做法是应当保持头脑冷静，防止感情用事，认真剖析原因，正确选择对策，以使对组织形象损失降到最低。

（三）正确选择方案实施时机

正确选择时机是提高公关方案成功率的必要条件。如果在方案实施过程中，对于时机进行精心选择与安排，整个公关方案将会借助于恰当的时机而收到良好的效果。一般来讲，在实施公关方案时，正确选择时机应注意把握以下几点。

（1）要避开或者利用重大节日。凡是同重大节日没有任何联系的活动都应避开节日，以免被节日活动冲淡。凡是同重大节日有直接或者间接联系的公关活动方案则可考虑利用节日烘托气氛，扩大公关活动影响。

（2）要注意避开或者利用国内外重大事件。凡是需要广为宣传的公关活动都应避开国内外重大事件，以免被重大事件所冲淡。凡是需要为大众所知，又希望减小震动的活动则可选择重大事件发生之时。

（3）避免在同一天或同一段时间里开展两项重大的公共关系活动，以免其活动效果相互抵消。

三、公共关系的评估

公共关系的评估是对公关计划实施工作的总结和最终效果的评价。它是公关活动的最后的一个程序，也是下一轮策划的开始。通过公关评估，可以总结成功的经验，分析失败的教训，进一步提高公关活动质量与水平，为组织今后公共关系具体目标政策和行为调整的依据。因此，公共关系评估有其重要的作用。

（一）公共关系评估的标准

公共关系评估应从公共关系工作开展的准备过程、实施过程和实施效果三方面进行。因此，评估标准应包括这三个方面的标准。

1. 公共关系工作准备过程的评估标准

（1）背景材料是否充分。主要检验前几个程序中是否充分利用资料和分析判断的准确性。重点是及时发现在环境分析中被遗漏的、对项目有影响的因素。

(2) 信息内容是否正确充实。主要检验所准备的信息资料是否符合问题本身、目标及媒介的要求。检验时强调的是信息内容的真实性与合理性。

(3) 信息的表现形式是否恰当。检验有关传递的信息资料及宣传品在文字语言的运用、图表的设计、图片及展示方式的选择方面是否合理、新颖，是否能达到引人注目、给人以深刻印象的要求。

2. 公共关系工作实施过程的评估标准

(1) 发送信息的数量。评估在实施过程中在电视广播讲话的次数、发布信件及其他宣传材料以及新闻发布的数量，以及宣传性工作如展览等进行与否及其努力程度。

(2) 信息被传播媒介所采用的数量。报刊索引和广播记录一直被用来作为查对传播媒介采用信息资料数量的依据。其他宣传活动如展览、公开讲话的次数，也反映了组织为有效地利用各种可能渠道将信息传递给目标公众的努力程度。

(3) 接收到信息的目标公众数量。将收到信息的各类公众进行分类统计，从中找出目标公众的数量及其结构。可以借助于报纸杂志的发行量、会议及展览的出席人数等作为评估的参考数据。

(4) 注意到该信息的公众数量，了解传播信息的实际效果。

3. 公共关系工作实施效果的评估标准

(1) 了解信息内容的公众数量。

(2) 改变观点、态度的公众数量。

(3) 发生期望行为和重复期望行为的公众数量。

(4) 达到的目标和解决的问题。

(5) 对社会和文化的发展产生影响。这种影响同其他各种因素共同起作用，并在较长时间里以复杂的、综合的形式表现出来。

(二) 公共关系评估的程序

一般地讲，评估工作可分为以下 4 个阶段。

1. 评估准备阶段

在评估准备阶段中，应确定评估的目标和标准；安排评估的人员和时间进度。

2. 全面评估阶段

全面评估阶段就是运用各种评估的具体方法，全面搜集各种所需的评估资料和信息。

3. 整理分析阶段

在整理分析阶段，应参考评估标准对所搜集的各种资料或信息进行分析比较、统计对照，检查既定公共关系目标是否达到，检查预算执行情况与效果。并在评估分析的基础上，提出计划实施中尚存在的没有解决或新发展的问题，并进一步分析产生这些问题的原因。

4. 撰写报告阶段

在全面检查、评估分析、提出问题的基础上，公共关系人员应根据情况和需要调整工作计划和目标，并向决策部门报告分析结果，以便领导者统筹考虑组织的目标和任务。同时，还要针对新问题并根据组织的总目标、总任务，设定公共关系下一个阶段目标。

（三）公共关系评估的内容

公共关系评估是公关活动的全方位的检测，组织希望得到的不仅是总体的印象评估，而且是非常具体的和准确的评估结果。一般而言，专项公共关系活动的全面评估内容主要包括以下几个方面。

1. 公共关系目标检验

评估总体目标是否正确；围绕这个目标的各种实施目标是否具体；检验目标是否成为现实，或者在多大程度上成为现实；组织内部成员对活动的目的是否透彻了解；组织内部各部门对活动是否积极合作和大力支持。

2. 公共关系计划检验

分析公共关系计划的可行性和计划的实现情况等，发现公共关系计划制定得是否正确合理、是否周密，计划实现的程度、范围、效果怎样，计划实施方法、程序是否需要调整或修正，主体是否明确且富有号召力，计划预算是否适当。

3. 公共关系经济效益检验

通过评价公共关系活动，检验组织的产品销售量是否有所增长，增长多少?

4. 公共关系社会效益检验

通过评估公共关系活动，检验组织的知名度和美誉度是否有所提高。

（四）公共关系评估的方法

公共关系评估的方法主要有以下 5 种。

1. 观察反馈法

观察反馈法是由评估人员直接参与实施过程，进行实地考察，记录各个环节实施的状况、顺序以及进展情况。

2. 目标管理法

目标管理法是以预先设定的目标作为评估分析的主要依据，根据实施效果和目标对照考核，进行衡量。

3. 舆论和态度调查法

舆论和态度调查法是在公共关系活动的前后分别进行一次舆论调查，检查公共关系活动对公众的态度、动机、心理、舆论等方面的影响。通过舆论与态度调查，借助“组织形象地位图”，检查组织知名度和美誉度的改善情况；运用“组织形象要素调查表”，检查组织形象要素的具体构成有了哪些进步；通过“形象要素差距图”，检查组织实际形象与期望形象之间的形象差距有多少改善。

4. 内部及外部评估法

内部及外部评估法是根据组织内部各职能部门的资料和组织外部广大公众的信息反馈来评估。可以通过从不同渠道汇报上来的各种资料，如数据、图表、报告，作为评估的重要依据。

5. 新闻报道分析法

新闻报道分析法是指根据组织在新闻媒体的见报情况来评估公共关系效果的方法。新闻舆论的敏感度很高，是反映组织形象的一面镜子。根据新闻传播的数量、传播的质量、传播的时间、传播媒介的影响力、新闻资料的使用等方法来进行评估，可获知本组织形象的状态。

上述各种评估方法都有自己的特点，不同组织可根据自身的实际情况具体选择和应用这些方法。也可以综合运用，通过几种方法相互比较、相互引证，得到一个全面的、综合性的评估结论。

（五）公共关系评估报告的撰写

公共关系评估报告是评估工作的最终成果，它主要说明的是“我们做得怎么样，为什么会这样?”评估工作实质上也是一种调查工作，是对整个公共关系活动的调查。因此，评估报告的格式与调查报告的格式相似，只是内容和针对性有所区别。主要包括以下几个方面的内容。

（1）描述整个公关活动过程。

（2）简要地概括活动结果及其存在的不足。

（3）科学地预测此项工作的发展趋势。

（4）提出相应的解决办法，为决策者决策提供充分的信息根据。

【案例分析】

一次失败的公关策划

2005年3月1日，上海《新闻晚报》以较大的篇幅刊登了《百桌椅遭遇“零”认领》的报道。报道说，上海松江区旅游事业管理委员会为建设松江这座历史名城，为营造独特的文化氛围，特别选定了5处景区（点），向社会发出了100只桌椅的捐赠倡议书，捐赠者可以是单位，也可是个人。捐赠一把座椅为800元。捐赠者可以在椅背、扶手等镶有铜牌处刻上姓名、单位和想说的话。所有捐赠者都将得到由主办方颁发的荣誉证书和捐赠纪念册。令主办方意想不到的是，这项富有创意的活动推出两个月来，竟然遭遇了“零认领”。为此，主办方把原因归结为人们的文明程度还不够，并决定将捐赠活动再延长两个月。

【案例讨论】

1. 这次公关策划失败的原因在哪里?

2. 假若让你做这次公关策划，你有什么打算?

参考解释：这次活动的失败，最主要的原因并非是“人们的文明程度不够”，而是在公共关系策划方面出现了问题。首先，主办方旅游事业管理委员会作为政府的一个部门，在一定程度上还缺乏公共关系意识，主观地认为只要印发了文件，在政府相关的网站和媒体上发了消息，就完事大吉了。殊不知，公共关系活动的策划是一项系统的工程。要想让好的创意变成现实，必须要进行公关调查，在此基础上，认认真真地安排好每一个步骤和环节，并按照公关策划方案去实施，同时还要根据公众的反应及时调整策略，以保证公关目标的实现。

就本案例来讲，在捐赠消息正式发布之前，应该首先进行公关调查。此项调查的重点是对目标公众的细分。比如，捐赠座椅的受益公众主要有哪些群体；可能认捐的对象有哪些；已经有认捐意向的公众有哪些；认捐对象有哪些要求和顾虑等等。目标公众明确以后就可以针对不同人捐者的特点，开展相应的策划。比如，在3月5日学雷锋纪念日到来前后，可以联合区教育局和共青团、少先队等组织，在广大青少年中开展一次“爱我松江、美化松江”的主题活动。青少年是一个参加公益活动最诚信、最热心的群体。如果以班级和年级为单位认捐公益椅，其成功率是非常大的。如果能够在捐赠的现场举行简短的仪式，并邀请、吸引媒体对其进行报道，因为青少年的影响力涉及千家万户，再加上媒体的推波助澜，认捐活动就能在整个松江形成一定的声势。

针对团体可以推出一些以党、团支部命名的公益椅，针对个人可以推出一些企业名人椅、尊师椅、敬老椅、爱情椅等；针对公园晨练的老人还可以推出以各类拳、操命名的公益椅。

所有的策划内容都需要有人去落实、实施，在人力方面可以与松江大学城的各高职院校联系。因为他们都设有大量的实训课程，却苦于找不到实习基地。主办方应该主动与这些高职院校联系，在获得院、系领导的支持后，便可以在专业教师的指导下，组织大学生去调查、游说并落实项目。这是一个既具有公益性又具有挑战性的工作，会有不少学生对此感兴趣的。

以上只是抛砖引玉，同学还可以作进一步的思考，想出更好的策划方案来。

【本章小结】

公共关系活动的开展应遵循一定的程序有条不紊地进行，公共关系工作的基本程序可分为公共关系调查、公共关系策划、公共关系实施和公共关系评估四个步骤。

公关调查是运用科学的方法，有计划、有步骤地搜集相关信息并进行综合分析，了解组织面临的公共关系方面的实际问题，从而为组织的形象设计、公共关系活动的策划提供依据。公共关系调查应包括制订调查方案、搜集调查资料、整理分析资料、撰写调查报告四个步骤。

公共关系策划是指公关人员根据组织形象的现状和目标要求，分析现有条件，设计最佳活动方案的过程。公共关系策划应包括确定公关目标、确定公众、设计主题、选择媒介、编制预算、审定方案六个工作步骤。

公共关系实施是将方案所确定的内容变为现实的过程。实施时应遵循准备充分原则、目标导向原则、控制进度原则、整体协调原则、反馈调整原则。并注意有效地排除实施中的障碍、及时妥善处理突发事件及正确选择方案实施时机。

公共关系评估是对公关计划实施工作的总结和最终效果的评价。通过公关评估，可以总结成功的经验，分析失败的教训，进一步提高公关活动质量与水平；同时可以发现公共关系活动的缺陷与不足之处，为组织今后公共关系具体目标政策和行为调整的依据。

【课后实训】

1. 联系某一组织根据需要确定调查主题，设计调查问卷，进行实地调查，并撰写调研分析报告。

2. 以小组为单位替你所熟悉的学校或企业设计一项公共关系活动，并撰写公共关系活动策划书。

3. 假定你所在的学校近日有一次重要的公共关系活动，但由于恶劣的天气，致使活动不能如期开展，请拟定一个应急方案，以消除或减少不利影响。

4. 对近期举行的某一次公共关系活动进行评估，并撰写评估报告。

第四章
公共关系活动类型

本章导读

不同的组织有着不同的公共关系活动类型，同一组织也有着不同的发展阶段和特点，面对不同的公众对象和任务，各组织在公共关系工作方法上应具有不同的特色，这种由一定的公共关系目标和任务，以及这种目标和任务所决定的具体方法和技巧构成的有机体系，我们称之为公共关系活动类型。

公共关系活动类型在现实中的表现多种多样，往往具有明显的对应性特征，仅适用于特定的公共关系。在此，我们主要从公关活动的不同组成要素入手，将其分为以下类型：不同主体的公共关系活动；不同功能性的公共关系活动；不同阶段性的公共关系活动。

学习目标

1. 了解不同主体公共关系的特点。
2. 理解不同功能公共关系的活动方式、特点和原则。
3. 掌握不同阶段公共关系的活动方式、原则及适用环境。

课前思考

1. 不同的主体在开展公共关系活动时有什么不同？
2. 不同类型的公共关系活动分别有哪些不同的功能？
3. 组织在不同的发展阶段对开展公共关系活动有什么具体要求？

第一节　不同主体的公共关系活动

公共关系主体是指公共关系活动的承担者。公共关系主体性质的差异，必然导致公关活动方式的差异。根据组织的目标和职能，可以将公共关系主体划分为营利性组织，如生产企业、商业企业、服务业、饭店、旅游业等；非营利性组织，如学校、医院和各种群众团体。

一、营利性组织的公共关系

（一）营利性组织的类型

营利性组织是经济实体，组织的最终目标是追求经济效益。从担负的社会功能看，营利性组织分为生产企业、商业企业、服务性企业、饭店和旅游业等。

（1）生产企业。生产企业是向社会提供实物产品的营利性组织，包括从事工业品原料、农产品原料加工的工业企业和采掘自然资源的各种企业。生产企业是现代公共关系发展和应用最为广泛的一个领域。作为营利性组织，生产企业的经营目标是通过提供适销对路的产品获得经济效益。

（2）商业企业和服务性企业。商业企业是以提供物质商品来满足顾客需要的营利性组织，如批发商、代理商、零售商、进出口商、饮食业等。服务性企业是以提供劳动力服务来满足顾客需要的营利性组织，如修理业、运输业等。两者都是以工作人员与客户的直接接触来开展经营活动，目标是通过向顾客提供各种形式的服务，满足社会需要和获取本组织的经济利益。

（3）饭店和旅游业。旅游业是以旅游资源为基础、以旅游设施为条件，组织安排旅游活动并向旅游者提供旅行服务的营利性组织。饭店业主要为旅游业、流动人员提供食宿设施的营利性组织，包括宾馆、酒店、旅馆等物质设施，它是旅游供给的主要部分，也是旅游创收的重要场所。作为营利性组织，旅游业的经营目标是通过组织旅行游览向游客提供服务，获得经济收入；饭店业是通过向旅客提供食宿服务，取得经济收益。

（二）营利性组织的公共关系特点

不同的营利性组织虽然有着不同的工作内容，但相同的经营目标导致它们的公共关系工作特点是相似的。从营利性组织自身的特点出发，其公共关系有以下主要特色。

（1）以经济效益为中心开展工作。作为营利性组织，在市场经济条件下，必须把一切经营活动纳入提高经济效益的轨道上来，用尽可能少的劳动耗费，提供尽可能多的符合消费者或顾客要求的产品或服务。通过确定正确的经营方向、发挥经营特色、提高产品和服务质量、改善组织经营管理、节约劳动耗费等得到赢利，积累更多的资金，使本组织和员工获得更多经济利益。只有每一个营利性组织都具有扩大再生产的能力和各方面的发展能力，员工的积极性才能充分调动，整个国民经济才能充满生机和活力。因此，营利性组织必须以提高经济效益为其公共关系的重要目标。

（2）与市场营销紧密配合。市场是营利性组织竞争、生存和显示活力的地方。营利性组织只有根据自身经营和发展的需要，从市场上获取资金、信息、资源、技术和劳务等各种生产要素，提供有竞争能力的产品和服务，才能显示出活力。市场营销是营利性组织经济活动的重要过程，在市场营销的整个过程中，包括市场研究，产品开发、定价、分销、促销、售后服务及意见反馈等环节，公共关系都可发挥其特有的职能。每个营利性组织的公共关系活动必须与市场营销紧密配合，才能使组织在激烈的市场竞争中立于不败之地。

（3）以顾客为主要公众。营利性组织是商品的生产和经营者，是劳务的提供者。只有源源不断地生产社会需要的产品，高质量地提供社会所需要的服务，营利性组织才能生存和发展。由于作为产品购买者和服务接受者的顾客的态度、行为和偏好，会直接影响到营利性组织的经济效益和生存发展，因而，顾客成了营利性组织最基本、最重要的公众。

（4）塑造良好形象。现代消费是感性消费时代，面对浩如烟海的商品，消费者的购买行为已不仅仅取决于一般的生理需要，更多取决于对某个组织或产品的综合印象和感受。这种印象和感受，就是公众心目中的组织形象和产品形象。它综合了该组织在历史规模、产品品种、产品质量、产量、价格、技术水平、管理水平、服务等方面的信息要素。购买某种商品，接受某种服务，能给消费者或顾客以一种信任、荣誉、感情、爱好等方面的满足，产生一种心理上的认同。因此，在形象竞争的时代，营利性组织仅靠技术、价格等因素，已难以战胜竞争对手。依靠良好的组织形象，塑造良好的组织形象，是工业企业、商业企业、旅游服务业的共同追求。

（三）营利性组织的公共关系工作

营利性组织的公共关系工作主要包括重视产品质量、促进销售和售后服务。

（1）产品质量是公共关系工作的基础。公关活动的目的是塑造组织良好的形象。对营利性组织来讲，它的组织形象是由产品形象、成员形象、管理形象、实力形象等要素构成的。其中，产品质量是整个组织形象的基础。公众对组织印象的形成一般取决于对产品的认知。许多成功的营利性组织都是从创立名牌产品入手，进而塑造名牌组织形象。

（2）促销是公共关系工作的重点。在市场经济条件下，营利性组织的发展往往取决于它的产品销售情况。因此，营利性组织必须树立市场观念，根据市场的需求进行采购，组织生产，制定价格，安排分销，根据自己的需求选择合适的促销手段开展促销，通过信息传播沟通引导顾客采取对自己有利的行为。一般而言，在推出新产品、进入新市场、转入新的生产领域，以及产品供应正常、不足或出现危机等都应取得媒体的配合，赢得公众信任，获得较大的市场份额。

（3）销售服务是公共关系工作的关键。销售服务，包括售前、售中和售后服务。售前服务是购买行为发生之前向潜在用户提供的服务。如主动提供样品、商品目录、说明书、现场操作表演等。售中服务是在用户购买成交过程中提供的服务。如回答用户提问、提供和推荐商品、介绍产品性能特点等。售后服务是向已购买产品的用户提供的服务。如技术培训、代包装运输、安装调试、维修、包退包换、定期走访用户、建立用户档案等。只有热情、主动、诚实、守信、耐心、周到、及时、充满人情味的服务，才能赢得顾客公众的信任，才能从根本上为产品销售开创良好局面。紧紧抓住销售服务这个突破口，就能使营利性组织的公关落到实处，带动公共关系工作的全面展开。

二、非营利性组织的公共关系

（一）非营利性组织的类型

与营利性组织相比，非营利性组织的性质更复杂，类型更多。非营利性组织包括事业组织和民间团体组织。

（1）事业组织。事业组织是指由国家提供资金设立的专门性机构，如学校、医院、图书馆等。

（2）团体组织。团体组织是指具有共同利益或背景的人们为实现某种社会理想而自愿结合形成的非营利性组织，如专业学术团体、宗教团体、妇女团体等。

（二）非营利性组织的公共关系特点

由于非营利性组织与营利性组织的性质有着很大的差异，在开展公共关系工作过程中，所面对的公众和使用的媒介是有差别的，其差别主要表现在以下几个方面。

(1) 实现社会效益是公共关系的目标。如果我们说社会组织公共关系工作的根本目的是追求某个特定领域内社会效益与经济效益的最佳统一，那么，营利性组织的公共关系工作从最终结果而言，都或多或少、直接或间接地与经济效益挂钩。一个营利性企业的公共关系工作若不能在某种程度上为企业创造一定的经济效益，它就无法得到企业主管人员的重视，久而久之，其自身的生命力也会萎缩。而对于非营利性组织，确立一种高于一般社会认识水平和道德水准的组织形象是其公关目标，其最终结果则往往体现在社会效益上。比如，组织担当崇高社会道义责任，劝导说服社会公众接纳某种有益于社会的新观念；组织为社会作贡献的献身精神，赢得公众对某项社会事业的支持；组织成员有较高的文化知识水平和社会公德规范，侧重塑造自身组织的形象，提高其知名度和信誉等。

(2) 与公众联系较松散。营利性组织与其公众之间的关系较密切，这是因为维系它们之间关系的利益较为一致，反映到特定的公共关系工作上，其公众针对性也较强。而非营利性组织与其公众的关系则较为松散，这是因为它们之间缺乏相对固定的利益性联系，或这种利益性色彩较淡，反映到具体的公共关系工作上，其公众针对性也较弱一些。如环境保护组织开展公共关系工作时，往往会从社会的宏观结构角度来制定自己的公共关系战略并策划相应的公共关系活动方案，其公众涵盖面较宽。

(3) 公关活动费用不够稳定与充足。营利性组织开展公共关系工作一般有相对稳定和较充足的预算资金，以至于它们有实力策划和组织一些耗资巨大的大型公共关系活动。英国有的公共关系专家根据自己多年的实践经验，曾总结出这样一个规律，即对英国企业而言，其产品市场推广的费用一般要占企业销售额的5%以上，多的甚至高达20%。而这笔费用中的50%以上则是用于促销活动。至于公共关系活动的预算，一般占促销活动费用的25%左右。而非营利性组织开展公共关系工作则很少有如此稳定的资金预算，他们通常只是在力所能及的范围内，争取少花钱多办事，积少成多，以逐步形成某种活动声势。反映到这两类组织在具体公共关系工作中对媒介的使用上，前者爱用能迅速造成某种轰动效应的媒介，如通过卫星进行全球实况转播的电视等，后者则爱用花钱少的媒介，如人际传播媒介、互联网传播等。

另外，营利性组织公共关系人员的配备比较齐整，多为专职，专业素质较高；而非营利性组织由于受资金等因素的影响，公共关系人员的配备不一定很齐整，有时甚至是临时选人组阁，专业素质因人而异。因而，从某种意义上来说，非营利性组织开展公共关系工作，其难度要更大一些。

（三）非营利性组织的公共关系活动

非营利性组织由于本身的特点，其公共关系除了具有一般公共关系的共性任务（如建立自身良好形象、扩大社会影响）之外，它还有着自己的工作重点。

（1）保持和发挥自身的独特优势作用。非营利性组织在社会利益关系格局中处于较超脱的地位，故其对社会各种问题的看法往往会受到社会各个方面的重视。在社会舆论形成中，保持和发挥自身的独特优势作用，成为社会舆论的主要倾向。因此，非营利性组织公共关系可以在两方面显示作用。一是通过参政议政来显示自身价值，争取社会各界的理解与承认；二是以身作则，在社会各界公众中带头建立一种良好的社会行为作风，并对不良风气勇于抨击。

（2）积极参与和组织各种社会活动。这类社会活动主要围绕某个公益目标进行，参加的原则是自愿、平等，而且又没有什么功利色彩，所以公众对此有着普遍接受的心理基础。非营利性组织一般财力有限，在活动中它主要起领导、发起组织、联络的作用。这类活动既可使广大社会公众受益，又扩大了组织自身影响，而且还能在与社会各界公众的沟通中得到帮助和支持。

【案例分析一】

信誉投资带来经济效益

广州白云山制药总厂在20多年前，还是一个生产单一产品“穿心莲”的乡办小厂，生产设备极其简陋，年产值不到20万元，这个厂现在已发展成为生产医药品种达数百种，年产值超亿元，上缴利税过千万元的大型骨干企业。

白云山制药厂是我国国有企业中率先设立公共关系部的企业。作为一个营利性组织，该厂注重以公关求发展，每年拔出总产值的1%作为“信誉投资”，这笔投资为白云山制药厂带来了巨大的社会效益和经济效益。

该厂的公关部负责与社会各界建立并保持良好的关系，主持关系到企业信誉的各项公关事务，包括向社会开放工厂，向来访者播放企业录像，奉送精美宣传品，带领客人游览厂区，介绍科学制药方法等。通过医药刊物和学术界、卫生界进行信息交流，通过邮购药品的来往书信同顾客进行思想交流，通过遍布全国的800多个销售网点及时反馈公众需求和意见，获得了公众的支持和信任。

白云山制药总厂十分重视信誉投资。该厂充分利用大众传播为企业树立形象，着重抓球场广告和电视广告，采取“有奖问答”等形式在报纸上刊登公关广告。也曾利用广州街头新出现的双层“巴士”，做车身广告。该厂还扩大“免费广告”渠道，设专职人员与新闻界联系，经常撰稿给新闻界，对来访记者热情接待并主动、如实地反映情况，并经常邀请新闻单位工作人员出席企业重大活动。

白云山制药总厂还投资举办多种形式的公共关系专题活动，赞助社会福利事业和文艺、体育、教育事业。1995 年该厂与有关部门协商，承办了广州足球队，接着又组建了广东省第一个轻歌剧团，在国内首创企业办文体事业的先例。随着广州白云队的南征北战和白云轻歌剧团到各地巡回演出，该厂的知名度大大提高。该厂还邀请了厂内外颇具名气的老药师、讲师、研究人员、经济师、离退休的管理人员组成顾问团，通过顾问团沟通与研究部门、竞争对手的联系，不仅获得许多珍贵的医药信息，还在很大程度上提高了白云山制药总厂的声誉，增强了公众对该厂药品的信赖感。

2001 年秋，白云山制药总厂在甘肃等地推出了“金秋好时光大抽奖”活动，广告词中写道：“把健康送往千家万户，把爱心洒向人间是白云山的经营宗旨，每逢佳节倍思亲，在中秋国庆来临之际，白云山人十分挂念着甘肃的父老乡亲。金秋时节，天气转凉，心脏病容易发作，容易感冒、咳嗽，请多多保重……”带有浓厚人情味的广告词，沟通了甘肃众多消费者和千里之外白云山人之间的感情。大抽奖活动使白云山形象印在了无数公众的脑海中。

如今，白云山制药总厂已发展成为全国三大制药企业之一，该厂以信誉投资赢得经济效益的公关战略，引起了国内许多企业的关注和仿效。《经济日报》曾在 2004 年 12 月 26 日刊载通讯《如虎添翼》，介绍白云山制药总厂公关工作，并为此配发了《认真研究社会主义公共关系》的社论，更使得白云山制药总厂在全国声誉大振，产品订户大增。

【案例讨论】

1. 请分析营利性组织开展公共关系活动与经济效益的关系。

【案例分析二】

天津市政建设

20 世纪 80 年代，天津市政建设跟不上，人民群众生活存在许多实际困难，“坐车没有走路快，自来水腌咸菜，临建拆得没有搭得快”，群众意见很大。市政府决心为群众办实事，一件一件地解决落实，说到做到，样样兑现。1983 年，首先为市民办了 10 件实事，从 1984 年开始每年坚持为城乡人民办 20 年实事，到 1989 年已办了 130 件。如新建、改建了 3 000 万平方米的住宅，等于新中国成立以来前 30 年建房总数的 3 倍，使一半以上的家庭改善了居住条件和居住环境；花两年时间完成了的民用气化工程，使民用炊事煤气化的普及率高居全国之冠；花一年零四个月，完成了震惊中外的引滦入津工程，一扫天津人喝咸水的历史；新铺城市道路 2 137 千米，建起由 10 来座立交桥和中环线外环线构成的“三环十四射”的城交道路网络等等。广大人民群众对市政府、市领导的满意程度达92%～99.4%，形成了心齐气顺、政通人和的社会政治局面。

【案例讨论】

1. 请分析非营利性组织开展公共关系活动的目标与营利性组织有何不同?

第二节 不同功能的公共关系活动

公共关系的功能是指公共关系在组织运行中所发挥的实际作用。根据公共关系功能的不同，公共关系活动模式有 6 种：事务性公共关系、交际性公共关系、宣传性公共关系、服务性公共关系、社会性公共关系、征询性公共关系。

一、事务性公共关系

事务性公共关系是指在组织的日常运行中，贯彻公共关系工作目标，努力树立形象、争取公众、扩大影响。

（一）活动方式

事务性公共关系要求组织在日常运行的各个环节、各个渠道都时时注意形象问题，处处给人留下好感，在内外公众中都留下好的印象。比如一个制衣厂，它为了争取公众、建立声誉，从原材料采购、商品生产、产品包装、销售服务等各方面皆严格把关，保证质量、合理定价，优质服务；同时，对本厂职工的劳动保护、生活福利、医疗保健、家属问题等事务也无微不至地予以关怀。长此以往，通过这一系列日常公关实务就会不知不觉地达到公共关系工作的目标，赢得公众信任，扩大本企业的名声。

（二）活动特点

事务性公共关系活动的特点是日常性、琐碎性、细微性。

（三）活动原则

在开展事务性公共关系活动时，应遵循以下几个主要原则。

（1）文明性。它要求一个组织在管理思想上应树立文明经营的观点。如生产上不偷工减料，不弄虚作假；销售上礼貌待人，货真价实、童叟无欺；即使与公众发生矛盾，也应本着严于律己、宽以待人的精神妥善地予以处理；无论内外公众，皆应以诚相待，以情相接，不作损人利己之举。

(2) 制度性。组织对所属各部门、各工种等皆必须制定合理、全面的相应规章制度。一方面要使这些制度条款化、公开化，认真加以宣传，严格予以贯彻；另一方面要经常性地进行监督，检查具体的执行情况，绝不能让它成为一纸空文，并且要辅之必要的奖惩手段。

(3) 切实性。这要求组织的日常事务真正地切合实际，确实能起到于细微处见精神的效果。这就要求组织在考虑进行一系列日常事务时，应听取群众意见，作调查研究，所做的事情能做到点子上，并真正与公众“痛痒”相关，而不是脱离实际、好高骛远。

二、交际性公共关系

交际型公共关系活动模式是运用各种交际方法和沟通艺术开展公关工作的一种模式，它是公共关系活动中应用得最多的、极为有效的公共关系活动模式。交际性公共关系通过人与人的直接接触，进行感情上的联络，为组织广结良缘，建立广泛的社会关系网络，形成有利于组织发展的人际环境。

（一）活动方式

交际性公共关系的活动方式包括团体交际和人际交往活动。团体交际包括各式各样的招待会、座谈会、工作餐会、宴会、茶会、舞会等；个人交往有交谈、拜访、祝贺、电话、信件往来等。

（二）活动特点

交际性公共关系的活动特点是直接性、灵活性，并富有人情味。

（三）活动原则

在开展交际性公共关系时，应遵循以下几个主要原则。

(1) 广泛性。组织应充分认识交际性公共关系的作用，要承认关系网，利用关系网，正视关系网，发展关系网，同社会各界广结良缘，构架信息网络。

(2) 经常性。交际性公共关系活动不仅要广结良缘，还要善于巩固和发展与公众建立的联系和友谊。组织应与社会各界经常来往，勤于交际。

(3) 礼貌性。礼仪、礼节是开展社交性公共关系活动的重要组成部分，这要求公共关系人员在开展公共关系活动时要礼貌待人，注意礼节辞令，要在仪表，言语、行动和精神风貌上给公众留下深刻的良好印象。

(4) 真诚性。社交性公共关系活动要以真诚为基础，无论是对其他组织还是对于个人，都要实事求是，讲真话，坦诚相待，不说假话，以取得公众的信任。

（5）正当性。应坚决杜绝使用各种不正当的手段，要明确社会交际只是公共关系的手段之一，绝不是公共关系的目的，更不能把私人间的一切交际活动混同于公共关系。

【案例分析一】

IBM公司的金杯庆典会

美国IBM公司每年都要举行一次规模隆重的庆功会，称为“金杯庆典会”，以表彰那些在一年工作中做出突出贡献的企业员工。在被邀请参加庆典的人中，不仅有股东代表、工人代表，还有那些做出特殊贡献的企业员工的家属和亲友。在庆典中，IBM公司的最高层管理人员始终在场，并主持盛大、庄重的颁奖酒宴；然后放映由公司自己制作的、反映有突出贡献的员工及其家庭生活情况的影片。整个庆典活动，自始至终都被录制成电影片，然后到公司的每一个单位去放映，在内部广为宣传。IBM公司的这些公共关系宣传活动取得了显著效果，一方面表彰了有功人员，大大激发了员工的工作热情；另一方面同企业员工联络感情，增强了企业的向心力和凝聚力，从而保证了企业在竞争中立于不败之地。

【案例讨论】

1. 请分析IBM公司的庆典会如何达到交际型公共关系活动的效果？

三、宣传性公共关系

宣传性公共关系是指组织利用大众传播媒介和内部沟通方法，开展宣传工作，树立良好组织形象的公共关系活动模式。其目的是利用各种传播媒介和交流方式进行内外交流，让各类公众充分了解组织、支持组织，形成有力的社会舆论，使组织获得更多的支持者与合作者，达到促进组织发展的目的。

1. 活动方式

根据宣传对象的不同，宣传性公共关系的活动方式可分为内部宣传和外部宣传两类。

2. 内部宣传

内部宣传的对象是内部公众，如员工、股东等。宣传的目的是让内部公众及时、准确地了解与组织有关的各方面的信息，如组织的现行方针和决策、组织各部门的工作情况、组织的发展成就或困难、组织正在采取的行动和措施、外界公众对组织的评价以及外部社会环境的变化对组织的影响等，以便鼓舞士气，取得内部理解和支持。常用的宣传媒介有企业报纸、职工手册、黑板报、照片栏、宣传窗、闭路电视、电影、座谈会、演讲会、讨论会等形式。对于企业内部的特殊公众——股东，采用年终总结报告、季度报告、股东刊物、股东通讯、财务状况通告等形式。

3. 外部宣传

外部宣传的对象包括与组织有关的一切外部公众，宣传的目的是让公众迅速获得对本组织有利的信息，形成良好舆论。外部宣传常用的方式有刊登广告、新产品展示会、举办记者招待会、经验或技术交流会、对外开放参观、各种典礼和仪式、制作公共关系刊物和各种视听材料等。

（二）活动特点

宣传性公共关系的活动特点是主导性强、传播面广、推广组织形象的效果快。

（三）活动原则

在开展宣传性公共关系时，应把握以下三个原则。

（1）真实性。宣传的事实或信息应客观真实，绝不能出现虚假不实之词。

（2）双向性。公共关系传播是双向的，这要求组织既要将组织的信息通过各种途径传播给各类公众，又要及时搜集、反馈公众的信息。

（3）技巧性。宣传工作要主题明确，安排及时迅速，方式方法恰当适宜。避免过度宣传，给公众留下“王婆卖瓜”的印象。

只有遵循以上三个原则，通过组织的宣传性公共关系活动的开展，才能真正得到公众的信任和合作，才能在公众中真正树立良好的组织形象和信誉。

【案例分析二】

长岭集团公司的宣传性公共关系活动

1998年9月，长岭集团公司在首都各大报纸刊登的系列广告引起了人们的注意。这则广告与众不同之处在于采用了7位在科技领域取得了相当成就的学者和专家的形象。据说，请出如此阵容的专家、学者做广告，在国内尚属首次。这个以“卓越，是他和长岭的共同追求”为主题的系列广告，醒目处刊登一位学者的头像，旁边是学者成就的简单介绍，大标题是“他（她）也用长岭冰箱”。

敢于“第一个吃螃蟹”，站出来为国企名牌的质量作证的专家阵容中有国家科技委员会专业评委、博士生导师陈庆寿，玉柴机器董事长、上海交大教授王建明，语言学家、北大东方学系教授巴特尔等。

据悉，这些专家无一例外均是长岭冰箱的新老用户，他们此次为长岭冰箱做广告的起因，源于长岭集团董事长兼总经理王大中亲自领导的一次客户回访活动，王大中在用户档案中发现，在长岭冰箱十几年的老用户和最近购买长岭冰箱的新用户中，有很多是为国家做出突出贡献的专家和学者，于是他们派出专门的访问小组对这些学者进行了专访。回访中专家的话使王大中怦然心动。他想，在人们看烦了千篇一律的各类“明星”们做的广告时，让社会形象较好的专家走上广告说一说实在话，也许能有意想不到的效果。就这样长岭集团首家推出了“学者证言”广告。

【案例讨论】

1. 请分析为什么说长岭集团公司的“学者证言”广告是一种宣传性公共关系？

四、服务性公共关系

服务性公共关系是一种向社会公众提供优惠、优质、特色服务为主的公共关系活动。其目的是以实际行动来获得社会公众的好评，以自己的优质服务建立良好的组织形象。

（一）活动方式

服务性公共关系的活动方式包括各种消费教育、消费培训、消费指导、售后服务、免费保用保修、接待顾客公众和访问用户、为公众提供优惠服务及其他各种完善的服务措施等。

（二）活动特点

服务性公共关系是一种最实在的公共关系，它的最大特点是看得见、摸得着，实在而又较少商品交换痕迹，人情味足，反馈灵敏，调整迅速。

（三）活动原则

在开展服务性公共关系时，应遵循以下几个主要原则。

（1）自觉性。必须自觉把服务工作放在重要位置上，自觉开展服务工作。不只着眼于经济利益，更重要的是社会价值，着眼于通过服务来塑造良好形象。

（2）行动性。应注重以实际行动向公众证明组织的诚意，用实际行动去说话，让组织对公众的一切诚意和善意变成看得见摸得着的实在东西。

（3）全员性。服务型公关是尊重公众、为公众服务意识的体现，优质的服务不能仅靠公共关系部门的工作，而是需要依靠组织中所有成员的共同努力来实现。

(4) 特色性。服务型公共关系绝不仅仅限于专门的服务行业，社会上任何一种组织都能以自己独特方式向公众提供必要的服务，提倡人无我有，人有我优，形成特色。

(5) 规范性。为了保证提供优质、实在、便利的服务，有必要建立合理的制度，确立活动的规范，从而使公共关系工作有条不紊，坚持不懈地开展下去。

【案例分析三】

IBM的服务性公共关系

国际商用机器公司（IBM），是一家举世闻名的美国公司，同时也是一家开展服务性公共关系活动的典型。其产品在世界计算机市场上，占有80%的份额，在同行业中首屈一指。靠最佳服务占领市场，是IBM公司成功的秘诀。

IBM公司认为，不能在事后才考虑服务，服务必须成为营销计划的一个重要部分。从产品开发开始，就要认真考虑服务问题。如果没有在事前仔细筹划服务和进行服务试点，就不应该推出新产品。因此，在产品的最初规划阶段，就要把设计、制造、销售和服务四个过程集中起来，形成连锁反应。在开发设计产品时，预见到各种服务问题。

产品一旦售出，IBM就开始实施预防性维修保养计划，他们生产的每一种产品都订有维修日程表，包括打字机、复印机、终端机以及大小型计算机。公司的服务代表经常访问客户并检查设备。有时，访问是为了实施某项特定的维修程序，或者是因为某个元件有出麻烦的“前科”，服务人员想要除去隐患；有时，访问是为了对产品实施全面检查。一旦故障真的出现，IBM的维修代表就尽一切可能减少整个停机时间。

甚至在新产品生产过程中，维修人员就开始进行训练。IBM在肯塔基州的莱克星顿市生产一种新式打字机时，数以百计的维修服务人员在生产线上协助工作，了解产品生产情况及可能出现的维修故障。有人说，IBM每创造一件新产品，就同时发明一种服务方法。

IBM还发展了一种极为有效的远程服务网络。顾客遇到设备故障，前往IBM服务中心或者让公司立即派人检修都不合适时，可以打免费电话给某一个IBM维修中心，向那里说明故障。受过专业训练的技师立即与一个中心数据库接通，寻找其他地方同类型的设备是否出现类似或相同的故障，并找出故障是如何诊断和排除的。IBM公司认为：虽然客户越近问题越容易处理，但不管问题是出现在隔壁还是地球的另一边，IBM的责任感都是一样的。

【案例讨论】

1. 请分析IBM公司如何通过服务营造良好的公共关系？

五、社会性公共关系

社会性公共关系是社会组织利用举办各种社会性、公益性、赞助性活动塑造组织形象的公关模式。其目的是通过积极的社会活动，扩大组织的社会影响，提高其社会声誉，赢得公众的支持。这种公关模式从近期看，往往不会给组织带来直接的经济效益；但从长远来看，却为组织树立了较完备的社会形象，为组织创造了一个良好的发展环境。

（一）活动方式

社会性公关活动模式有以下三种。

（1）以组织本身为中心而开展的公关活动。例如，利用公司的开业剪彩、周年纪念的机会，邀请各界宾客，渲染喜庆气氛，借此播下友谊的种子。

（2）以赞助社会福利事业为中心开展的公关活动。例如，支持社区福利事业、慈善事业，赞助教育、残疾人组织，赞助公共服务设施的建设，参与国家、社区的重大活动等，以此在公众心目中树立本组织注重社会责任的形象，提高组织的美誉度。

（3）资助大众传播媒介举办的各种活动。例如，冠以组织名称或产品名称的“××杯”智力竞赛、唱歌比赛、影星评选等，既活跃了社会文化生活，又提高组织的知名度，宣传了组织形象。

（二）活动特点

社会性公共关系活动的特点是公益性、文化性强，影响面大，着眼于组织的整体形象和长远利益。

（三）活动原则

在开展社会性公共关系活动时，应遵循以下原则。

（1）公益性。应体现一种“乐善好施”的精神，突出回报社会、承担社会责任的良好形象。

（2）文化性。应充分展示对真、善、美的和谐追求，组织的社会性公共关系活动应尽量与社会文化事业联系起来，提高文化形象，促进信息交流。

（3）量力性。公关人员一定不要拘泥于眼前得失而不顾长远利益，也不要贪多求大，毫无节制，要量力而行，谨慎从事。

(4) 宣传性。社会性公关活动应与宣传有机地结合，提高组织的知名度与美誉度。

【案例分析四】

联合利华的社会性公共关系

联合利华公司曾借助举办社会性公共关系赢得人们的好感。由联合利华奥妙品牌与江苏省妇联、浙江省妇联、上海市妇联、上海东方电视台联合主办，上海视点公共关系有限公司承办的“寻找新生活的奥妙——2000 奥妙贤内助”评选活动在苏、浙、沪三地举行。面向奥妙品牌的主要目标公众，取得三地妇联组织的支持，让原本构成奥妙洗衣粉消费者的一批“贤内助”成为这一活动的主角，登台亮相，展示风采，促使社会公众重新思考家庭伦理道德问题，倡导一种既有现代特色又有中国传统的新型伦理观念。而作为出资举办这一活动的联合利华奥妙品牌，也更显其亲和力，更加深入人心。

【案例讨论】

1. 请分析联合利华公司如何通过社会性公共关系赢得人们的好感？

六、征询性公共关系

征询性公共关系是以搜集社会信息为主的公共关系模式。其目的是通过信息搜集、舆论调查、民意测验等工作，逐步形成良好的信息网络，及时了解民情和社会舆论，监测环境，为组织的经营决策提供咨询，使组织与环境之间保持动态平衡。

（一）活动方式

征询性公共关系的活动方式有：开办各种咨询业务，进行有奖测验活动，制作调查问卷，广泛开展社会调查，访问重要用户，设立公众热线电话，受理投诉业务，举办信息交流会，建立信访制度及相应的接待机构等。

（二）活动特点

征询性公共关系的特点是以输入信息为主，具有较强的研究性、参考性。

（三）活动原则

在开展征询性公共关系活动时，应遵循以下几个主要原则。

(1) 长期性。征询性公共关系是一项长期艰巨性的任务，应坚持征询活动的日常化和制度化，并善于挖掘信息的潜在价值，才能及时发现问题与机遇，实现组织与环境之间的动态平衡。

(2) 公正性。在活动中，公共关系人员的态度必须公正。公关人员不但是组织的耳目，更重要的是要站在中间人的角度，广泛、及时、公正地采集一切有关组织形象的意见和建议，起到组织机构与社会公众中介者的作用。

(3) 全面性。搜集信息视野要宽广，应全面搜集一切有关信息，不能仅局限在某些领域和方面，而把有价值的信息漏掉。

(4) 预测性。预测工作是征询性公共关系的重要内容。公共关系人员注重以敏锐的眼光和洞察力，对组织发展的社会环境、市场前景、原材料及能源供应等进行全面的预测分析，为决策服务。

【案例分析五】

北京长城饭店的日常调研活动

北京长城饭店知名度的扩大和美誉度的提高，可以说是源于其有效地开展征询性公共关系。一提到长城饭店的公关工作，人们立刻会想到那举世闻名的里根总统的答谢宴会、北京市副市长证婚的95对新人集体婚礼、颐和园的中秋赏月、十三陵的野外烧烤等一系列使长城饭店声名鹊起的专题公关活动。长城饭店的大量公关工作，尤其是围绕为客人服务的日常公关工作，源于它周密系统的调查研究。

长城饭店日常的调查研究通常由以下几个方面组成。

1. 日常调查

(1) 问卷调查。每天将表放在客房内，表中的项目包括客人对饭店的总体评价，对十几个类别的服务质量评价，对服务员服务态度评价，是否加入喜来登俱乐部和客人的游历情况等。

(2) 接待投诉。几位客服经理24小时轮班在大厅内接待客人反映情况，随时随地帮助客人处理困难、受理投诉、解答各种问题。

2. 月调查

(1) 顾客态度调查。每天向客人发送喜来登集团在全球统一使用的调查问卷，每日收回，月底集中寄到喜来登集团总部，进行全球性综合分析，并在全球范围内进行季度评比。根据量化分析，对全球最好的喜来登饭店和进步最快的饭店给予奖励。

(2) 市场调查。前台经理与在京各大饭店的前台经理每月交流一次游客情况，互通情报，共同分析本地区的形势。

3. 半年调查

喜来登总部每半年召开一次世界范围内的全球旅游情况会，其所属的各饭店的销售经理从世界各地带来大量的信息，相互交流、研究，使每个饭店都能了解世界旅游形势，站在全球的角度商议经营方针。

这种系统的全方位调研制度，宏观上可以使饭店决策者高瞻远瞩地了解全世界旅游业的形势，进而可以了解本地区的行情；微观上可以了解本店每个岗位、每项服务及每个员工工作的情况，从而使他们的决策有的放矢。

综合调查表明，任何一家饭店，光有较高的知名度是远远不够的，要想保持较高的"回头率"，主要是靠优质服务，使客人满意。怎样才能使客人满意呢？经过调查研究和策划，喜来登集团面对竞争提出了"宾至如归方案"。计划中提出在3个月内对长城饭店上至总经理，下至一般服务员进行强化培训，不准请假，合格者发证上岗。在每人每年100美元培训费基础上另设奖金，奖励先进。其宗旨就是向宾客提供满意的服务，使他们有宾至如归的感觉。随着这一方案的推行，饭店的服务水平又有了新的提高。

【案例讨论】

1. 请分析组织如何通过调查研究来改善公共关系？

第三节 不同阶段的公共关系活动

任何社会组织，其发展都必须与周围环境相适应。组织在发展的不同时期，都必须适应不断变化的环境。因此，组织中的公共关系人员必须掌握组织发展不同时期公共关系工作的特点，适时适度地开展工作。根据组织所处的公共关系阶段性状态，公共关系活动模式可以归纳出5种模式：建设性公共关系、维系性公共关系、防御性公共关系、矫正性公共关系和进攻性公共关系。

一、建设性公共关系

建设性公共关系是指组织采取高姿态的宣传、交际方式，主动向社会公众做自我介绍。建设性公共关系活动的重点是宣传和交际。目的是通过宣传和交际，向社会公众介绍自己，使公众对新组织、新服务、新产品有所认识，引起公众兴趣；并努力结交朋友，提高知名度，尽量使更多的公众知道、理解、接近自己，取得公众的信任与支持，形成良好的"第一社会印象"。

（一）活动方式

开展建设性公共关系有多种做法，一般是采用高姿态传播形式，主要有：开业庆典、落成典礼、开业广告、新产品展销、新服务介绍、免费试用、免费招待参观、开业折价酬宾、公司资料有奖测验、赠送宣传品、主动参加社区活动等。

（二）适用环境

建设性公共关系活动模式是打基础的模式，特别适用于组织的开创阶段，以及某项事业或产品服务初创、问世阶段，采用高姿态的传播方式，打开局面，扩大影响。

（三）活动原则

开展建设性公共关系活动应把握以下几个主要原则。

(1) 抓住时机。对于建设性公共关系来说，选择时机十分重要，公司挂牌、商场开业、产品上市，都需要注意研究公众的需要，让公众形成良好的“第一印象”。

(2) 练好内功。不管是为了一炮打响来个开门红，还是为了开创组织的新局面，赢得新市场，都必须首先在产品规格、产品质量、花色品种、外观设计等服务项目和服务态度的改进上下工夫。这是组织建立新形象的基础工作，这个工作做得不好，开创新局面将成为一句空话。

(3) 掌握分寸。为了让组织迅速获得公众的认同，或者让新产品、新服务迅速占领市场，必须通过各种传播媒介大力宣传组织的新情况、新进展、新产品、新服务，以便让公众了解组织，进而理解组织。高姿态宣传要掌握好分寸，不能露出过多宣传的痕迹，更不可胡吹乱捧，以免引起公众的反感。

【案例分析一】

强力胶水店的开张宣传

中国香港一家经营强力胶水的商店，坐落在一条鲜为人知的街道上，为了招揽生意，在开张前一天，这家商店的店主在门口贴了一张布告：“为了庆祝开业，明天上午九点，在此将用本店出售的强力胶水把一枚价值 4 500 美元的金币贴在墙上，若有哪位先生、小姐用手把它揭下来，这枚金币就奉送给他(她)，本店绝不食言!”这个消息不胫而走。第二天，人们将这家店铺围得水泄不通，电视台的录像车也开来了。店主拿出一瓶强力胶水，高声重复广告中的承诺，接着便在那块从金饰店定做的金币背面薄薄涂上一层胶水，将它贴到墙上。人们一个接着一个地上来试运气，结果金币纹丝不动。这一切都被录像机摄入镜头，这家商店的强力胶水从此销量大增。

【案例讨论】

1. 请分析强力胶水店的开张宣传给你有什么启发?

二、维系性公共关系

维系性公共关系是一种通过各种传播媒介，以较低的姿态，持续不断地向公众传递组织的各种信息，推动公众对组织有更新、更深的认识与理解的公关模式。其目的是通过不间断的宣传和工作，对公众施以潜移默化的影响，不断巩固组织在社会公众心目中的良好形象。

（一）活动方式

根据公众心理特征的不同，维系性公共关系的开展应采取不同的维系方式。具体的维系方式可分为硬维系、软维系和强化维系三种。

（1）硬维系。硬维系是指那些维系目的明确、主客双方都能理解意图的维系活动。这种模式适用于已经建立了业务关系往来的组织或个人，特点是靠优惠措施和感情联络来维系与公众的关系。

（2）软维系。软维系是指那些活动目的虽然明确，但表现形式却比较超脱的公共关系活动，它的目的是让公众不致淡忘了组织。其具体做法可灵活多样，但要以低姿态宣传为主，如定期广告、组织报道、提供组织的新闻画片、散发印有组织名称的交通游览图等。保持一定的媒介曝光率，使公众在不知不觉中了解组织的情况，加深对组织的印象。

（3）强化维系。强化维系是指在组织已有了一定的形象或相当好的公关形象时，为进一步巩固和发展既有形象，消除潜在危机而开展的公关活动。

（二）适用环境

维系性公共关系适用于组织机构的稳定、顺利的发展时期，维系并稳定好已建立的关系，采取一种持续不断，较低姿态的传播方式，保持一种潜移默化的渗透力。

（三）活动原则

开展维系性公共关系活动应把握以下几个主要原则。

（1）抓住公众心理。要维系组织良好的公共关系状态，需要深入研究公众的心理需求，只有这样，有针对性地开展维系性公共关系活动，使公众对组织产生有利的心理定势。

（2）渐进性。开展维系性公共关系活动，在方法上应注重“细水长流”，通过传播媒介不断地将组织有关信息传给公众，使组织的良好形象经常呈现在公众的面前，公众在不知不觉中慢慢地形成对社会组织的好感。

【案例分析二】

北京长城饭店的“醉翁之意”

1986年的圣诞节，北京长城饭店公共关系部请一批孩子来饭店装饰圣诞树。除供应他们一天的吃喝外，临走时还特地送给每人一份小礼物。这些孩子分别来自各国的驻华使馆，他们的父母都是使馆的官员，长城饭店是五星级的豪华饭店，顾客主要是各国的来华人士。邀请这些孩子来饭店，看起来是为孩子们举行了一项符合西方习惯的传统活动，但“醉翁之意”是希望通过孩子来维系长城饭店与各使馆的关系。孩子在饭店待了一天，长城饭店的豪华设施在他们幼小的心灵中留下深刻的印象。他们的父母也一定会问孩子圣诞节在长城饭店过得是否快活，还可能看看赠送给孩子的礼品，对长城饭店的好感油然而生。饭店随之而来的必然是宾客盈门了。

【案例讨论】

1. 请分析北京长城饭店如何维系与使馆官员的良好关系？

三、防御性公共关系

防御性公共关系是指组织为防御经营管理上可能出现的“失调”或“危机”而采取的一种公共关系模式。其目的是通过发挥组织机构的内部职能，及时发现问题和预见问题，及早制定出防治措施，调整组织有关的政策或行为，把问题消灭在萌芽状况。

（一）活动方式

防御性公共关系的工作重点是以防为主，其特点是防御与引导相结合，多采用调查、预测手段来堵塞漏洞，防患于未然。这就需要通过公关人员树立强烈的防范意识，建立科学的预警系统，形成防御机制，对各类可能出现的问题及时发现，及时纠正。

（二）适用环境

防御性公共关系活动模式适用于组织与外部环境出现不协调或与公众发生摩擦苗头的潜在危机时候，采取以防为主的策略，重视信息反馈。

（三）活动原则

开展防御性公共关系活动应把握以下几个主要原则。

（1）具备危机意识。在组织中，应树立一种危机观念，营造“危机”氛围，使企业所有员工面对激烈市场竞争激发其忧患意识和奋斗精神。

（2）形成预警系统。防御性公共关系工作应以预防为主，重在平时。公共关系部门要对可能遇到的会导致公众产生信任危机的问题，进行预测，分析其发生的概率、性质、范围、影响等，并分别制订应急措施，确定处理问题的恰当人选。

（3）主动采取措施。面对潜在危机，必须及时采取对策，在问题未对组织构成威胁时着手工作，主动进行调整与引导，防患于未然，使“患”在“胚胎”之中就得到解决。

（4）增加透明度。一个组织愈增加透明度就愈能减少与外部公众发生摩擦的可能性；即使出现了摩擦也能及时得到解决。

【案例分析三】

宝洁 SK－II“铬钕门”危机

2006 年 9 月 14 日和 15 日媒体报道“出入境检疫机构检出 9 款 SK－II 产品含违禁金属成分”，宝洁中国对危机做到了迅速反应，这是其唯一的可取之处。但当消费者与媒体发现宝洁提供的退货规则障碍重重、缺乏诚意时，危机实际上从产品质量危机演变成了诚信危机。

“铬钕门”并非 SK－II 第一次在中国发生质量危机，事实上，各种所谓的“揭露SK－II美丽的秘密”的说法一直在网络上流传。2006 年江西的一名消费者因使用 SK－II 灼伤皮肤而起诉宝洁中国的“烧碱事件”让宝洁一度极为被动。在那次危机事件中，宝洁的迟缓反应和孤芳自赏为舆论所诟病。

而在“铬钕门”危机中，宝洁虽然在第二天迅速做出反应，但是由于它的固执和傲慢，从一开始就为宝洁危机公关陷入窘境埋下伏笔。

首先是对质量的固执。在产品被出入境检验检疫机构检出含有违禁成分的情况下，宝洁的公开声明首先强调 SK－II 的“把质量和安全放在首位”，紧接着表示“未添加”违禁成分，这样的明显与事实相悖的说法势必引来公众的反感。此后，宝洁的态度也一直是舆论的焦点，直到不得不宣布暂时撤柜时还是坚持认为其产品是安全的。

有公关界人士认为，任何一家国际性的大企业，当自己的产品或企业发生损害消费者利益的危机时，都必须勇敢为自己的产品负责、为消费者负责、为所在的国家负责，但是宝洁中国的态度很容易让公众对其诚信度产生怀疑。

宝洁固执的并不只是质量问题，在危机过程中坚持不撤柜、不召回也是导致危机失控的原因之一。在整个 SK－II 事件过程中，退货是消费者最为不满的环节，有消费者甚至指出，宝洁在办理退货环节表现得毫无诚意。从开始的拒不退货，到后来为退货消费者提出四大苛刻要求，到后来的让消费者签下“产品无质量问题”的证明方可办理退货，不管宝洁的出发点如何，为消费者退货设置障碍的印象已经造成。

【案例讨论】

1. 请分析宝洁公司应当如何通过开展防御性公共关系来避免危机的发生？

四、矫正性公共关系

矫正性公共关系是组织的公共关系严重失调，组织形象发生严重损害时所采用的一种公关活动模式。其功能是通过快速反应，及时采取有效措施，以对公众负责的态度处理危机，做好善后工作，以尽量减轻损害造成的后果，并重新建立起组织的新形象，挽回组织的声誉。

（一）活动方式

矫正性公共关系根据产生危机的来源不同，将其活动方式分为内部矫正型和外部矫正型两类。

（1）内部矫正型。内部矫正型是指由于组织内在的原因，如产品质量、服务态度、环境保护、管理政策、经营方针等方面发生了问题而造成组织的公共关系严重失调，这时组织应设法降低知名度，尽量控制影响面，同时具体分析原因，提出纠正措施，解决实际问题，并利用各种公共关系方式向新闻界和社会公众公布纠正的措施和进展情况，平息风波，恢复信任。

（2）外部矫正型。外部矫正型是由于外在的误解、谣言，甚至人为的破坏而招致组织形象的损害，在这种情况下，组织机构应迅速查清原因，公布真相、澄清事实，与舆论及有关部门协同采取措施，消除损害因素。

（二）适用环境

矫正性公共关系适用于组织的公共关系严重失调，组织形象发生严重损害时，为了尽快挽回信誉，需要采取一系列有效措施。

（三）活动原则

开展矫正型公关活动应注意以下几个方面。

（1）正确对待。由于组织是在极其复杂的现实环境中运行的，不可能对运行中可能发生的各种情况做出完全准确的预见。因此，难免会有失误的地方。面对各种失误，应当树立正确的态度，亡羊补牢，向公众表明解决问题的诚意，求得公众的谅解和合作。这样，才有可能尽量减少因失误对组织形象产生的损坏，并由被动变为主动。

（2）阐明真相。面对受损的组织形象，公共关系部门应迅速查清原因，采取行动，尽快与新闻界取得联系，控制影响面，并及时把外界的舆论准确地反馈给决策层和有关部门，通过坦诚事实的真相，争取公众的谅解和支持。

（3）及时补救。失误一旦发生，组织形象便开始受到损坏，因此，纠正失误的公共关系工作要有成效，就要有强烈的“救火”意识，及时发现，及时纠正，及时改善控制事态，减少对组织形象的损害。

（4）重塑形象。运用矫正性公共关系纠正组织自身的失误，其根本目的是通过补救措施，主动地、有意识地以该事件为契机，变坏事为好事，向好的方面扩大自己的知名度。这就需要一个组织有高超的公共关系艺术，善于借题发挥，因势利导，把握趋向，重塑形象。

【案例分析四】

克兰梅风波

感恩节是美国的一个传统节日。这一天，美国人要吃一种叫做克兰梅的酸果实做的食品。所以，感恩节前夕正是克兰梅食品的制造商和经销商赚钱的最好时机。

1959 年 11 月 9 日，美国卫生教育福利部长弗莱明突然宣布，当年的克兰梅作物由于除草剂的污染，在实验室用老鼠做试验发现了致癌病变。虽然还不能证明在人身上是否也会有危害，但是他仍劝告公众自己要酌情处理。此时，离感恩节已经很近，往年正是克兰梅的旺销时节。这个官方公告传开之后，立即在社会上引起了强烈反响。克兰梅食品货架前顿时门庭冷落，已经买了或订购了这类食品的顾客纷纷退货。

美国的海洋浪花公司是专门生产克兰梅果汁果酱的企业。面对巨大的威胁，公司明白，必须澄清事实真相，否则公司和整个克兰梅食品行业都有可能破产。于是，由公司副总裁史蒂文斯具体负责，请了纽约著名的 BBDS 广告公司公共关系部指导，开始了有目的的一系列公共关系活动，以挽回克兰梅食品声誉。

首先，公司成立了一个 7 人小组，专门对事件发生的整个过程进行深入细致的调查。他们发现，弗莱明的公告是一种误解。于是，制订了一个周密的行动计划。考虑到弗莱明是以政府官员身份出面说话的，他们认为整个行动必须大张旗鼓，声势越大越好，这样才能更好博取广大公众的同情和信任。

第一步，召开记者招待会，公布调查的全部情况。花费重金，在美国全国广播公司《今日新闻》电视节目中，安排专访节目，请有关政府官员，卫生、食品方面的专家、学者，以及克兰梅食品的长期消费者对克兰梅食物发表权威性的意见，以消除弗莱明的公告造成的不良影响。还组织记者访问，强调弗莱明公告的不公正和不恰当。

第二步，打电报给弗莱明，要求他立即采取措施，挽回影响。致电艾森豪威尔总统，要求把所有克兰梅作物区划为灾难区。同时再发电报给弗莱明，通知他已向政府提出控告，要求他赔偿损失1亿美元。

第三步，利用名人效应进一步打消消费者的疑虑。当时，四年一度的美国大选即将开始。两位年轻的政客——风流潇洒的肯尼迪和学识渊博的尼克松，正在进行各种争取选民的活动。在一次两人与公众见面的电视镜头中，尼克松吃了四份克兰梅果酱，肯尼迪喝了一杯克兰梅果汁。

9天以后，法庭开庭审理。海洋浪花公司与政府达成协议，对这批克兰梅作物是否有害于人体，进行科学试验。克兰梅又及时地赶在感恩节前夕回到了商店的货架上。

【案例讨论】

1. 请分析企业出现危机时应如何矫正？

五、进攻性公共关系

进攻性公共关系是一种在组织与环境之间发生严重不协调时，以攻为守，以积极主动的方式改造环境、创造局面的公关活动模式。它要求组织运用一切可以利用的手段，抓住一切有利的时机和条件，以积极主动的姿态调整自身行为，改变环境，摆脱被动局面，创造有利于组织发展的新局面。

（一）活动方式

进攻性公共关系模式最大的特点就是“主动”，具体采用的方式有：开拓新产品和新市场，改变组织对环境的依赖关系；组织同业联合会，尽量降低与竞争者之间的冲突和摩擦；建立分公司，实行战略性市场转移，创造新环境、新机会等。

（二）适用环境

进攻性公共关系模式适用于组织与环境发生冲突的时候，为了摆脱被动局面，采取以攻为守的公共关系活动。

（三）活动原则

开展进攻性公共关系活动应把握以下几个主要原则。

（1）把握时机。进攻性公关活动很讲究实际条件，并不是任何组织一旦与环境发生了矛盾冲突就能采用这种活动方式，在缺乏一定的社会气候，环境气候，尤其是在组织的内在应变能力本来就不强时，不能开展这种活动。如果实际条件没有把握好，盲目出击，瞎攻一气，不仅伤了组织的元气，还会加剧组织与环境的冲突。

(2) 创新进攻。组织在进攻时，应以“创”为主，发挥主观能动性，如，通过选择新的顾客群；改换合作伙伴；减少社会关系，调整组织在社会上的位置去减少组织与环境的摩擦冲突；通过制造新闻去形成支持组织的社会舆论；通过争取政府制订有利于组织发展的新政策等。

(3) 把握分寸。组织可以通过积极主动的行为改变环境，使环境适合于自己，但这种改变是有限度的，这个限度就是合理运用环境中有利于组织的实际条件。倘若改变环境的努力超出环境承受力，就出现“搬起石头砸自己的脚”乃至“玩火自焚”的局面，使组织“赔了夫人又折兵”，陷入更大的困境，所以应把握好尺寸。

【案例分析五】

一百万封“求爱信”

——上海普陀旅行社的进攻性公关策略

上海普陀旅行社经理陈安华在8年内发出了一百万封“求爱信”。把他写过的“求爱信”摊平叠起来，有十几层楼高。每次发信都是用黄鱼车装载。

8年前，长寿路一条弄堂口挂出了普陀旅行社这块不显眼的小招牌。陈安华经理，一共才五六个人。社址设在弄堂里的一个过街楼下，总共才13.8平方米。当时上海已有十多家旅行社，人家设在繁华的外滩、南京路、西藏路、延安路、淮海路、四川路，镀金的招牌和耀眼的霓虹灯，十分引人注目。陈经理心里明白，他们挤在“下犄角”，地理条件就先天不足。开张初期，手头无资金又做不起广告，打个不恰当的比方，好比一个小伙子个子不高，经济条件不佳，找对象有一定的难度。忧虑中，陈经理蹦出灵感：小伙子向姑娘求爱，常用写信的方法，办企业为啥不能借鉴？他深情地提起笔，在信中开诚布公地表明旅行社新开张，希望各方大力支持。信中介绍了旅游线路，服务项目，并写明收费标准。陈经理买来钢板、蜡纸、简易油印机，开始了“求爱信”的“批量生产”。陈经理和伙伴们日夜开信封，一寄就是几万封。

心诚石头也能开出花。信发出不久，果然有不少游客接连不断地前来光顾。春、夏、秋、冬，陈经理一年都要发4次“求爱信”，不管对方有意还是无意，陈经理始终一往情深，8年内不间断发信，有些游客上门时说：“看在你们一年4封信的情分上，我们也该到你们这儿参加旅游。”

“求爱信”的面越来越广。乡镇企业的崛起，个体户的发展，三资公司的壮大，这些都成了陈经理的“求爱”对象。从工矿企业到村民委员会；从机关学校到普通居民；从大公司到小烟杂货店，陈经理都把他们当“意中人”。离退休干部和农民对旅游的热情也引起他极大的注意。嘉定县江桥乡一家长接到“求爱信”，包了一辆大巴士去杭州、瑶琳旅游。他们对普陀旅行社的服务态度赞不绝口，回乡后向左邻右舍大加夸奖。活广告引起了大生意。这年，光做这个乡的生意一个月的营业额就达10万元。东北一家老干部局收到“求爱信”后，马上与陈经理联系，双方约好在南京“相会”。在导游的精心安排下，对方十分满意。

“求爱信”的数量一次比一次多。陈安华每天必看《解放日报》，搜集新成立单位的电话、地址，对改名、换地址的单位，他也一一记录在册。这几年，他搜集了上海市区和郊县4万多家单位的最新邮政编码和地址，分类成4大本，计200万字。翻开这4大本，每一页、每一行、每一字都整整齐齐、毫不含糊。这是陈经理利用每天晚上在办公室等候各地导游电话的空隙时整理的。陈经理并不满足上海滩的业务，他还一点一滴地搜集了各省市工矿企业和机关学校的地址，目前在手的已有几十本。事实上，他的“求爱信”早已遍布全国各地。

人们对陈经理说，你可称得上是“上海地址大全”了，这可是一笔财富。他却说，为游客设计的旅游线路图才是真正的财富。这几年，普陀旅行社已开出了一百多条线路，都由陈经理一手策划。有探梅、赏菊、冰灯、避暑等季节性的；有爬山、游泳等体育型的；有新婚、商务等社交型的；有革命根据地、革命遗址等教育型的；还有美食、戏曲、购物、宗教等风格型的，内容丰富，风格各异。

“求爱信”的身份越来越高。如今，信已由专业印刷厂印刷，开面比以前翻了好几番。千变万变，有一点却不没变，陈经理仍像“初恋”时那样真诚。信中所标的收费价格适中，购票时绝不加费。

诚招天下客，普陀旅行社的生意越做越兴旺，在上级领导的支持下，社址已迁到长寿路上的街面房，上下两层。在市工人文化宫南侧，他们还开设了门市部。建社第一年营业额才4.5万元，第二年达270万元，第三年就达300万元，进入全市同行业前10名。据统计，新客户中99%是因为收到“求爱信”而来的。

【案例讨论】

1. 请分析进攻性公共关系与防御性公共关系有何不同?

【本章小结】

公共关系活动类型是指由一定的公共关系目标和任务，以及这种目标和任务所决定的数种具体方法和技巧构成的有机体系。公共关系活动类型在现实中的表现多种多样。

根据不同的公共关系主体组织，公共关系活动类型可以划分为营利性组织的公共关系和非营利性组织的公共关系。

根据公共关系功能的不同，公共关系活动可划分为：事务性公共关系、交际性公共关系、宣传性公共关系、服务性公共关系、社会性公共关系、征询性公共关系这6种类型。

根据组织所处的公共关系状态，公共关系活动模式可以归纳为建设性公共关系、维系性公共关系、防御性公共关系、矫正性公共关系和进攻性公共关系这5种类型。

公共关系活动类型往往具有明显的对应性特征，在各自塑造组织形象的工作方法上有着各自不同的特色。

【课后实训】

1. 选择某一组织，分析其公共关系活动类型的特点，并提出活动建议。

2. 以小组为单位为某企业制订一个宣传性公共关系或服务性公共关系活动方案。

3. 选择某一组织，根据其所处的发展阶段，提出开展公共关系活动的建议。

第五章

公共关系传播

本章导读

公共关系活动过程，就是社会组织同公众之间进行传播和沟通的过程。公共关系传播是组织利用各种媒介，将信息有计划地与公众进行交流与共享的活动过程。传播是社会组织了解公众、公众认知组织的中介和桥梁。公共关系工作从本质上来说就是一种传播活动，要做好公关工作，必须了解传播的基本原理，掌握传播的一般规律和技巧，有效地利用各种传播媒介，努力营造一个良好的舆论环境和公众环境。

学习目标

1. 了解公共关系传播的特点。
2. 了解公共关系传播媒介的特点与选择要求。
3. 掌握公共关系传播的要求与技巧。
4. 理解公共关系传播的障碍及克服方法。

课前思考

1. 不同的公共关系传播媒介有什么特点？如何选择公共关系传播媒介？
2. 要使公共关系传播达到预期效果，有哪些要求与技巧？
3. 公共关系传播过程中会遇到哪些障碍，如何有效克服？

第一节 传播媒介的选择

公共关系传播是组织利用各种媒介，将信息有计划地与公众进行交流与共享的活动过程。从传播理论发展过程来看，传播（Communication）具有“共享”的意思，就是传播者与受传者之间的信息交流与共享的过程。

一、公共关系传播的特点

公共关系传播有其自己的特点，主要表现在以下几个方面。

1. 传播行为的受制性

公共关系传播是一种重要的组织行为，是为实现组织目标服务的，因而要受到组织特性的制约。无论从时间上和空间上，还是从内容上和形式上，传播行为都要受到组织目标、组织制度、组织规范等方面的制约。

2. 传播内容的求实性

公共关系传播是组织的一种公共关系行为，其目的是为了沟通公众、服务公众，在社会公众心目中树立良好的社会形象，进而求得公众的理解与支持。因此，公共关系传播首先必须讲求其内容的真实性和态度的诚实性，要使公众感觉到组织的公共关系传播是客观的、实在的和公正的。

3. 传播渠道的多样性

公共关系传播的对象是公众，公众是一个类型复杂、层次多样的社会群体。他们当中有个人、有群体、也有组织；他们的年龄、性别、阅历、个性等都不尽相同，各自喜欢的信息渠道也就不同。因此，公共关系传播必须针对目标公众，采取多种传播渠道进行信息传播，保证公共关系传播的针对性和影响面。

4. 传播方式的策略性

公共关系是一门科学，也是一门艺术，公共关系传播在遵循传播规律和原则，确保传播内容真实和客观的前提下，还要掌握传播的技巧和谋略，创造性地运用各种传播的技术与方法，巧妙地向公众传播公共关系信息，从而有效地影响公众、服务公众、沟通公众、赢得公众，取得最佳的公共关系传播效果。

5. 传播活动的高效性

在公共关系传播中，可根据不同情况采取普遍性目标公众策略、选择性目标公众策略、集中性目标公众策略，确保公共关系传播的指向性和针对性。注重传播时机的选择，按组织发展不同时期的特点来进行公共关系传播，注重选择传输通道，确保公共关系传播的高效性。公共关系传播要受到人们追求最佳效益的欲望所驱动，并以传播的最佳效益为原则。

二、公共关系传播媒介的特点

公关工作是一种针对各类公众的全方位的沟通、说服工作，因此需要利用一切媒介来达到传播目的。公共关系传播媒介是指公共关系信息从发送者传递到接收者的过程中所运用的一切信息传输手段。公共关系传播媒介大致有 5 种类型，即人际传播、组织传播、大众传播、邮电传播、信息网络传播。从功能作用来看，各种类型的传播媒介各有各的特点，但在应用上可以彼此相互交叉使用。

（一）人际传播媒介

人际信息传播是指社会中人与人之间通过相互的交往所进行的信息传播。人们之间可以进行有关消息、经验、思想、感情、态度等内容的传播。

(1) 人际传播媒介的特点。人际传播媒介的基本特点是个体对个体的传播，即在两个人之间进行的传播，如父子、夫妻、同事、朋友之间等；其次是传播范围狭窄，传播符号多样，除了语言、文字、图像、音响之外，还有眼神、表情、动作、姿态、服饰等；第三，反馈机制明显，人际信息传播具有一一对应关系，传播者可以及时获得反馈信息，及时调整自己的传播内容、方式和符号。

(2) 人际传播媒介的运用。在公共关系传播中，有效地运用人际传播媒介传播信息，应注意以下几方面。

首先，掌握人际交往的知识。这是运用人际传播媒介传播公共关系信息的基础。在现代社会中，人与人之间特别注意情感的交流与沟通，人际交往有着特定的知识、理论和方法。掌握人际交往的知识，有利于公共关系工作的开展。这在下一节中会有详细的叙述。

其次，善于处理各种人际关系。这是运用人际传播媒介传播公共关系信息的条件。善于处理各种人际关系，关键在于正确运用人际交往的方法和技巧，因人制宜，视环境场合与人们进行人际交往活动，并尽量去维持这种人际交往，以形成良好的人际关系，为开展公共关系工作铺路搭桥。

第三，学会运用人际关系网络。这是运用人际传播媒介进行公共关系信息扩散性传播的关键。人际传播的范围狭窄，这是从单纯的单级层次传播来看的，但可以通过建立广泛的人际关系网络，形成多级多层次的公共关系传播系统。公共关系人员应交际广泛，“多个朋友多条路”，特别注重与那些人际关系好、人际交往频繁的人开展交际，并通过他们的介绍扩大交际圈。在信息传播中，还可以争取各种关系网上的人充当信息传播的网点，利用他们的关系网进行扩散性的信息传播。

（二）组织传播媒介

组织传播媒介是指通过一定的组织形式而进行的组织内各成员之间、组织与组织之间、成员与组织之间的信息传播。

(1) 组织信息传播的特点。组织传播的主体是社会组织；信息传播是具有明确的目的性，即通过信息传播来疏通组织内外的沟通渠道，加强组织的内外关系，达到提高组织效率；信息传播具有明显的针对性；信息传播具有特定的反馈机制；组织信息传播具有一定的规范和监督模式。

(2) 组织信息传播通道的运用。组织传播通道是公共关系传播的基本通道，有效地运用组织传播媒介，要注意以下几点。

首先，掌握组织管理有关情况是利用组织传播公关信息的前提。包括组织类型、组织系统、组织目标、组织控制、组织协调、组织规范、组织制度等，只有掌握这些方面的具体情况，才能使公共关系信息的传播服从于组织系统的目标和规范，适应组织系统的结构与制度，也才能正确地借助于组织信息传播通道高效地传播公共关系信息。

其次，组织成员的积极参与是有效运用组织传播公共关系信息的重要保证。组织传播是由组织的所有成员在一定的组织形式下构筑起来。组织的每一位成员都是信息的传播者、接收者。因此，应充分调动组织中每个成员的积极性，使他们积极参与组织信息的传播。这样，组织信息传播就变得更加畅通和主动。

最后，合理选用信息传播方式是有效运用组织传播媒介传播公关信息的重要条件。组织信息传播的方式多种多样，有口头语言传播方式、书面语言传播方式以及其他的传播方式。

（三）大众传播媒介

大众传播媒介，是指通过专门社会机构复制大量信息，使之按一定目标传递给广大公众，从而达到众多的社会成员共享信息的目的。大众信息传播的有关情况，对于有效地运用大众信息传播通道传递公共关系信息具有极为重要的意义。

(1) 大众传播媒介的特点。信息传播者高度专业化；信息传播对象高度大众化；传播的信息内容大众化；信息传播活动高效化；信息传播缺乏反馈机制；信息传播过程受到社会的监督与控制。

(2) 大众传播媒介的运用。大众传播媒介主要有报纸、刊物、书籍、广告牌、广播、电视、电影。其中，报纸、刊物、广播、电视、网络被称为5大新闻媒介，与公关工作关系密切，可将他们归为印刷媒介与电子媒介两大类。

一类为印刷媒介。印刷媒介是指将文字、图片等书面语言、符号印刷在纸张上以传播信息的大众传播媒介。信息容量较大，能对信息进行详尽、深入的报道，且易于保留、查找，便于读者选择阅读，但时效性较差，也易受读者文化水平的限制。

另一类为电子媒介。电子媒介是使用电子技术，通过无线电波或导线发出声音、图像节目，接收者要借助接收器接收的大众传播媒介。电子媒介有广播、电视、录像、网络、电影等多种形式。其特点是传播迅速，纪实性、生动性与感染力强，对信息接收者没有文化水平的限制。

总之，社会组织借助大众传播媒介进行公关传播，能迅速、广泛地提高组织的知名度，扩大社会影响。

（四）邮电传播媒介

邮电传播是指通过邮政电信机构将公共关系传播给特定公众的公共关系传播媒介。其特点是传播信息准确及时、对象明确、形式轻便、制作简单、使用灵活。

（1）邮电传播的主要业务。邮电信息传播的主要业务可分为两大类，即邮政业务和电信业务。邮政业务是通过邮局借助于交通运输工具来传递有形的邮件为主的信息或实物传递业务。电信业务是通过电信部门借助于电信设备进行信息转换和传递的纯信息传递业务。电信的民用业务主要包括电话、电报、传真、数据传输等。

近年来，云技术、物联网的运用，已将电话、电报、传真、广播、电视、网络以及联机信息检索推向一个崭新的发展阶段。

（2）邮电传播的运用。在我国邮电传播主要是作为一项事业由国家管理和经办的，任何组织、个人都可以利用它来传播信息。邮电传播要注意以下问题。

首先，要根据邮电系统的业务范围以及各种业务的特点与作用有效地选择媒介。

其次，要对所传播的公关信息的内容、形式、数量以及传播的时间要求、质量要求、保密要求、保险要求等综合考虑来选择媒介。

最后，在保证迅速、方便、可靠地传播公共关系信息的同时，还要考虑到费用问题，即要注意遵循节约原则，以选用费用较低而效益较高的邮电传播媒介。

（五）信息网络传播媒介

信息网络传播媒介是指借助社会上已建立的信息网络将信息传播给广大公众的公共关系传播媒介。20 世纪来以来，信息网络化都得到了蓬勃的发展，尤其是互联网和信息高速公路的建设与开通，使人们能够借助于计算机在网上进行各种信息的传播和交流，公共关系传播由此也开始进入网络传播时代。

（1）信息网络传播的特点。信息网络就是通过高速信息传输网络通道相互连接起来的进行信息传递和交流的一种信息组织形式。信息网络传递信息有如下特点：信息传播超时空、高速度；扩散性、共享性；扩大组织社会关系。

（2）信息网络传播的运用。社会组织运用信息网络传播公共关系信息，主要有以下两种情况。

一是通过上网加入有关信息网站传播公共关系信息。目前，社会上建立的信息网站很多，有一些综合性的门户网站和专门性网站。如新闻信息网站、经济信息网站、供销信息网站、金融信息网站、产品信息网站、公关信息网站等。选择何种信息网站传播公共关系信息，要视网站的性质、类型、功能、作用，以及本组织所需传播的公共关系信息的内容、特点、传播范围等而定。

二是通过建立开通本组织的网站传播公共关系信息。一般来说，建立本组织的信息网站，有利于搜集和传播公共关系信息，社会组织应努力创造条件，争取早日建立本组织的信息网站。开通本组织的信息网站，应考虑组织的需要，本组织建站的可能性（包括组织的实力、组织的威信、组织的吸引力等）、网络人才问题、网络技术问题、网络费用问题、网络管理问题等。

三、公共关系传播媒介的选择

开展公共关系活动要正确选择传播媒体应考虑以下因素。

（1）媒体本身的特点。不同的媒体特点不同，适用的传播类型也不相同，媒体选用得当，可取得事半功倍的效果。

（2）传播内容。不同的传播内容应该选择不同的传播媒体。一般来说，比较形象浅显的内容应选择电子传媒，反之则应选择印刷传媒。同样是电子媒体，如果内容能用丰富的声音来表现，广播更适宜。同是印刷传媒，如果内容相对简单而不系统，报纸是明智的选择。

（3）传播对象。传播对象不同，媒体的选择也不应相同。传播对象人数较少时，往往只借助于人际传播媒体；传播对象仅限于本组织员工时，内部报刊、有线广播、闭路电视、简报就能满足需要；传播对象人数众多，范围很广，公共传播媒体和大众传播媒体是必不可少的。

（4）组织经济实力与预期传播效果。使用任何传播媒体都必然要支付一定的费用。组织在进行公关传播时，必须同时考虑传播成本与预期传播效果这两个方面。一般来说，大众传播媒体的传播范围广泛，传播的单位成本比较低廉，但总成本却会很高。没有雄厚经济实力的组织，不应为了追求声势而盲目选用大众传播媒体。选用非大众传播媒体，尽管单位传播成本较高，但从总成本考虑，是能够承受的。因此，传播范围不要求很大时，应考虑选用非大众传播媒体。

【案例分析】

某市森林公园在2007年国庆节正式对外开放。开放之前，公园方曾在该市的一些报纸上作过一些宣传，然而有些宣传明显地过了头，公司自己编印的宣传资料也有些名不符实，将松树稀少的地方美称为“松涛幽谷”，枫树稀少之处硬叫做“枫林爱晚”，没有花的地方称为“花架”，并且声称公园“景色迷人，令数万游客神往”。结果，许多人去后连呼“上当”，发誓“再也不来了”，也有人说这是“花钱买罪受”，“后悔不已”，“早知如此，何必跑到这块地方来呢?”

【案例讨论】

1. 为何游客到了该市森林公园后“后悔不已”?

2. 公关传播在内容上有什么要求?

第二节　公关传播的要求与技巧

一、公共关系传播的要求

公共关系传播过程要受到多种因素的影响，对公共关系传播的过程和行为必须遵守一定的原则要求，才能使公共关系传播真正取得良好的效益。

（一）保证公共关系信息的质量

公共关系信息的质量可由真实性、准确性、全面性、系统性四个主要指标来衡量。真实性是指所传播的公共关系信息必须是真实的、客观公正、实事求是的。准确性是指所传播的公共关系信息的加工和处理应是准确的。公共关系信息不能被准确地传播，即使信息本身是真实的，也可能起不到良好的作用。全面性是指所传播的公共关系信息必须能全面反映组织的基本状况，喜忧兼报。就是公共关系之父艾维·李说的“公众应该被告知”。系统性是指从整体上来看，社会组织所传播的公共关系信息应具有系统性，不是零零散散、支离破碎地。零散的、破碎的公共关系传播，不利于公众形成对社会组织的整体形象，反而容易对社会组织产生怀疑、猜忌和不信任。因此，社会组织要经常地、定期地向公众传播各种公共关系信息，确保公共关系传播的质量。

（二）准确选择公共关系传播的目标公众

目标公众是指社会组织公共关系传播的主要对象，是信息的主要接收者。目标公众不是一成不变的，它会随着社会组织公共关系传播的内容、方式、时间、空间等的不同而不同。公共关系传播的目标公众选择得当，可使公共关系传播取得良好收效。社会组织可以采取如下策略来有效地选择目标公众。

（1）普遍性目标公众策略。与社会组织有关联的公众，不论它与社会组织的关系是紧是松，是疏是密，是现实的还是潜在的，都作为公共关系传播的目标公众。这种策略适用于社会组织的一般的、日常的公共关系传播活动，也适应于以扩大影响，建立与公众的广泛联系为目的的公共关系传播活动中，但不适用于某些具有专门用途的公共关系传播活动。

（2）选择性目标公众策略。从组织有关联的公众中选择部分公众作社会组织公共关系传播的目标公众。这种策略适用于组织面临着在较大范围内与公众的一般关系处理问题。比如：对消费者公众或对社区公众的一般关系处理问题等，都可以采用选择性目标公众策略来传播公共关系信息。

（3）集中性目标公众策略。指确定某些具体公众作为社会组织公共关系传播的目标公众。这种目标公众具体明确、数量不多，但与社会组织的关系十分密切，向他们传播的信息应详细、深入、针对性强。例如，社会组织向社会名流、上级领导、意见领袖、新闻记者、金融界人士等传播公共关系信息均采用这种策略。此外，在公共关系纠纷的处理，危机事件的处理中也常用。

（三）抓住公共关系传播的有利时机

同一公共关系信息的传播，在不同的时期就应有不同的传播内容、传播方式和传播范围。准确把握公关时机能够增强公共关系传播的针对性，提高传播的效果，并能调整、维持和改善社会组织的公共关系状态。但要注意，在社会组织发展的不同时期公共关系传播活动侧重点不同。

社会组织的发展有5个发展时期：初创时期、稳步发展时期、重大创新时期、风险时期和低谷时期。

（1）组织初创时期，公共关系传播的主要内容应该是向社会公众广泛地介绍组织的投资建设状况，组织的性质、规模、设想及风格，组织的创立对社会的意义和作用。其目的是为了扩大知名度，形成良好的第一印象，这是组织形象塑造的重要时期。

（2）组织稳步发展时期，公共关系传播的主要内容是经常向广大公众介绍组织的生产经营方针和特色，组织的历史、组织对社会的贡献，组织在争取自身发展和维护广大公众利益方面所采取的各种措施等。目的是维护社会组织业已形成的良好形象和信誉，强化与公众的联系，这是组织形象巩固的时期。

（3）组织重大创新时期，公共关系传播的主要内容是组织创新的目的、创新的历程、创新的成果、创新的效益等。其传播的方式应是开放性的，同时注意正确引导，让社会公众更多、更好、更深地了解社会组织，进一步扩大社会组织的影响，加强与社会公众的密切联系，这一时期要不失时机地进行传播。

（4）组织风险时期，公共关系传播的内容应有区别地选择。如果是由于社会组织自身的产品和服务没有特色，或经营方针出现错误，就应将公共关系传播的重点放在改变组织的经营方针、革新组织的生产技术、转产适销对路的产品、改善组织的服务等方面。如果是由于社会的竞争产品和竞争组织的影响，则重点应突出社会组织及其产品的特色以及组织诚挚的服务态度。风险时期是社会组织公共关系传播难度最大的时期，也是关键时期，企业要进行危机公关。

（5）组织低谷时期，公共关系传播的主要内容是向社会公众说明组织进入低谷的原因，走出低谷的措施。基本出发点是向社会有个交代，取得社会公众的理解。目的是尽快使社会组织走出低谷，获得新的发展。如果问题出在社会组织内部，就应说明情况，自我检查，提出补救方法，诚恳地求得社会公众的谅解。如果问题出在组织外部，就应多作解释，澄清事实，并提出相应的改变措施。

（四）选择良好的公共关系传播通道

在现代社会中，公共关系传播的通道多种多样，选用得好，可以提高公共关系传播的效率，事半功倍。选用不当，则可能事倍功半，甚至一事无成。因此，选好公共关系传播的基本通道也是取得良好公共关系传播效果的重要要求之一。

选择好的公共关系传播通道，一是要考虑需要。要根据公共关系传播本身的需要来进行选择，包括所传播的公共关系信息的内容特点的需要，目标的需要，基本对象的特点的需要，影响范围的需要等。二是传播的可能。指要根据现有公共关系传播通道的可能来进行选择，如果某种通道在一定范围内不存在，或根本没有利用的可能，一种原因是通道的传播容量已达到饱和，无法再行加入新的信息。如广播在一定时期传播的内容排满，报纸在一定时间没有版面，电话在一定时期占线，网络在一定时间阻塞等。另外的原因是通道可以传播，但组织的财力有限，利用不起。如有些企业确实想在 CCTV 上做广告，但由于财力有限，只得选择其他媒介。社会组织要综合考虑需要与可能两方面，才能选择好而可行的公共关系传播通道，以取得令人满意的传播效果。

（五）注意传播效果的分析

各类传播对目标受众都会产生一定的影响、作用，这就是效果。对于公关工作者来说，由于各类传播形式都要使用，更应该了解传播发生作用的不同层次。针对公共关系的目标和公关传播的目标评估，传播对于受者的影响可以达到四种程度，也就是四层次传播效果。

（1）信息层次。即将信息传播给目标受众，使之完整、清晰地接收到，并且较少歧义、含混、缺漏，这是简单的传播、知晓层次，是任何传播行为首先应达到的传播效果层次。

（2）情感层次。指传播者传出的信息从知晓进而产生情感，使目标受众在感情上与传播内容接近、认同，对这一传播活动感兴趣，从而与传播者接近，这是传播达到的较为理想的效果。但是需要注意的是，情感有正负之分，只有正面情感才是传播者所需要的，负面情感如反感、厌恶等，应予以避免。

（3）态度层次。态度是人对事物或现象认识的程度、情感表达和行为倾向的总和。它已从感性层次进入了理性层次，是在感性认识基础上经过分析判断、理性思维而产生的，一经形成就非常难以改变。传播如果能达到这一层次，对目标公众的影响就非常深入了。态度除有正负——肯定与否定之分以外，不一定与情感有必然的同方向联系。有些人在感性上同情，而在理智上则不赞成。

（4）行为层次。这是传播效果的最高层次。它是指目标公众在感性、理性认识之后，行为发生改变，做出与传播者要求目标一致的行为，从而完成从认识到实践全过程，使传播者的目标不仅有了同情、肯定者，而且有了具体实施、执行者。实验研究证明，态度对行为的改变有着较密切的相关关系。

随着效果层次的提高，目标公众由于各种原因而逐渐减少，只有能达到较高的效果层次，才能使哪怕是初级效果得以较长时间的保持，否则公众很快淡忘，一个传播行为也就以无效告终。公关工作就是要让各界对组织知晓、同情，并获得他们的理解与支持。

（六）把握影响传播效果的因素

在传播过程中，有很多因素同时作用于信息接收者，并对其产生强度不同的影响。了解主要的影响因素，并有针对性地加以引导和应用，会使传播效果得到改善和提高。影响传播效果的因素主要有以下四个。

（1）传播媒介。公众对传播媒介的要求一是要使用简便、易于掌握，易于得到；二是比较有效，即它的使用效果受到普遍的重视与承认，特别有效时，即使使用、驾驭上有一定难度，人们也会努力去得到或掌握它。公众对媒介选择的这两个因素可以概括为一个公式：

选择或然率＝报偿的保证/费用程度

从这个公式可以看出，选择或然率与报偿的保证成正比，而与费用程度成反比。所以公关工作要注意选择适当的媒介传播信息，媒介选择不当公众就有可能接收不到信息或者没有受到影响。

（2）信息的内容与表现方式。信息的内容即传播者传播的信息是否为公众所关心、感兴趣，是否重要、新鲜，是否可靠、可信，这是目标公众价值判断的中心点，也是决定传播效果的关键所在。公关人员在传播信息时要注意内容的趣味性，与目标公众的相关性，信息来源的可靠性，内容的真实性，观点的客观性、科学性。

除去内容自身的要求外，内容的表现方式也非常重要。方式、方法不当，再好的内容也难以传播出去，可能还会引起误解甚至反感。表现方式包括从传播者的形象、权威性，内容的结构、节奏、变化，到遣词造句的方法、语气、语调等。

（3）信息的重复。人有适应性，一个人接触某一信息的次数越多，越容易接受它。同样的信息多次发出，目标公众会逐渐由生疏到熟悉、由漠然到亲切，甚至在长期接触后，会把这一特定的内容形式融入自己的生活。所以，同样的信息在相当长的时间里重复出现，是取得以至增强传播效果的重要因素。

（4）目标公众接收信息的条件。时间和空间对目标公众的接收是否有利，对传播效果也有相当大的影响。目标公众接收环境存在各种干扰或没有足够的时间接收，这些因素都会影响信息接收者，会使传播效果大打折扣。

从传播类型来说，不同种类的传播其效果也不相同，个人传播在各类传播形式中的传播效果最好，传播率最高，而其他传播形式的传播效果都还不及它的一半。但个人传播的影响非常有限，随着传播群体的增大，传播内容的针对性、具体性下降，反馈的质量、数量下降。群体传播与大众传播的效果相比个人传播就不太明显了，因而传播学家提出这两类传播只是有“适度效果”，即一次具体的传播活动对某一个目标受众来说，效果是有限的。其中的影响因素一是信息接收者本人的逻辑思维能力，二是信息接收者周围团体、个人的影响。

三、公共关系传播的技巧

（一）建立良好的人际关系

人际关系是建立良好公共关系的重要手段，增强人际吸引力，善于同素不相识的人结成良好的人际关系是公关人员基本素质之一。

如何快速地认识他人，排除各种外在因素的干扰，尽快地接受公众，是公关人员在接待工作中要注意的问题。一般来讲，人际交往的误区有：以貌取人、主观判断、晕轮效应、个人状态产生认识偏差。公关人员应避免陷入这些误区，并且掌握以下建立良好人际关系的技巧。

（1）利用邻近性因素。“近水楼台先得月”，可利用同学关系、老乡关系等。

（2）利用相似性因素。找到共同经验区。如社会经历、社会地位、籍贯、受教育程度、态度与价值观、生活环境等，产生自己人效果。

（3）利用需求互补效应。补偿性吸引力是最强的人际引力，可利用气质、性格、能力互补来吸引。

（4）利用仪表的魅力。“有礼走遍天下”，以卓越的礼仪来打通人际关系。

（5）培养独特的人格魅力。多才多艺、诚信风趣、机智敏锐的人更具人格魅力。

（6）会说更会听。善于聆听、善于微笑，并善于交谈。

（二）与新闻界建立良好的关系

与新闻记者联系，是公关人员的重要工作。记者在传播学上被称为“把关人”，他们对传播的内容及传播的实际效果会有很大的影响。一般来说，记者报道新闻要具有正直、说真话的职业道德以及专业写作技巧，除此之外，记者本人的情绪、感觉、工作状态都会影响报道的内容。因此，要注意处理好与新闻界的关系。

（1）对待记者要尽量提供基本情况，并给予热情周到的接待服务；

（2）对记者还要注意平等相待，一视同仁；

（3）要给记者提供真实素材；

（4）对记者要持尊重与重视的态度。

（三）做好会议组织与联系接待工作

（1）会议组织。会议是公共关系开展内外沟通的常用形式，组织召开会议是公关工作的内容之一。会议的种类很多，有报告会、讨论会、联谊会、新闻发布会、展览展销会等，形式较为正规，有组织有规模。

（2）联系接待。接待工作一般包括接待来访者、拜访别人、写信、打电话等。做好接待工作，要求公关人员应具备良好的公关素质，要能够吸引对方，使之愿意与组织打交道。其次，在接待拜访中，应掌握一些特殊的沟通技巧，来达到建立联系的目的。

（四）营造良好的传播环境

公共关系传播是在一定的空间环境中进行的。营造不同的传播氛围会影响传播效果。比如座位、音响设备、灯光照明、色彩、室内湿度等的设计布置，都要仔细安排好，创造良好的环境效应。

（五）正确选择公关语言

公共关系传播中常使用的公关语言主要包括以下几方面。

（1）自然语言，是信息传递的主要承担者，如口头语、书面语、广播语。

（2）非自然语言，如表情语言、动作语言、体态语言等。

（3）实物，如样品、商标、组织标志等。

在公关信息传播中，为取得较好的传播效果，要合理运用公关语言，充分发挥各种语言的优势，提高信息的传播速度，扩大信息的传播范围，提高信息的接收率。

（六）利用名人效应

在选择人际传播方式进行公关信息传播时，常常与政界要员、影视明星、体育明星等“名人”结合起来，能起到比较好的传播效果。公关活动与名人结合在一起，通过名人引起公众的注意、兴趣与好感，从而达到对组织形象、组织产品的认可，这就是名人效应。

（七）善于“制造新闻”

在媒介上刊播新闻是进行大众传播的有效方式，借助媒体来为组织宣传，可信度和有效性高，容易被人接受。什么样的事件才能成为新闻，组织在选择时主要看事件的新闻价值。新闻价值是指该事实本身所具有的重要性、新鲜性、接近性、及时性和趣味性。重要性是指事件后果重大，或当事人身份重要、发生事实的时间、地点重要，以及对社会影响巨大等。新鲜性是指社会上、自然界中各种前所未有的、奇异的新事物。接近性是指与公众的生活、思想接近，可以是地域空间接近，也可以是心理接近。例如，公众往往对发生的突发事件比国外或省外的更关注。及时性是指时间上的接近性，越及时获悉某一事变，其重要性、影响力越突出，新闻报道讲究时事追踪。趣味性是指事件本身具有某种使人动情、愉悦的因素。公关人员应具备相当的新闻素养、新闻敏感，善于发现有价值的事实及时报道。

（八）合理运用公共关系广告

公共关系广告也叫组织形象广告，目的是建立组织信誉，促进公众对组织的了解，沟通公众与组织的感情，它主要有以下几种形式。

（1）组织广告。以组织自身作为宣传主体的广告，可以从以下四个方面开展。第一，宣传组织价值观念。如"海尔真诚到永远"。第二，介绍组织情况。如"TCL招聘2000名高级人才"。第三，贺谢广告。如"全球海尔人恭贺北京申奥成功"。第四，联姻广告。如"伊利杯我最喜爱的春节晚会节目"。

（2）征集广告。包括向社会广泛征集组织名称、产品名称、商标设计、组织口号等，吸引社会注意，吸引公众参与。

（3）竞猜广告。由组织刊登广告组织有奖猜谜活动。猜谜内容多为有关组织及产品的知识，问题一般很简单。这种活动可多次见诸新闻媒介，如通告抽奖结果、采访获奖者等。

（4）服务广告。组织与本组织产品有关的社会服务活动，并通过广告向社会宣传。如化妆品企业举办美容培训班等。

（5）馈赠广告。为组织举办、赞助的社会公益性活动而做的广告。如四通集团的"四通之友世界名曲专场音乐会"等。

针对公众的心理，在策划公关广告时要注意：标新立异来抓住公众的眼球，通俗易懂让大众雅俗共赏，真挚坦诚以事实说话。此外，还需要很多专门化的知识与技巧，如语言的选择、组织，画面的构成、色彩，人物的选择、拍摄技巧等。

总之，公共关系传播既是一门科学，也是一门艺术，要求社会组织公关人员在传播活动中尊重客观规律，按公共关系总目标有步骤地进行；在传播交流信息活动中，使双方受益，实现最大限度取得理解，达成共识，这是公共关系人员的一种创造性劳动。

【案例分析一】

美国亨氏集团的母亲座谈会

美国亨氏集团与我国合资在广州建立婴幼儿食品厂。但是，生产什么样的食品来开拓广阔的中国市场呢？

筹建食品厂的初期，亨氏集团做了大量调查工作，多次召开"母亲座谈会"，充分吸取公众的意见，广泛了解消费者的需求，征求母亲对婴儿产品的建议，摸清各类食品在婴儿哺养中的利弊。之后进行综合比较，分析研究，根据母亲们提出的意见，试制了些样品，免费提供给一些托幼单位试用；收集征求社会各界对产品的意见、要求，相应地调整原料配比。

他们还针对中国儿童食物缺少微量元素、造成儿童营养不平衡及影响身体发育的现状，在食品中加进一定量的微量元素，如锌、钙和铁等，食品配方更趋合理，使产品具有极大的吸引力，普遍地受到中国母亲的青睐。

于是，亨氏婴儿营养米粉等系列产品迅速走进千千万万中国家庭。

【案例讨论】

请结合案例说明如何准确选择公共关系的目标公众？

【案例分析二】

利用总统当推销员

美国一出版商有一批滞销书久久不能脱手，他忽然想出了一个主意：给总统送去一本书，并三番五次去征求意见。忙于政务的总统不愿与他所纠缠，便回了一句："这本书不错。"出版商便大做广告，"现有总统喜爱的书出售"，于是，这些书一抢而空。不久，这个出版商又有书卖不出去，又送一本给总统，总统上过一回当，想奚落他，就说：这书糟透了。出版商闻之，脑子一转，又做广告："现有总统讨厌的书出售"，不少人出于好奇争相抢购，书又售尽。第三次，出版商将书送给总统，总统接受了前两次的教训，便不作任何答复，出版商却大做广告："现有令总统难以下结论的书，欲购从速"，居然又被一抢而空，总统哭笑不得，商人大发其财。

【案例讨论】

请问这个案例说明了一个什么原理？

【案例分析三】

毛姆的征婚广告

某一天，英国各大报纸不约而同地登出一则征婚广告，寥寥数语："本人喜欢音乐和运动，是个年轻而又有教养的百万富翁，希望能和毛姆小说中的女主角完全一样的女性结婚。"

这则征婚广告一时间在英国引起颇大的轰动，那些日夜想嫁给"年轻而又有教养的百万富翁"的小姐们，纷纷将毛姆小说购回藏于香闺；那些时刻惦记女儿命运、千方百计要给女儿安排个好归宿的太太们，则遍索毛姆小说赠送女儿作礼品或"教本"。几天之内，伦敦各书店毛姆小说被抢购一空，并在畅销书中独占鳌头。其实，刊登这则"征婚广告"的不是别人，正是毛姆自己。

【案例讨论】

请结合案例说明制造新闻的技巧。

第三节　公关传播障碍与克服

一、公共关系传播障碍

由于各种原因，在组织与组织、人与人沟通的过程中有许多障碍，这些障碍不仅浪费财力，还会影响组织的团队精神和团队士气，影响组织良好形象的塑造。因此，有必要了解信息沟通的障碍及解决方法，并重视公共关系沟通应遵循的原则。

信息沟通障碍的形成因素是多种多样的，社会组织应充分了解沟通障碍，做到有的放矢，对症下药，消除障碍，以取得良好的传播效果。一般来讲，沟通中的障碍主要有主观障碍、客观障碍和沟通方式障碍三个方面。

（一）主观方面的沟通障碍

信息的传播者与接收者由于自身条件、所处地位、在社会生活中扮演角色等因素的影响，往往导致信息沟通联络出现障碍。具体表现为以下几种情况。

（1）信息的传播者与信息的接收者在经验水平、知识结构上差距过大，就会产生沟通障碍。例如，把一位年轻的、刚从大学毕业的学生安排在一个部门工作，而这一部门的经理是一个资历深厚且富有经验的人。由于个人原因，这位部门经理可能认为许多年轻人是自由主义的、自私自利或缺乏奉献精神的。结果他在评价这位年轻人所做的任何工作时总抱有成见，造成很难与这位年轻骨干进行交流。同时，这位年轻人也认为老一代是顽固不化的、呆板的和抵制新观念的。于是两代人的“代沟”直接导致了严重的沟通障碍。

（2）对信息的态度不同，或是认识水平有限，或是不感兴趣等，使一些员工和主管人员忽视对自己不重要的信息，造成传播沟通障碍。同一信息，不同公众理解或掌握、记取的内容各不相同，公众总是乐于接受与他们原有的认识、态度、利益、需求相一致的信息。

（3）信息沟通中的角色障碍。在组织结构中，由于管理级别的不同而在员工中产生了一些地位、等级感。地位感指员工根据管理者的职位而产生的态度。如在公司总经理和部门经理之间，在部门经理和员工之间存在着地位差异，这种地位的差异就造成严重的沟通障碍。如果主管人员和下级之间相互不信任，下级人员的畏惧感等均会造成沟通障碍。

（二）客观方面的沟通障碍

客观方面的沟通障碍主要有以下两点。

(1) 信息的发布和信息的接收者如果在时间和空间上距离太远，容易造成沟通障碍。处在不同地理位置的传受双方会因社会文化背景不同、种族不同，接触机会太少而影响信息的沟通。

(2) 组织机构庞大，中间部门太多，信息从最高层传达到基层，或从基层汇报到最高层容易出现失真现象，且需要较长的时间，从而影响信息的时效性。

（三）沟通方式的障碍

(1) 语言的阐述不同造成沟通障碍。做不同工作的人虽然都说一种语言如汉语或英语，但他们也说一些不同的“语言”，如财务部门的主管可能在与计划部门的主管进行交谈时用一些专业述评而使对方迷惑，这类沟通问题就是我们所说的“行话”。另一种语言障碍就是多义词，同一句话在不同的环境或对不同的人表示的意思不同，因此，在传递信息时，传播者必须将那些易引起误解的词句表达明白、清楚。一般情况下，应该运用一些朴实、直接的语言传播信息。

(2) 传播方式选择不当造成沟通障碍。社会组织应根据公关目标、对象、内容等不同，选择适宜的传播方式，达到有效沟通的目的。如某商业企业要教育职工树立良好的工作态度、为顾客提供优质服务，应采用人际传播中的组织传播；如某企业在传播开幕仪式、开工典礼之类的信息，最好选用大众传播方式，如用电视、广播来传播会取得良好的效果。

二、公共关系传播障碍的克服

公共关系传播是双向沟通过程，在这个过程中会遇到各种传播障碍，如果不能有效地克服，会极大地影响传播效果。一般情况下解决传播障碍的方法主要有以下几种。

（一）做好沟通前的准备

社会组织在传播公关信息前，首先要确定被传播的信息未十分明确之前不要轻易进行传播。因在一个组织中，只有最高管理者本人能正确表达自己的意图。在信息传播之前，管理者应明白想要达到的目的，为此应该采取传播措施、方法等。其次，要想改善传播效果，重要的条件就是塑造良好的组织形象和声誉。实践证明，自身形象良好的社会组织传播信息效果较好，容易引起公众的关注。最后，要站在受众的立场来传播信息。可以缩小传、收双方的距离，使受者容易接收传播的信息。通常传播者在传递信息时邀请与公众同类型的人，或在公众中有权威的人发表意见，传播效果会更好。

（二）充分利用反馈技术

社会组织的公共关系传播是双方信息的互相流动，传播效果如何可通过反馈技术了解。在面对面的信息传播中通过观察接收者并通过非言词的线索如迷惑或明白的神态、脸部的表情或眼睛的活动等，来判断他的反应。对组织内部的信息传播、组织与组织之间信息的传播可以通过人际传播媒介如电话等方式了解传播效果。

（三）重视传播气氛的影响

公共关系传播总是在一定的时空环境下进行的，营造良好的传播环境有利于增强传播效果，消除传播障碍。在组织内部，当管理者想与员工进行交流时，而这位员工情绪非常低落，那么，双方最好找彼此心情都平静的时间交谈。对管理者而言，要想有个比较好的环境、气氛同员工进行交流，其中最好的办法之一是安排一个确定的时间，在一个安静的场所进行。大部分的日本企业采用过此方法，可以使信息交流双方能平静地、不受任何干扰地探讨一些问题。

（四）完善传播技巧

传播效果优劣与传播技巧有直接的关系。信息传播中的各种传播方式、传播途径组合情况等均会影响到传播效果。一般情况下，传播者总是视当时哪种途径或媒体比较方便，就使用哪种。事实上，沟通途径和媒体的结合方式很多，仅就书面、语言、正式沟通与非正式沟通等加以组合就有许多。

欧美公共关系界总结实践经验，提出了改善组织沟通的10项建议。

(1) 沟通前做好准备，预备可能发生的事件及其应变措施；

(2) 认真考虑本次沟通的真正目的，选择适当的沟通方式和沟通语言；

(3) 全面审查环境和氛围因素；

(4) 沟通的信息内容准确客观；

(5) 善于利用最有利的沟通时间；

(6) 重视沟通中的“体态语言”；

(7) 信息沟通中发送者的言行一致，讲究信用；

(8) 克服不良的聆听习惯，学会做一个“好听众”；

(9) 重视沟通中信息接收者的反馈；

(10) 在正确运用语言文字时，酌情使用图表、数据和实物资料以说服对方。

这些建议有助于我们改善传播技巧。

（五）社会环境障碍的克服

由于政治制度、经济背景、意识形态、地理环境的差异，容易形成以下几种沟通障碍。

（1）文化障碍。由于文化传统、伦理道德的差异，造成思维方式、行为习惯、风俗礼节的沟通障碍。克服的方法是学习了解不同国家、民族、地区以及宗教的基本常识，因地制宜，入乡随俗，适应环境，灵活变通。

（2）语言障碍。语言的复杂性和差异性造成了沟通中的词义不明、语义分歧、措辞不当、隔阂误会等障碍。克服的方法是加强文化修养，提高掌握和运用语言的能力，使用本国标准语言，会常用外语。

（3）角色障碍。年龄、职业、社会地位的差异，会出现观念、行为方面的"代沟"或"隔行如隔山"的"行沟"障碍。克服的方法是互相尊重，积极主动，互谅互让，取长补短。

（4）权威障碍。由于意见领袖或某一权威人物在群体成员中有较大的影响力，会造成群体成员效仿权威人物态度立场的沟通障碍。克服的方法是转变意见领袖的态度，发掘群体成员的价值观。

（六）沟通因素障碍的克服

（1）沟通主体障碍的克服。沟通主体的文化知识结构、社会阅历经验、表达能力、工作态度、个人修养等都会影响沟通过程中的制约因素，造成传送过程中的沟通干扰，使沟通符号失真。要克服这些障碍，沟通者应具备相应的知公关识和经验，态度可亲、可信，声誉良好，权威性强，注重沟通内容，讲究沟通技巧。

（2）沟通内容障碍的克服。沟通内容是否符合沟通对象的利益、需要、兴趣、经验等，是形成或排除沟通障碍的重要因素。克服这些障碍的方法是使沟通对象确信沟通者的期望是他们的利益所在，并且是在他们的经验范围之内，实行起来方便愉快。

（3）沟通对象障碍的克服。沟通对象的年龄、性别、职业、民族、文化程度、思想倾向、兴趣爱好、个人心理与群体心理等，都有程度不同的区别，这就使他们的经验范围、接收习惯、接收心理各不相同。如果选择适合他们的内容、媒介和方法，就能较准确地译码，排除沟通中的干扰障碍。

（4）沟通环境障碍的克服。社会环境、自然环境、场地环境、心理环境等，对沟通效果影响很大。要排除这方面的障碍，就要在沟通时，选择舒适的场地，恰当的时间，使沟通对象处于一种支持沟通者的社会氛围之中，引导他们参加某些活动进而形成一致意见，并得到一种愉快的体验。

(5) 沟通媒介障碍的克服。沟通媒介是否适合沟通者、沟通内容、沟通环境、沟通对象，直接关系到沟通效果。克服媒介障碍的方法是联系沟通目标，适应沟通对象，区别沟通对象，注重沟通费用。

公共关系沟通的技巧和方法，在实际使用中不是孤立单一的，通常是综合运用，各显神通，还有很多技巧和方法，需要在实践中进一步总结。

总之，在公共关系的信息传播中，存在着信息的沟通，也就必然存在沟通障碍。社会组织要正视这些障碍，采取一切可能的方法消除这些障碍，为有效的信息沟通创造条件。

【公关链接】

沟通的七个“C”原则

(1) 可信赖性 (credibility)。沟通也讲求诚信，双方应该从彼此信任的气氛开始沟通，应该由组织创造，这反映了社会组织是否具有真诚的，满足被沟通者愿望的要求。被沟通者应该相信沟通者传递的信息，并在为沟通者在解决他们共同关心的问题上加大工作力度。

(2) 一致性 (context)。沟通计划必须与组织的环境要求相一致，必须建立在对环境充分调查研究的基础上。

(3) 内容 (content)。信息的内容必须对目标公众具有意义，必须与接受者原有价值观念具有同质性，必须与目标公众所处的环境相关。

(4) 明确性 (clarity)。信息必须用简明的语言表述，复杂的内容要列出标题或采用分类的方法，使其明确与简化。如果信息需要传递的环节多，则越应该简单明确。一个组织对公众讲话的口径要保持一致，不能多种口径，使公众无所适从，不利于形成统一的形象。

(5) 持续性与连贯性 (continuity and consistency)。沟通是一个连续不断的过程，要达到渗透的目的必须对信息进行重复，但又必须在重复中不断补充新的内容，有所创新，这一过程才能持续地坚持下去。

(6) 渠道 (channels)。沟通者应该利用现实社会生活中已经存在的信息传送渠道，这些渠道多是被沟通者日常使用并习惯使用的。在信息传播过程中，不同的渠道在不同阶段具有不同的影响，所以，应该有针对性地选用不同渠道，以达到向目标公众传递信息的作用。

(7) 被沟通者的接受能力 (capability of audience)。沟通必须考虑被沟通者的接受能力，当用来沟通的材料对被沟通者的要求愈小，也就是沟通信息最容易为被沟通者接受时，沟通成功的可能性就愈大。被沟通者的接受能力，主要包括接受信息的习惯、阅读能力与知识水平。

【案例分析】

探求“奥妙”降价的奥妙

——中国环球公关公司的媒介公关

奥妙是世界知名企业联合利华旗下的重要洗涤产品品牌。1993年，奥妙成为第一个进入中国市场的国际洗衣粉品牌。经过几年的发展，“奥妙”已经是中国高档洗衣粉市场最有影响的品牌之一。1999年联合利华在华资产重组顺利完成，实现了资源共享，使奥妙洗衣粉的生产间接成本大大降低。在内部条件成熟的情况下，联合利华决定推出两种新款奥妙洗衣粉，并对价格进行大幅调整。

中国环球公共关系公司受联合利华委托，处理围绕“奥妙”降价产生的媒介关系事宜。日用消费品的价格大幅度变动势必引起新闻媒介的关注。新闻媒介在关注此事件的过程中一方面会在客观上帮助联合利华传播“奥妙降价”这一重要信息，引起消费者的关注；但另一方面也有可能引发不利于联合利华的舆论报道，从而可能导致联合利华这一重大的市场举措失败。

环球公关公司在进行了充分的调查研究后，认为大幅度降价对“奥妙”品牌来说是一把“双刃剑”。从公关领域分析，“奥妙”降价的举动在产品、企业和外部环境三个层面上都同时面临着机遇与挑战。在处理“奥妙”降价事件的媒介关系过程中，一方面要利用新闻媒介形成有利于“奥妙”的社会舆论，另一方面必须采取有针对性的措施，消除新闻媒介易产生的误解，防患于未然。

为了有效传播“新奥妙”的产品优势（价格、性能），形成对“奥妙”有利的舆论环境。避免有可能发生的不利报道，维护“奥妙”业已形成的良好形象，环球公关公司制定了详尽的公关措施。

一、掌握事件的主动

（1）在第一时间召开新闻发布会。1999年10月，分别在上海、广州、北京召开新闻发布会，邀请全国主要的新闻媒介参加，公布“降价”消息，尽可能回答记者感兴趣的问题，形成一定宣传规模和强度，同时以事实来消除有可能产生的主观臆断和猜想。

（2）精心遴选各个地区的有影响的媒介及适合的版面、栏目，做到有的放矢。

二、制定防患措施

（1）针对不可回避的敏感问题做出合理的答案，以防止负面报道的产生。

（2）指定新闻发言人，保证对外发布统一的信息。

（3）从不同角度撰写新闻稿，引导记者形成有利于奥妙的报道思路。

三、与媒介保持良好的协调

在发布会前后，尽可能充分地与媒介沟通、增加媒介记者对“奥妙”举措的认同感。

四、提供敏感问题处理意见

针对在处理“奥妙”降价媒介关系方面不可回避的问题，归纳并准备了将近 40 个，确保发言人在答记者问时做到心中有数。比如：“奥妙”降价如何保证质量；重组之后如何解决“下岗”问题；冲击中资品牌问题；环保问题等并都相应的确定了回答要点，可以从容不迫地回答记者的提问。

五、从不同角度编写新闻稿

为了引导记者形成有利于“奥妙”的报道思路，从以下 4 个方面撰写不同的新闻稿。

（1）新奥妙闪亮登场。

（2）奥妙降价不降质。

（3）奥妙降价给国有企业的启示。

（4）国内洗衣粉市场的发展与潜力。

以新闻发布会为主体的媒介关系协调工作完成得十分顺利，达到了预定的公关目标，媒介反响强烈。截至发布会结束的一个月内，媒体发稿量大，报道中没有出现有损“奥妙”品牌形象的情况，而且报道篇幅大，短时间内形成新闻热点。在奥妙降价之后的一个月内，其销量大幅度上升。围绕“奥妙”降价展开的媒介关系协调工作最终取得成功。

【案例讨论】

本次公关策划中为什么着眼于媒介公共关系？

【本章小结】

公共关系传播是社会组织了解公众、公众认知组织的中介和桥梁。公共关系传播具有行为的受制性、内容的求实性、渠道的多样性、方式的策略性、活动的高效性等特点。

公共关系传播的常用媒介有人际传播、组织传播、大众传播、邮电传播、信息网络传播等。不同的传播有不同的特点，公共关系传播过程中必须考虑相关因素加以正确选择。

公共关系传播还应符合一些基本要求，并注意运用一些传播技巧。

在组织与组织、人与人沟通的过程中有许多障碍，主要有主观障碍、客观障碍和沟通方式的障碍三个方面。不同的传播障碍产生的原因不同，所应采取的克服措施也不同。

【课后实训】

1. 针对某次公共关系活动，拟定媒体选择方案并说明理由。

2. 分析一次公共关系传播活动，指出其符合哪些传播要求，运用了哪些传播技巧？

3. 以小组为单位，请同学们在一起模拟不同人际关系角色，体会传播障碍及其克服方法的运用。

4. 结合案例分析企业应如何制造利好新闻？

第六章

公共关系协调

本章导读

社会组织的公共关系涉及的范围非常广泛，但归纳起来可以分为两大类，一类是组织内部公共关系；另一类是组织外部公共关系。公共关系协调是指建立和保持组织与内、外公众的双向沟通，向公众传播组织信息，争取理解和支持，强化与公众关系的职能。

公共关系是“协调利益、实现互惠”的学问和艺术，公共关系协调是公共关系工作的基本内容。公共关系协调的主要职能实际上是努力协调好组织的内、外部公共关系，为组织创造和谐的公共关系环境，是组织实现目标与可持续发展的必要条件。

学习目标

1. 掌握公共关系协调的原则、内容。
2. 理解组织与员工关系、股东关系的协调方法。
3. 理解组织与消费者关系的协调方法。
4. 了解组织与新闻媒介关系、社区关系、政府关系的协调。

课前思考

1. 组织如何协调好与员工的关系？
2. 组织如何协调好与顾客的关系？
3. 学校组织在协调员工与学生的关系时，到底是员工第一还是学生第一？

第一节　公共关系协调概述

公共关系协调是公共关系工作的基本内容。公共关系协调实际上有两种含义：一是指组织与其公众之间的关系处于协调的状态。比如，内部同心同德、步调一致，外部享有盛誉，融洽合作等。这个含义中，“协调”是形容词，形容组织与相关公众之间配合得适当，关系和谐。二是指组织为争取公众的支持与合作而进行的一系列努力和开展的各种协调公共关系的工作。比如，在内部为员工办实事、广泛听取员工的意见、向员工宣传组织的政策等，在外部为顾客提供满意服务，为社区分忧解难，模范遵守政府法令以及加强与各方面公众的沟通和调适等。在这个含义中，“协调”作动词，表明组织为建立和谐的公共关系环境所付诸的实际行动。

一、公共关系协调的原则

公共关系协调原则指组织搞好公共关系的协调应当遵循的指导思想。公共关系协调的主要原则如下。

（一）自觉原则

公共关系是组织与生俱来的一种社会关系。因此，公共关系协调首先要提高组织对公共关系协调必要性的认识。如果一个组织的公共关系不存在了，那么这个组织也就不存在了，这就是公共关系主体与客体的对立统一。一个组织为了实现自己的目标和保证自身的正常运转，实际上时时、处处都在进行各种公共关系协调工作。可以说，公共关系协调对于任何组织都是须臾不可离的。因此，在这个意义上，任何组织都不存在进行不进行公共关系协调的问题，而只存在自发和自觉的区分。

不少组织不理解公共关系协调的必要，他们进行的公共关系协调是自发的，被动的，盲目的，甚至是悖理的，所以，往往捉襟见肘，事倍功半，甚至徒劳无益。显然，很难把公共关系协调搞好。相反，只有充分认识公共关系协调的必要性，才能增强组织开展公共关系协调的自觉性、主动性和创造性，从而不断提高公共关系协调工作的水平。

（二）公众第一原则

组织首先要正确认识公众的地位，摆正组织与公众的位置。如前所述，任何组织的生存和发展都不能离开公众的支持与合作，这是公共关系最基本的原理。一个组织如果失去了公众，也就失去了自身存在的价值和可能。因此，在处理和协调组织与公众的关系时，公众是第一位的，组织是第二位的。组织对于各类公众，不但应当平等相待，而且必须充分尊重、悉心呵护，视公众为至尊上帝，待公众如衣食父母，千方百计满足公众需求，尽心竭力维护公众权益。只有这样，才能真正赢得公众的信任、支持与合作，创造和形成有利于组织发展的良好公共关系环境。

在协调组织与其公众的关系时，首先要确立组织自身的立场和目标，要调整组织的方针和政策，使组织适应公众。树立“公众第一”的原则，就是要转变和端正组织的思想观念和行为方式。为反对和摒弃目光短浅、急功近利的思想倾向，克服和杜绝见利忘义、唯利是图的短期行为，才能保证公共关系协调目标的实现。

“公众第一”绝不是否定组织的利益追求。因为组织与其公众之间是存在着利益的关系的。公共关系正是通过赢得公众的支持与合作，更好地实现组织的利益。只有公众利益，不要组织利益，公共关系也就失去了意义。所以，从这个意义上讲，公共关系是一门“协调利益、实现互惠”的学问和艺术。

（三）传播沟通原则

公共关系之所以具有协调组织与其公众关系的特殊的现代管理功能，正是因为它所运用的基本方式是信息传播沟通这种柔性手段。社会生活日益密切的联系和现代传播技术的多样性发展，已经为公共关系这一管理职能提供了空前广阔的田地。

在公共关系协调中，要善于通过传播沟通，使组织与相关公众交流信息、增进了解、推动合作、密切关系。从组织内部来看，只有建立起纵向和横向的通畅的信息传播沟通，才能达到思想上的理解、认识上的共识、情感上的交融、行动上的协调，才能使各种隔阂与误解得以消除。由此，便可以形成一个强大的引力场，组织内部公众就会被吸引到同心协力实现组织目标的轨道上来。从组织外部来看，只有建立起与各方面公众需求及意向沟通，真实、准确反映和把握舆论状况及趋势，以利于组织在协调公共关系中正确决策，才能增进了解与信任、化解矛盾与冲突、密切情感。由此，便可以形成宝贵的形象资源和优势，形成和谐的公共关系环境，实现组织的可持续发展。

二、公共关系协调的内容

协调组织与公众的关系，涉及诸多内容，主要是利益协调、态度协调和行为协调。

（一）利益协调

利益，即好处。是指组织与公众获得在物质上或精神上的需求和满足。组织与相关公众之所以能形成经常的联系，根本原因就是相互之间存在着利益上的互补。如果没有各自利益的需求和满足，双方就不可能形成经常的联系和良好的关系。而促进互补互利关系的顺利实现，就需要组织自觉经常进行自身和公众利益关系的调整、调节，这就是所谓的利益协调。利益协调是公共关系协调的基础。

（二）态度协调

人们对某项事物所持的态度，一般主要取决于人们对该事物意义的大小、价值的大小的理解，即主要取决于人们的价值观。价值观是态度的核心，态度是价值观的显现。可见，态度应该是建立在利益的基础之上的。

态度，虽然是一种心理状态，但它是心理活动向行为过渡的临界点。态度一经形成，就会成为一种心理定势，影响着人们对事物的判断和选择，预示着人们的行为倾向和力度。因此，在公共关系协调过程中，必须对态度协调给以高度重视。这里，所谓态度协调，就是指组织为了实现同公众的互助合作而自觉进行的对公众消极态度的转化和积极态度强化的各种工作。

在公共关系的协调中，态度协调具有重要地位。态度协调是行为协调的先导，态度协调搞好了，逆意公众，边缘公众就可以转化为顺意公众，并可以导致组织与公众之间的良好合作。因此，态度协调是公共关系协调的关键，事前的态度协调往往是公共关系协调成功的秘诀。

（三）行为协调

在公共关系协调中，行为协调是指组织及其公众自觉对自身的行为进行的调整和调节，以便使双方相互配合、相互支持、互助合作。

行为协调是公共关系协调的实际步骤和最终归宿。行为协调的主要目的是使组织的潜在公众、知晓公众转变为行为公众，使已经建立互助关系的组织与公众的合作行为更加密切和巩固，使已经出现的矛盾和冲突等不协调的行为得以转化，从而最终完成公共关系协调的工作和最终达到公共关系协调的状态。只有搞好行为协调，组织与公众的互助合作才能得到落实，组织与公众的良好关系才能真正形成，公共关系协调的全部努力才能圆满成功，组织与公众的良性互动才能充分体现。

【案例分析】

只有一名乘客的航班
——“让顾客满意”必备的公关意识

英国航空公司所属波音 747 客机 008 号班机，准备从伦敦飞往日本东京时，因故障推迟起飞 20 小时。为了不使在东京候此班机回伦敦的乘客耽误行程，英国航空公司及时帮助这些乘客换乘其他公司的飞机。共 190 名乘客欣然接受了英航公司的妥当安排，分别改乘别的班机飞往伦敦。但其中有一位日本老太太叫大竹秀子，说什么也不肯换乘其他班机，坚决要乘英航公司的 008 号班机不可。实在无奈，原拟另有飞行安排的 008 号班机只好照旧到达东京后飞回伦敦。

一个罕见的情景出现在人们面前，东京—伦敦，航程达 13 000 公里，可是英国航空公司的 008 号班机上只载着一名旅客，这就是大竹秀子。她一人独享该机的 353 个飞机坐席以及 6 位机组人员和 15 位服务人员的周到服务。有人估计说，这次只有一名乘客的国际航班使英国航空公司至少损失约 10 万美元。

从表面上看，的确是个不小的损失。可是，从深一层来理解，它却是一个无法估价的收获，正是由于英国航空公司一切为顾客服务的行为，在世界各国来去匆匆的顾客心目中换取了一个用金钱也难以买到的良好形象。

【案例讨论】

1. 当企业组织与顾客之间发生矛盾时，顾客未必总是正确的，但为什么我们还要说：“顾客永远是正确的”？请你结合案例，加以阐述分析。

第二节　内部公共关系的协调

组织的内部公共关系如何，直接关系到组织的生机和活力，并进而影响着外部公共关系的构建和组织目标的实现。所以，搞好内部公共关系是整个公共关系协调工作的基础和起点。组织要协调的内部公共关系比较复杂，包括组织或组织的公共关系部门与组织内部其他部门的员工、与非正式组织、与股东的关系等。本书主要介绍员工关系协调和股东关系协调。

一、员工关系的协调

员工是组织的细胞和主人，良好的员工关系是组织成功的动力和源泉，更是构建组织良好的外部公共关系的条件和基础，所以，员工关系的协调具有重要意义。

（一）员工关系协调的焦点

组织与员工关系的焦点是利益，利益关系是社会组织内部最基本的关系。一个组织的产生和发展，最基本的动因是利益。同样，组织成员进行工作和活动，最基本的动因也是利益。离开了利益，员工就失去了最根本的动力机制。由利益引起组织内部的种种关系就是利益关系。

虽然不同的员工有不同的利益需求，同一个员工在不同的时期也会有不同的利益需求，但总的来说，员工对组织的利益需求主要有工资报酬、奖金福利、工作环境、参与管理、培训晋升等。毫无疑问，员工的这些利益需求都是正常的、合理的。组织的公关人员应认真了解员工的利益需求，尤其是员工在一定条件下最为迫切的需求，并尽可能地给予满足。

但是，我们也要清醒地认识到，员工的利益需求与组织的利益并不总是统一的。有时为了组织的长远发展，会影响员工的短期利益。而且，不同员工之间的利益矛盾也会时常发生。这就要求组织的公关人员一定要协调好组织与员工、员工与员工之间的利益关系。利益关系处理得好，其他关系就有可能迎刃而解。否则，协调其他公共关系就缺乏坚实的客观基础。

（二）员工关系协调的内容

组织要搞好员工关系，可从以下几个方面入手。

（1）了解员工。了解员工是搞好员工关系的基础，只有在准确了解员工的状况、想法、需要和存在的问题，了解员工的身体状况和思想状况的基础上，才能做出具体计划和部署，如沟通和传播什么，怎样去促进沟通和传播，能够提出哪些切实可行的建议，需要解决什么问题等。

（2）重视并尽可能满足员工的物质利益需求。物质利益主要包括工资、奖金、福利、工作环境等。员工作为现实社会中的人，为了生存和发展，参加组织的工作，其最直接的目的是以劳动换取一定的报酬，他们关心组织的利益分配，要求改善物质待遇的要求是正当和合理的。公共关系人员要敦促组织领导重视改善员工的物质待遇，在可能的情况下，尽量把员工的物质利益搞好；要及时向组织领导反映员工对工资和其他物质利益分配的意见和要求；敦促领导认真贯彻按劳分配原则，力求在现有条件下公正合理地解决工资调级和利益分配问题。另一方面，组织要提高员工的物质利益和福利待遇，又要受到其经济效益和社会生产发展水平的限制，不可能完全满足员工的要求。这又需要公共关系人员通过沟通，如实地向员工说明组织的经营状况、利润收入、分配政策、分配状况以及组织的困难，以求得员工的谅解和合作，使员工对工资、福利待遇的期望值保持在现实和合理的水平上，对组织用于扩大再生产、更新设备、开拓市场、技术培训的经费开支予以理解和支持。

（3）尊重员工的精神需求，激发员工的工作潜力和工作积极性。精神需求主要包括赞扬、尊重、教育、参与管理等内容。公共关系学理论认为，把员工看做“给多少钱，干多少活”的“经济人”的观点是不对的，人还是追求精神需求的“社会人”。美国心理学家马斯洛认为，人的基本物质需求得到满足后，精神需求就会上升为主要需求。英国学者尼格尔·尼克尔逊对英国管理学会的2300名会员进行了一次调查表明：被调查者平均每人每3年换1次工作，他们另谋职业的动机往往不是金钱和其他物质利益，而是谋求更有挑战性、更受重用和更能发挥创造性的机会。精神激励的主要特点是引导员工在工作中寻求生活的意义和乐趣，通过在工作中的创造性活动获得尊重，得到心理上的平衡和满足。

（4）树立“以人为本”的观念，尊重员工的个人价值。如果个人价值得不到尊重，个人就会自轻自贱，或者强烈不满，产生不负责的行为。因此，应把个人价值和团体价值结合起来，相信和依靠员工，大胆放手让他们工作，及时肯定和赞赏他们的成绩和贡献，尊重其人格和自主权。日本松下公司的创始人松下幸之助经过常年观察研究后发现，按时计酬的员工仅能发挥工作效能的20%～30%，而如果受到充分激励则可发挥至80%～90%，松下先生探索出了用“拍肩膀”来激励员工，取得了良好的效果。

（5）让员工分享足够的组织信息，参与一定的组织管理决策，培养员工的主人翁意识。如能经常通过黑板报、内部刊物、闭路电视、组织内的有线广播、热线电话、会议、展览会、总经理致函等，向员工介绍组织的运转情况，组织的决策目标，竞争对手的情况，领导工作的情况，模范业绩，组织的新产品、新技术、新设备，安全生产常识，员工新闻，福利情况等有关信息和重大决策，满足员工的知情权，使员工感到自己是组织的一员，得到应有的重视。让员工在一定程度上参与组织决策，不仅只是具有确保员工民主权利的意义，也不仅有集思广益，以求更正确和更科学的决策，而且可以使全体员工在精神上产生当家作主的满足感，从而把他们引向同一目标。当员工参与一定程度的管理和决策时，他们对自己参与决策的管理制度和措施，总是会身体力行去做。反之，如果员工希望表现自我能力的心理需要被忽视和受到压抑，就可能转变为组织中的异己力量，就可能在“离心力”的影响下产生消极抵触或对抗行为。

(6) 建立健全合理化建议制度，培养员工的进取心和自豪感。员工最熟悉自己工作领域的情况，对自己所涉及工作最有发言权，员工中蕴涵着无穷的创造性，建立健全合理化建议制度，广泛征求搜集员工改进工作方式、工作程序、操作技术的意见，对组织发展具有重要意义。这一方面使员工的创造力和潜能得到开发和利用，给组织带来巨大的经济效益；另一方面又使员工的成就欲望得到满足，从而产生自豪感和强烈进取心。这样做还能形成一种良好的风气，使员工人人关心组织，创造性地做好本职工作。

(7) 协调好正式组织与非正式组织的关系。每个组织都有一套按一定编制而形成的正式组织系统，如科室、班组等。同时，每个组织内又有一种自然的、以感情为纽带而形成的非正式组织。非正式组织以某种共同利益、观点和爱好为基础，其联络沟通活动往往比正式组织更紧密，有更强的内聚力和感召力。它一般由足智多谋或才干出众的人当首领，对其他成员具有心理上的指挥权，一般称之为“意见领袖”。非正式组织有不成文的奖惩方式，有比较灵敏的信息传递渠道，其成员往往更重视非正式组织的行为规则，当这些行为规则与正式组织的行为规则相抵触时，他们多半宁可违背正式组织的行为规则，这就使非正式组织中的工作情绪和工作气氛对正式组织的群体风气影响很大。因此，公共关系人员应注意发挥非正式组织的积极作用，避免非正式组织的消极影响，学会与非正式组织的“意见领袖”交朋友，引导非正式组织活动向健康方向发展。

(三) 员工关系沟通的方式

要与员工协调好关系，应保持良好的沟通。在此我们可以借鉴英特尔公司的内部沟通体系。在英特尔总部，专门设有一个“全球员工沟通部”，促进英特尔沟通体系与团队发展。英特尔在内部推崇并采取开放式的沟通模式，英特尔内部的沟通是双向的，包括许多沟通的渠道。

(1) 网上直播、网上聊天。英特尔为电脑制造了“奔腾的心”，推动世界进入网络信息时代，自身也成为网络科技的受惠者。公司的高层管理人员会经常通过英特尔内部网络，向全球员工介绍公司最新的业务发展以及某个专门问题的情况。英特尔的管理层还通过网上聊天，和员工进行互动的沟通，回答员工现场提出的各种问题。

(2) 季度业务报告会。季度业务报告会是英特尔公司进行员工沟通的重要方式，这是一种一对多或多对多的沟通，是一种面对面的沟通。在季度业务报告会上，不单是公司向员工通报公司最新的业务发展情况，还现场对员工所提出的问题进行回答，员工通过现场提问直接、面对面地与公司管理层进行交流。

（3）员工问答。在英特尔季度业务报告会之前，为了了解员工所关注的问题与所顾虑的事情，各部门内部会通过员工问答的方法，预先了解员工的心声。这也成为英特尔公司内部一种有效的沟通渠道。

（4）员工简报。在英特尔公司，每个季度会出版定期的员工简报，成为一种员工内部沟通的重要方式。在英特尔的工厂里，每个星期都会定期出版一期员工快报，让员工自由取阅，把公司及工厂里发生的最新重要事情、消息，通过简报的形式告知员工。

（5）一对一面谈。一对一的面谈是自下而上的沟通中比较常用的重要方式，公司与每一名员工之间就工作期望与要求进行沟通。通常通过员工会议的形式进行，要求员工来制订会议的议程，由员工来决定在会议上想谈的内容，包括员工对自己职业发展的想法，对经理人员的看法和反馈。

（6）定期的部门会议。英特尔各业务与职能部门会定期召开会议，经理人会定期和所有的下属进行及时沟通，听取员工的建议与想法，传达公司的政策与各项业务决策。

（7）全球员工关系调查。在英特尔全球每年都进行一年一度的全球员工关系调查，英特尔总部会派人到全球各个国家与地区的分公司，对员工关系与沟通情况进行调查。

（8）Open Door。英特尔同许多著名全球500强公司一样，采取门户开放式的沟通。很多时候，员工的顾虑与意见不愿意直接与其上司面谈。英特尔的人力资源部专门设有一名员工关系顾问，员工可以去与人力资源部的员工关系顾问进行面谈。员工关系顾问会对所了解的信息进行独立的调查，了解员工反映的情况，然后将调查结果通知公司有关部门，包括员工的经理。在这种沟通方式中，英特尔制定了一系列的规则来避免经理人员对员工采取一些不适当的方式，从而保护员工的权利。

无论是自上而下的沟通，还是自下而上的沟通。英特尔希望能够构建起一个完整的员工沟通的环，通过这些管道获得消息或者听到的反馈与建议，都会采取后续的行动，给员工满意的回复，会通过具体措施解决相关问题，而不是仅仅为沟通而沟通。

（四）创建有特色的组织文化

任何组织要有良好的员工关系都必须创建有特色的组织文化。组织文化是指在一定的社会大文化环境影响下，经过组织领导者的倡导和全体员工的认同与实践所形成的整体价值观念、信仰追求、道德规范行为准则、经营特色、管理风格以及传统习惯的总称。一家优秀的组织能将经营管理中习以为常的东西升华到富有文化内涵的一种价值观和使命感，引导员工奋发向上、团结一致，达到在思想上同心、目标上同向、行动上同步、效益上同创最佳的组织文化境界。

1. 组织文化的功能

组织文化的建设在当今组织中已成为一种趋势，成功地营造组织文化以后，员工就会全身心地投入到组织的各项工作之中，以主人翁的积极姿态完成生产、经营任务，推动组织的持续发展，为组织创造出更大的市场利润。组织文化的功能具体表现在以下几个方面。

(1) 导向功能。组织文化是一种无形的准则，起到把员工个体行动引导成群体行动的作用。

(2) 内控功能。组织文化通过一种观念上的力量，约束、规范、控制员工行为。

(3) 凝聚功能。组织文化能使员工产生归属感、认同感和使命感，进而形成集体荣誉感，产生强大的组织凝聚力。

(4) 激励功能。组织文化能激励员工形成一种群体意识，自觉为争取组织集体荣誉而努力工作。

2. 组织文化的 8 个价值原则

组织文化是一种价值观，更是一种重要的管理手段。美国组织文化专家劳伦斯·米勒在《美国组织精神——未来组织经营的八大原则》一书中指出：美国的组织具有强烈的竞争意识，这种精神可以包括在 8 个基本价值之中。

(1) 目标原则，成功的组织必须具备有价值的目标。

(2) 共识原则，组织成功与否，要看它能否聚集众人的力量。

(3) 卓越原则，卓越不是指成就，而是一种精神，一种动力，一种工作伦理，培养追求卓越的精神。

(4) 一体原则，全员参与，强化组织的一体感。

(5) 成效原则，成效是激励的基础。

(6) 实证原则，即强调科学的态度，善于运用事实、数据说话。

(7) 亲密原则，即相互信任，互相尊重，有团队精神。

(8) 正直原则，正直就是以诚实、负责的认真的态度进行工作。

许多美国跨国组织都能坚持各自独特的组织文化，但都能充分体现美国组织精神中的 8 个基本价值原则。这些公司都有一个构思良好的远景规划和员工一起分享。由此可见，组织文化就好比一个组织的灵魂，优秀的组织文化可以大大增强组织的凝聚力和员工的创造力。

【公关链接】

组织文化执行类型

围绕组织文化的执行，可以将组织分成 4 种类型：四流组织做假，三流组织做样，二流组织做事，一流组织做人。

四流组织做假，主要表现为伪先进组织文化。如 2001 年美国“安然事件”使安然公司成为经理控制组织种种弊端的象征；随后，美国世通公司的假账丑闻又暴露在光天化日之下；事隔几天，另一知名大公司施乐又曝出新的丑闻——连续 5 年夸大营业收入 60 亿美元。仅 2001 年第一季度，美国证券交易委员会就调查了 64 宗会计和财务造假案。这些跨国公司长期以来吹捧以“诚信”为核心理念的组织文化，但其行为始终不诚信，显然是伪先进组织文化，这样的组织如果还不悬崖勒马，最终要葬送自己的前程。

三流组织做样，主要表现为在先进组织文化上做样子。很多国有组织为了响应市场、社会和上级主管部门的号召，正在加快组织文化建设的进程。有的组织确定组织价值观和核心理念，不会找词汇，就到处寻章摘句，就选最漂亮、最时髦、最能煽动人心的话往自己组织脸上贴，有的为了避抄袭之嫌，就改头换面，换一种说法，有的就干脆将这个任务转包给社会上的咨询公司。一夜间，就能将组织文化的种种要素完全补上来，看起来还真有那么一回事。这种做样的组织完全是为了吸引公众眼球，带有明显的功利广告行为，根本谈不上先进文化。

二流组织做事，主要表现为脚踏实地、真抓实干的组织作风。做事的组织没有过多的“标榜”语言，实实在在地用自己的行动说话。体现在守法经营、风气纯朴、雷厉风行、善抓机会、激情创业，是一种充满生机与活力的组织原生态文化。

一流组织做人，主要表现为始终如一的精神追求和高瞻远瞩的核心生存境界。做人的组织表现为一种负责任的组织公民态度，不管什么时候，组织都将诚信、责任、社会价值作为自己的核心追求，并在经营管理各个环节严格要求。这样的组织受人尊重和青睐。

二、股东关系的协调

股东关系是指各类组织与其投资者之间结成的公共关系，其实质是组织经营者与所有者之间的关系。股东是组织的财力支持者，与组织的利益密切相关。随着我国市场经济的发展，越来越多的组织完成股份制构建和改造，协调组织与股东之间的关系，吸引更多的投资者，稳定已有的股东队伍是组织内部公关的新课题。

（一）股东关系的重要性

(1) 股东具有“造血功能”，为组织提供财力支持。

(2) 股东与组织构成共同体，其意见、主张、态度决定着组织的命运、走向。赢得股东合作，他们就会积极参与组织的决策和管理，为组织增加活力。

(3) 股东是组织的重要宣传员，他们的言行直接影响到潜在投资者。协调好股东关系可吸引更多潜在投资者。

（二）构建良好股东关系的基本要求

(1) 尊重股东。尊重股首先要尊重股东的主人翁地位。在涉及组织发展、股金运用、红利分配等问题上，使股东享有知晓、参与、决策等各项权利。组织还要特别注意对股东不能厚此薄彼，要一视同仁，使各类股东利益同等、信息共享。

(2) 对股东负责。股东是组织所有者的“老板”，组织必须树立股东权益高于一切的意识，组织的各项决策和投资效果必须时刻考虑股东的利益需要；组织的各级领导和全体员工都要时刻牢记股东对组织的投资信赖，把组织的各项工作做好，努力实现组织的发展。

(3) 为股东谋利益。这是保证股东应有权益的最终体现。股东利益包括经济效益和社会效益。一般而言，股东的投资目标是追求高于银行利率的股息，因此，必须切实搞好组织的经营管理，为股东创造经济效益，又要及时、合理地分配和发放股东红利，使股东投资最终受益。

随着社会的发展，股东关系将越来越重要，股东关系协调的要求也会越来越高，而组织的政策和行为是否对股东尊重、负责、有利，则是决定组织与股东关系的基础。

（三）构建良好股东关系的基本途径

加强信息沟通，是构建良好股东关系的基本途径。这里主要应当做好了解股东情况、向股东报告组织信息和与股东中介机构的沟通 3 个方面的工作。

(1) 了解股东情况。为此要做深入的调查研究。了解股东的特点，以采用更适当的媒介和沟通方式；研究股东的意见，如各类股东的需求、对组织的政策的看法、对组织经营管理的建议，以作为组织决策和改进工作的依据。

(2) 及时向股东报告组织信息。股东是组织的所有者，组织有义务及时向股东报告组织的信息。例如组织的政策、经营和工作状况信息。沟通的媒介和方式一般有工作简报、年度报告、会议通告、宣传手册、股东杂志、股东函件、股东会议、股东参观、有关负责人员与股东的个人交往等。

(3) 重视与股东中介机构的沟通。股东中介机构，如金融组织、证券公司、投资分析家和经纪人等，对股东的投资判断和信心、交易意向和行为等有重要影响，因此，让这些中介机构及人士对组织有全面、正确的了解，可以得到有益的忠告。

【案例分析一】

海尔的“云燕镜子”

海尔公司在组织内部公共关系的实践中，不仅坚持严格管理，用物质利益激发员工行为，还倡导员工自主管理，在精神激励上下功夫。海尔公司一个叫高云燕的女工，是总装车间的一名普通操作工。她看到放置门体的工作台影响操作时的观察，进而影响了加工的质量和效率，便琢磨利用折射原理，在钻眼机前放面镜子，一试，果然效果绝佳。公司立即支持其立起一面1米2的镜子，还将镜子命名为“云燕镜子”。这一举措不但激励了高云燕，还激励了全体员工的主人翁的创造精神。

【案例讨论】

搜集海尔公司的相关资料，说明海尔是如何通过鼓励职工“自我设计”、“自我表现”、“自我制造”等方式来激励员工的？

【案例分析二】

员工与组织

本田公司曾有一位工人，每天下午下班回家时，都要对停靠在路边的本田汽车注视一下，甚至把汽车前窗上的雨刷调整到合适的位置。对于他来说，只要看到本田车稍微有点毛病，心里就会感到不舒服，直到将它弄好才放心。事情虽小，但从中我们可以看出，这位工人已将自己融入到本田公司的大家庭之中，将公司的声誉与自己的荣辱直接联系起来。本田公司之所以能有这样的员工，要归功于其优秀的组织文化。这种日本式的组织文化，继承了中国儒家学说中的“和、爱、诚、忠、信”等理念，组织内的员工团结，关系和谐，富有责任感且具有团队精神。

【案例讨论】

结合案例说明组织文化的功能。

第三节　外部公共关系的协调

外部公众是组织生存和发展的重要外部条件，也是组织在活动中，遇到的数量最大、层次种类最复杂的公众。外部公众的理解和支持，是现代社会组织正常运转的必要条件。因此“外求发展”是公共关系工作的重点。下面我们着重介绍消费者关系、供货商与销售商的关系、新闻媒介关系、社区关系、政府关系的协调。

一、消费者关系的协调

消费者关系是组织公共关系环境的轴心。因为只有形成良好的消费者关系，组织输出的劳动成果为社会所承认和接受，并转化为经济效益和社会效益，其他各类公众的需求才能得以满足，组织也才能继续输入各种资源并形成新的劳动成果和整个公共关系系统的良性循环。换言之，只有形成良好的消费者关系，其他公共关系，如社区关系、政府关系、新闻媒介关系甚至员工关系和股东关系，才能得到改善并形成组织良好的公共关系环境。因此，良好的消费者关系，对于形成组织生存发展的整个公共关系环境的质量具有决定性作用。

（一）公共关系在协调消费者关系中的作用

公共关系在建立良好的消费者关系中所起的作用，主要体现在帮助组织树立正确的理念和加强与消费者沟通这两个方面。

（1）树立“消费者至上”的经营理念。“消费者至上”、“消费者就是上帝”、“消费者永远是正确的”，这些话反映了一个事实：没有消费者，就没有组织。组织与消费者，实际上不是消费者依赖组织，而是组织依赖消费者。全心全意为消费者服务是组织的天职和义务，要时刻为消费者着想，把消费者的需要和利益放在首位。要处处留心，发现为消费者服务的机会，主动送服务上门。但“消费者至上”的经营理念并不会凭空产生，需要对组织员工加强培训，形成“全员公关”。只有不断结合新的形势和新的任务加强对组织员工的培训，人人增强服务观念，人人落实服务行动，才能把“消费者至上”的宗旨变为组织全体员工身体力行的自觉行动。

（2）加强与消费者的沟通。协调消费者的关系，离不开搞好组织与消费者的双向信息沟通。一方面，要通过各种方式的调查研究，比如，问卷调查、座谈访谈等，主动了解消费者的需求和认真听取消费者的意见；通过妥善处理消费者投诉，及时、诚恳地为消费者排忧解难，维护消费者的权益，并将这些消费者的需求、意见、投诉作为做好和改进服务工作的依据。另一方面，要通过各种媒介和渠道，比如，大众传播媒介、组织出版物和信函、展览和联谊活动等，积极做好对消费者引导以及咨询服务，不断提高组织的知名度、美誉度、和谐度。

（二）消费者关系协调的基础

维护消费者正当合法的权益，为消费者提供满意的产品和服务是组织与消费者建立良好关系的基础。

1. 维护消费者正当合法的权益

根据消费者权益保护法，消费者的权益主要有以下几方面。

（1）消费者在购买、使用商品和接受服务时享有人身、财产安全不受损害的权利。

（2）消费者享有知悉其购买、使用的商品或者接受的服务的真实情况的权利。

（3）消费者享有自主选择商品或者服务的权利。

（4）消费者享有公平交易的权利。

（5）消费者因购买、使用商品或者接受服务受到人身、财产损害的，享有依法获得赔偿的权利。

（6）消费者享有依法成立维护自身合法权益的社会团体的权利。

（7）消费者享有获得有关消费和消费者权益保护方面的知识的权利。

（8）消费者在购买、使用商品和接受服务时，享有其人格尊严、民族风俗习惯得到尊重的权利。

（9）消费者享有对商品和服务以及保护消费者权益工作进行监督的权利。

消费者的权益就是经营者应尽的义务。因此，社会组织建立良好的消费者关系就必须熟悉保护消费者权益的有关法律、法规，在日常的生产经营活动中自觉地维护消费者的正当合法权益。

2. 为消费者提供满意的产品和服务

良好的消费者关系建立在消费者对组织所提供的产品和服务需要的基础上，劣质产品和服务无论如何也得不到消费者的支持，也就不可能建立稳定、良好的消费者关系。因此，组织要为消费者提供质量优良、价格合理、计量准确的适销产品，杜绝假冒伪劣、随意涨价和缺斤少两。要为消费者提供热情的服务态度和周到的服务项目。比如，组织要提供售前、售中、售后全过程服务和各项方便服务，杜绝“冷”、“硬”、“顶”和各种不负责的敷衍、推诿。要结合组织的职能类型和工作特点，创造深受顾客欢迎的新的服务制度和措施。如各种形式的“承诺”制度、“绿色通道”服务措施等，不断改进服务工作，不断提高服务水平。

（三）与消费者沟通与协调的方式

组织要与消费者建立良好的关系，就必须与消费者保持通畅的信息沟通，并及时协调好与消费者的冲突和纠纷。

1. 与消费者沟通的方式

（1）口头联系。这是最常见、最普通的沟通方式。不论是面对面回答消费者提出的问题，还是通过电话向消费者做出解释，都要尽量令其满意，同时积极提供有关组织的信息。

（2）利用私人信件。组织领导者或公共关系人员定期或不定期与消费者通信，可以使消费者感到受到组织的重视，感到组织富有人情味，对组织产生好印象。

（3）利用传播媒介。组织公共关系人员应充分利用各种传播媒介，如报刊、电台、电视、网络向消费者宣传介绍组织情况。另外，也可利用公告栏上的公告等形式，向消费者介绍组织及其产品，或一种新的、更好的生活方式和生活观念。

（4）出版消费者刊物。组织可以编辑出版有关产品和组织的定期或不定期的刊物，使消费者可以及时、详细地了解组织及其产品，从而做出最佳选择。

（5）组织消费者参观组织。组织各类消费者到组织参观，使他们对组织有一个具体、翔实的了解，从而对组织产生好感。

2. 与消费者协调的方式

在社会中，消费者与组织发生误解、冲突、纠纷是常见的事情。为此，组织的公共关系人员需要经常处理组织与消费者的纠纷，以协调组织与消费者之间的关系。在与消费者协调时，应注意以下几个方面。

（1）要做到耐心倾听，态度诚恳，争取在感情和心理上与投诉者保持一致。避免在顾客投诉时，急于为自己解释或辩解，这很容易引起投诉者的反感。

（2）如果顾客投诉合理，应当即表明处理态度，立刻与有关部门联系。如果是服务态度问题，马上赔礼道歉，最好是当事人自己来表示歉意。如果有些问题不可能马上处理，最好向顾客保证负责日后的转告及联系，同时注意对顾客的承诺一定要及时兑现。

（3）发现顾客的投诉有普遍意义，并且还有更多的顾客不明真相时，应该立即登发广告启事。如某商品质量确有问题，就要登报告诉购买者来退货，以维护商品的声誉，并向消费者道歉。

（4）应设专人负责处理顾客投诉，并设立专门的接待室，表示对顾客投诉的重视，更好地处理与顾客的纠纷。

（5）如果接到顾客的投诉，应记下对方的通讯地址，待处理后，向对方回音，千万不可不予理睬，也不可使用各类铅印的复函应付了事，而应该以公关部门负责人或组织领导人的名义给投诉者回信。

【案例分析】

深入心灵的花

——百消丹母亲节免费送鲜花活动

一、项目背景

作为一个专门致力于女性健康事业的公司，长甲集团发展的每一步都离不开广大女性的支持。为了回报华夏女性的厚爱，长甲集团多年来，组织了很多有益女性的社会活动，如免费B超、“关注女人”征文等。另外，长甲集团百消丹公司认为，母亲的身上，集中体现了华夏女性的善良、坚韧和牺牲精神。因此，母亲节来临之际，长甲集团百消丹公司更希望能通过这样的活动，唤起社会和更多人对母亲更多的敬爱和关注。

二、项目实施

在5月12日母亲节，长甲集团百消丹公司举办的免费送鲜花、送祝福活动，为杭州市1 000余位母亲送上了一份特别的节日祝福。“打个电话，我们就会把您最想和妈妈说的话与一盆鲜花，在母亲节送到您的母亲手中。”长甲集团百消丹公司组织的这一别出心裁的活动，得到广大市民的赞誉和踊跃参加。短短的3天时间，打电话参与活动者超过1 000人：“妈妈，您是儿子永远的港湾，不论走多远，最后都要回到您的怀抱”；“妈妈，真的感谢您，您是女儿永远的最爱”；“妈妈，我爱您到永远”……

当儿女们饱含深情的话语，随着一盆盆、一束束鲜花，送到一位位母亲的手中时；当看到一位位母亲捧着鲜花，脸上绽放出比鲜花还灿烂的笑容时，浓浓的母亲节氛围也在杭城洋溢开来。一时间，长甲集团百消丹公司举办的母亲节活动成为市民关注的热点。

三、活动效果

许多参加了这次活动的市民表示，非常感谢此次活动的举办者——长甲集团百消丹公司。因为是长甲集团百消丹的这次活动，给了他们一个向母亲表达爱意的绝好机会。一位女士评论说："送鲜花、送祝福，本身并不稀奇，最重要的是它提醒了我们对母亲的关怀。虽然因时间关系没能参加这次活动，但受这件事启发，我在母亲节给妈妈送了一束鲜花。因此也想对活动的组织者表示谢意。"一些市民表示，希望有更多的组织搞这类既能宣传组织，又是消费者喜闻乐见的公益活动。

组织母亲节送花，说到底就是做广告。但与其他广告形式相比，百消丹公司送鲜花、送祝福的亮点在于：组织在宣传自己形象的同时，很好地考虑到了消费者的接受程度，提醒人们关心母亲、珍惜亲情。的确，现代社会由于工作、生活的忙碌，很容易忽视亲情的沟通。百消丹公司送鲜花、送祝福活动恰恰勾起了人们亲情沟通的冲动。百消丹公司的这一活动加强了与消费者的沟通，引起了消费者的广泛共鸣，可谓独辟蹊径，值得借鉴。

(四) 供货商、销售商关系的协调

组织与供货商、销售商的关系同属于商业伙伴关系。组织在生产经营过程中，离不开商业伙伴的配合与支持，但与商业伙伴之间会经常产生矛盾、摩擦和冲突。所以，搞好与供货商、销售商的协调也很重要。

1. 与供货商关系的协调

任何组织都离不开供货商为其提供货源，包括各种设备、能源、原材料、劳动服务等。供货商能否提供优质廉价的货源，直接关系到组织能否提供消费者所需要的优质廉价的产品和服务。同时，供货商还能为组织提供有关市场、原料、物价、消费倾向及其他组织的生产经营动态等信息。可见，搞好与供货商的关系，对于组织的经营和发展是十分重要的。要处理好与供货商的关系，应遵循以下几个主要原则。

(1) 互惠互利原则。在组织与供货商之间发生利益冲突时，应力求在目标一致的前提下，以大局为重，通过协商，以互谅互让的精神，求得互惠互利。不应只考虑自己组织的利益，不顾对方需要和目标，更不应以损害对方利益的手段来达到自己的经营目的。否则，不仅违反商业道德，也将严重破坏双方关系和组织的形象。

(2) 平等协商原则。组织与供货商之间虽然各自归属、职能、经营目标等不相同，但它们都是相对独立的经济实体，彼此都是平等的，不能以大压小，以强凌弱。应以平等的身份相互协商，了解彼此的需要和意见的异同，争取达成一致的协议。不应过分强调自己的利益和需要而全然不顾对方的利益和需要，甚至伤害对方的利益。

(3) 真诚相待原则。组织与供货商之间是互相依赖、互相需要的，所以双方在解决利益矛盾时都应该真诚相待，树立整体观念，不存心欺骗对方和社会公众舆论，真心实意地解决存在的问题和矛盾。如果缺乏解决问题和矛盾的真诚愿望，以欺骗手段为组织赢得暂时利益，不仅损害对方利益，从长远看也将损害组织自身的利益，落得害人又害己的结果。

组织在处理与供货商的关系时，除了要遵循上述原则外，还要重视与供货商之间的信息交流。作为组织公关部门还要重视对采购人员加强协调原则与技巧的培训。

2. 与销售商关系的协调

尽管组织可以直接销售自己的产品，但由于资金、人力、物力和市场等原因，组织的产品大部分要通过销售商才能为消费者所获得。因此，与销售商建立良好的关系，不仅有利于产品和服务的推销，而且可以通过在销售商中树立良好形象，促使他们自愿宣传、推广组织的产品，提高组织在消费者中的声誉，充分发挥销售商的“桥梁”和“纽带”作用。搞好组织与销售商关系的方式有以下几种。

（1）为销售商提供适销对路的商品。为了与销售商建立良好的关系，组织必须为销售商提供各种适应市场消费者需要、质量优良、价格适宜、设计新颖的商品，这是良好销售商关系的物质基础。

（2）为销售商提供各种良好的服务，包括技术服务、销售服务、管理服务、广告服务等。技术服务是指组织应该为销售商提供各种必要的技术培训，帮助他们掌握产品的性能、使用、保管、维修等方面的技术。销售服务是指组织要帮助销售商掌握市场行情，改进销售方式和手段。管理服务是指组织应帮助销售商改善管理方式，提高管理水平，以适应经销商品的要求。广告服务是指组织为销售商提供必要的广告样本、广告工具或广告媒介，让他们能够很方便地做组织产品广告的宣传。组织帮助销售商提高技术水平、管理水平和销售水平，提供必要的广告服务，不仅是自己的责任，也有助于吸引更多的销售商，对本组织的生产经营活动也是一种帮助。同时，在销售商遇到与销售有关的困难时，组织应给予必要的资金、人力、物力、舆论等方面的支持，从而调动销售商对销售本组织产品的积极性。

（3）与销售商进行信息交流。组织应该与销售商建立经常、稳定的信息交流关系。这种交流不仅能够促进双方形成良好、和谐的关系，加深双方的相互了解，还能调动销售商的积极性。信息服务可以通过多种形式进行，如举行销售商招待会、订货会、协作会；发行各种刊物、小册子、年度经营情况报告，向销售商介绍组织的生产、经营、销售、赢利、社会公益等方面的情况；举办产品展览，邀请销售商来参观；通过电话、直接交谈、信函来往等方式与销售商保持联系，促进双方感情交流。

二、与新闻媒介关系的协调

新闻媒介关系是指组织与新闻传播机构及其工作人员的相互关系。新闻媒介公众被称为“无冕之王”，是一种特殊的公众，具有双重性。一方面，新闻媒介是组织与公众实现广泛、有效沟通的必经渠道，具有工具性；另一方面，新闻媒介又是组织必须特别重视的公众，具有对象性。新闻媒介不仅是组织输出信息与输入信息的主要通道，而且是组织获得社会舆论支持的重要中介。与新闻媒介处理好关系，赢得新闻媒介对本组织的了解、理解和支持，通过新闻界实现与公众的广泛沟通，就能形成对本组织有利的舆论氛围，提高组织对社会的影响力。为此，组织应努力做好以下几方面工作。

1. 熟悉新闻媒介

公共关系人员要了解新闻界人士的职业特点，遵守他们的职业准则，尊重他们的职业道德；熟悉各种新闻媒介的报道特色、编辑方针、编辑风格、版面安排、发行时间和渠道以及各自拥有的读者、听众、观众的情况等；掌握基本的新闻写作知识和技巧。只有这样，公关人员在与新闻界打交道时才能做到得心应手。

2. 与新闻媒介保持经常联系

公共关系人员应当加强与新闻媒介的日常交往，广交朋友。如重大节日向新闻界发送贺年片、纪念品，举办各种形式的联谊活动，增加组织公共关系人员与新闻界人士的个人友谊；也可以主动邀请新闻界人士参观，通过让记者了解组织的各方面情况，也可为组织提供新闻宣传的机会。

3. 支持新闻界人士的工作

应本着热情友好，实事求是，一视同仁，以诚相待的原则，对记者的采访提供必要的支持和帮助。向新闻界提供的信息应实事求是，不能隐瞒事实真相，欺骗社会公众，尤其是遇到有损组织形象的事情，更应积极与新闻界配合，力争挽回影响，重塑组织形象。对待新闻媒介要一视同仁，千万不能重大报，轻小报；重电视，轻电台；重名记者，轻小记者。千万不要拒绝记者采访，要为记者设身处地着想，积极主动地为记者安排与组织领导人或有关专家见面，及时为记者提供有价值的信息，以便新闻媒介客观地报道组织的政策和活动。

4. 主动向新闻媒介提供组织信息

公共关系人员应主动向新闻界提供有新闻价值的素材，如有关新产品、新生产线投入使用，组织的重大庆典，产品价格的大幅度调整等具有一定新闻价值的信息。公共关系人员还应善于通过“制造新闻”去争取引起新闻界的注意，塑造组织的形象。所谓“制造新闻”就是组织以健康正当的手段，有意识地采取既对自己有利，又使社会和公众受惠的行动，去引起社会公众和新闻界的关注。例如，当年海尔的张瑞敏当众砸次品冰箱的事件就是很好的新闻事件，至今令人津津乐道。有了好新闻，媒体会主动来为你炒作，既是最好的软广告，又能促进与新闻媒介的关系。

5. 正确对待媒介的批评报道

当媒介发表了不利于组织形象的批评报道后，组织应虚心接受并及时采取补救措施，挽回不良影响，并恳请再予传播，切不可对媒介的批评报道置若罔闻，甚至反唇相讥。如果媒介的批评报道有失实之处，亦应诚恳地向媒介提供真实情况，澄清事实真相，切不可剑拔弩张、兴师问罪，或得理不饶人。

三、与社区关系的协调

社区关系是指组织与所在地地方政府、社会团体、单位、居民之间的睦邻关系。任何组织都生存于一定的社区之中，组织的活动、员工的生活与社区有着千丝万缕的联系。组织的生存发展依赖于所在社区的各种社会服务，如交通、水电供应、治安保卫、消防等。组织员工及家属都生活于所在社区，他们的日常生活依赖于社区内的各种公共利益部门，如社区内的商店、学校、医院、文化娱乐场所等。社区是组织劳动力的重要来源，雇用当地的员工，可减少住宿等费用，加强与社区居民的联系。社区还是组织最稳定的顾客和消费者。可见，建立良好的社区关系，争取社区公众的理解、支持与合作，对于组织的生存与发展具有重要意义。

1. 积极履行应尽的义务，做社区“合格公民”

组织作为社区的居民，必须遵守地方法规，服从当地政府的领导，做到安全生产，守法经营，照章纳税，保护环境等。要避免或纠正组织行为对社区的不良影响，妥善处理与社区出现的矛盾。有条件的组织，还应将自己的文化、福利设施向社区公众开放。

2. 热心社区事业，争做社区“好公民”

组织要关心和支持社区建设，积极参与社区的各项公益活动，努力为社区出力、做贡献。如赞助社区文化、体育活动；资助养老院、残疾人基金会等社会福利机构的活动；资助社区办学，发展社区教育事业；当社区发生天灾人祸等意外事故时，积极为社区排忧解难等。这样，才会受到社区的欢迎。否则，组织对社区事业毫不关心，“一毛不拔”，就不会在社区有好“人缘”。

3. 加强与社区公众的沟通

加强与社区公众的沟通包括增进组织对社区的了解和促进社区对组织的了解这两个方面。一方面，要增进组织对社区环境的了解。比如，开展各种方式的社区关系调查、意见征询和交流。通过这方面的工作，组织的公共关系部门可以提高社区公共关系工作的针对性。另一方面，要促进社区公众对组织的充分了解。组织应当主动和经常地向社区通报情况。比如，可以通过大众传播媒介和各种印刷品等努力宣传组织；可以通过邀请社区公众参加座谈、参观、联谊活动等方式加强情感交流；还可以通过积极参加社区活动，使社区对组织有更多更细致的了解和认识。

四、与政府关系的协调

政府是国家权力的执行机关，是国家对社会进行统一管理的权力机构。它既包括不同行政层次，比如中央政府和各级地方政府，也包括不同职能部门，比如公安管理、司法管理、工商管理、税务管理、海关管理、物价管理等。任何一个组织作为社会的一分子，都不能超越政府的管理，与政府关系是各种组织都避不开的一种关系。良好的政府关系，有利于组织赢得政府的信任和特别关照。要处理好与政府的关系，组织应当做到以下几点。

1. 做政府的"模范公民"

这是构建良好政府关系的基本要求。政府是社会的管理者，而社会中各种社会组织五花八门，具体条件和自身素质以及行为方式也千差万别，所以，政府对社会的管理是极其复杂和繁重的工作。政府期望每一个社会组织都能服从大局、服从管理，做政府的"模范公民"。因此，组织就应当把国家利益放在第一位；应当模范遵守国家的法律、政策；应当替政府着想，为政府分忧。做政府的"模范公民"，是协调社会组织与政府关系的有效原则和方法，是公共关系协调中"公众第一"原则在与政府关系协调上的体现。

2. 熟悉政府颁布的有关政策、法规

目前，政府对组织的行政干预减少，主要通过政策、法规来管理社会组织，组织的一切活动都必须在国家政策、法律允许的范围内进行。因此，组织必须熟悉政府所颁布的政策、法规，并及时了解政策、法规的变动，根据变化及时修正组织的方针政策和实际行动。此外，政策相对于法律来说灵活性、变通性大，熟悉政策，才能灵活运用，并最大限度地使组织受惠。

3. 熟悉政府机构的组织结构及职能

政府机构上至国务院、省、市、县政府，下到街道办事处，其层次各不相同，有的是组织的直接领导，有的是间接领导。组织与政府日常交往的对象是其主管部门或一些相关的具体部门，而并不需要与所有政府部门打交道。熟悉政府机构的内部分工、工作范围、办事程序，并与有关部门的工作人员保持应有的联系，可减少"公文旅行"、"踢皮球"现象，提高办事效率。

4. 加强与政府的信息交流

组织除了要了解国家的方针、政策、法规外，还应及时将组织的具体情况反馈到政府的有关部门，根据本地区、本部门、本行业的特殊情况，主动提出政策、法律建议，并通过适当的渠道进行宣传、说服工作，尽量争取有利于自身发展的制度、政策。

5. 扩大组织在政府部门中的影响

组织应把握一切有利时机，扩大本组织在政府部门中的信誉和影响，使政府了解组织对社会、国家的贡献和成就。如利用新厂房落成、新生产线投产、组织周年庆典、新技术新产品问世等机会，邀请、安排政府主管部门领导及党政要人出席组织的重要活动，主持奠基仪式或落成剪彩。参观新设备、新产品，通过种种专题活动，提高政府部门对组织的信心和重视程度。

6. 建立与政府官员之间的经常联系

组织领导及公共关系人员要经常以个人身份参加政府机构举办的各种活动，加强与政府官员的私人往来，通过交流了解组织所需的各种信息及政府部门对组织的意见、建议，及时调整自身工作。

【公关链接】

跨国公司政府公关的原则

（1）坚持合法性原则，不触犯国家法律；

（2）坚持长期性原则，不搞短期性行为；

（3）坚持整体性原则，绝不各自为战；

（4）坚持塑造公司领导人的良好个人形象；

（5）坚持与媒体搞好关系。

【案例分析】

IBM的社区公关

IBM进驻台湾地区后，坚持“组织并非只是赢利，取之于社会，用之于社会”的经营理念，从事很多社区公益事业，并取得了很大的社会影响，1992年获得公关基金会评选的“最佳社区关系奖”。

该公司具有一个专门从事公益活动的公共服务部，该部门对于公益事业的选取，采取了“宁为鸡头，不为牛后”的原则——不做那些组织一窝蜂都去做的事情，而是洞察先机，挖掘别人尚未发现的而又是社会急需解决的社会问题。

为此，该公司组织了多项社会公益活动，其中最著名的是改善社区环境的

“认养地下道”和“认养民权公园活动”。

为了清除社区环境的死角，消除地下道脏乱和犯罪根源，IBM 公司首先开始了别人不易想到的“认养地下道”活动。第一，估计该活动需要的经费；第二，邀集社区伙伴，发挥众人力量，再找市政府协商，共同解决所需要的庞大经费；第三，在取得政府支持后，在 1990 年 8 月与另外 4 家组织共同认养了部分地下道。该活动取得了极大的成功，1993 年《卓越》杂志以投票的方式选举重视社会责任的组织及积极参与社会公益事务的组织，IBM 公司分居第二名和第三名。

在“认养地下道”活动的成功带动下，IBM 的公关服务部又进行了“认养”台北民生区民权公园的活动。此次活动的主题是环保，该公司在认养民权公园之后，发动员工以及员工家属 300 余人参与民权公园的清理工作。在 IBM 的精心护理下，民权公园焕然一新，并连续两年被台北市政府公园路灯管理处评选为认养绩效第一名。

【案例讨论】

结合案例分析组织处理社区关系的关键是什么？

【本章小结】

努力协调好组织的内外部公共关系，为组织创造和谐的公共关系环境，是实现组织目标与可持续发展的必要条件。公共关系协调的原则是自觉原则、公众第一原则、传播沟通原则。公共关系协调的内容主要有利益协调、态度协调、行为协调三个方面。

组织的内部公共关系包括组织或组织的公共关系部门与组织内部其他部门员工，与非正式组织，与股东的关系等。其中员工关系的沟通与协调尤为重要。在处理员工关系时，首先要明确组织与员工关系的焦点是利益。其次，在此基础上确定与员工沟通的内容并正确选择同员工沟通的方式。最后，应该创建优秀的、个性化的组织文化，以此增强组织的凝聚力和提高员工的创造力。而协调好股东关系，吸引更多的投资者，稳定已有的股东队伍是组织内部公关的新课题。尊重股东、对股东负责、为股东谋利益是构建良好股东关系的基本要求，加强信息沟通，是构建良好股东关系的基本途径。

处理好与消费者关系是组织创造良好公共关系环境的轴心。要与消费者建立良好关系，关键是要维护消费者正当合法的权益，为消费者提供满意的产品和服务。公共关系可以帮助组织树立正确的经营理念，同时运用科学的方式与消费者沟通与协调。

组织外部公共关系除与消费者的关系外，还有与供货商，与销售商，与新闻媒介，与社区，与政府部门的关系等。要处理好组织的这些外部关系必须遵循相应的原则并采取相应的方式方法。

【课后实训】

1. 以小组为单位替你所在的组织写一份如何处理好内部公共关系的建议书。

2. 分析你所在组织有哪些社区公众，写一份如何处理好与这些社区公众关系的建议书。

3. 深入调查一家组织，就消费者关系或媒介关系制订一份公共关系活动方案。

第七章

公共关系专题活动

本章导读

专题活动是围绕一个明确的主题而开展的特殊公共关系活动。它是组织就某一方面的问题与公众进行重点沟通的方式，公共关系的目标正是通过一系列的专题活动而实现的。

专题活动的种类很多，如庆典活动、联谊会、展览会，交际舞会、记者招待会、赞助活动等，这些活动有它们共同的特点，因而也就有举办这些活动的普遍性方法，即公共关系的一般工作程序法。但是，这些活动往往有不同的具体工作，也就有了不同的具体工作步骤和方法。

学习目标

1. 理解公关专题活动的基本特点。
2. 了解公关专题活动的类型。
3. 了解公关专题活动的程序。
4. 掌握常见公关专题活动的组织方法。

课前思考

1. 你参加过一些组织的公关活动吗？这种活动有什么特点？
2. 为什么现在的组织都热衷于公益活动？公益活动对组织有什么好处？
3. 怎样才能组织好一次成功的新闻发布会？

第一节 公共关系专题活动概述

公关专题活动是组织为塑造自身形象围绕某一公共关系主题，有计划、有步骤组织目标公众参与的集体行动，是组织与公众沟通的有效途径。公关专题活动有鲜明的目的性，以公共关系主题传播为目的。公关专题活动有清楚的诉求对象，这些对象是公关的目标公众。公关专题活动是有计划的、有步骤开展的团体活动。

一、公共关系专题活动的基本特点

（一）针对性

公关专题活动是在审时度势后，根据组织或公众的某种特殊需要而举办的，这就使得它的目标明确，活动比较集中，能较好地解决某一特殊问题。

（二）传播性

公关专题活动的策划者把活动作为一个信息传播的载体，通过活动把信息传达给活动参加者，并且进一步通过参与者的人际传播把信息传播到更大的范围。

（三）协调性

公关专题活动的协调性表现在专题活动过程的各个方面与各个环节。第一，目的与内容的协调。一个既定的目的，要通过内容来兑现，两者之间协调，策划构思才能实现。第二，内容与形式协调。第三，实施操作管理的协调。公关专题活动在实施管理过程，管理事项纷繁复杂，各个实施项目之间要综合协调，否则专题活动就难以实现既定的目的。

（四）效率性

公关专题活动讲求效率性，主要体现在两个方面。第一是投入与产出的概念，一个专题活动，应该讲究投入了一定的人力和物力，能产生多少效益。第二是现代社会的人们讲究时间观念，参与活动的公众付出了时间的代价，活动策划者应该予以有效的回报。

（五）灵活性

公关专题活动方式多样，举办时间的长短随活动而定，其规模大小随需要而定，活动内容也可以根据需要不定期安排，在活动过程中也可以做适时调整。

二、公共关系专题活动的基本类型

公关专题活动有许多不同的类型，主要有以下几种划分。

（一）按公关专题活动的规模分类

（1）大型系列活动。以同一目标为出发点，形成不同内容、不同形式、不同场所，或由不同机构，众多人参加的多项活动。

（2）大型活动。有目的、有组织、有计划的众多人参加的协调行动。

（3）小型活动。在某个机构场所和人员范围内举行的或人数在100人以下的活动。

（二）按公关专题活动场地分类

（1）室外活动。在室外进行，受天气影响大，要考虑天气状况，布置物的安全性，公众对环境的适应性等。

（2）室内活动。主要考虑室内通风设施安全性，房间的整洁性，出入通道是否畅通。

（3）野外活动。活动在野外进行，要考虑活动中一些在都市活动中不需要的设施，如救伤设施、通讯交通设施等。

（三）按专题活动性质分类

（1）商业性活动。商业促销活动，商业推荐活动等。

（2）公益性活动。环保、敬老、慈善、救灾活动等。

（3）专业性活动。科技、文学、艺术、体育等某一专业内容十分突出的活动。

（4）社会工作活动。属于社会工作范畴类的活动，如道德，公民教育等。

（5）综合性活动。集各种性质为一体的活动。

（四）按专题活动形式分类

（1）会议型活动。新闻发布会，研讨会，洽谈会，交流会，鉴定会和培训类活动。

（2）庆典型活动。奠基典礼，周年庆典，落成典礼，开业典礼，颁奖典礼，庆功会等。

（3）展示型活动。展览会，展销会，促销活动等。

（4）综合型活动。集各种活动形式为一体的系列活动。

三、公共关系专题活动策划的内容及实施的程序

（一）公关专题活动策划的内容

（1）分析组织形象现状及原因。组织形象现状及原因的分析工作，实际上就是要求在公关策划之前，对组织形象现状进行诊断，从而为选择公关活动目标和方法提供依据。

（2）确定目标要求。一般来说，所要解决的问题就是公关活动的具体目标，它服从于树立组织形象这一总体目标。在策划时，公关活动目标应明确、具体，具有可行性和可操作性。

（3）设计主题。公关活动的主题是对公关活动内容的高度概括，它对整个公关活动起着指导作用。主题设计得是否精彩、恰当，对公众活动成效影响很大。

公关活动的主题看似简单，实非易事。设计一个好的活动主题一般要考虑三个因素：公关活动目标，即公关活动的主题必须与公关活动目标相一致，并能充分表现目标；信息特性，即公关活动主题的信息要独特新颖，有鲜明的个性，突出本次活动的特色；公众心理，即公关活动主题要适应公众心理的需要，主题要形象，词句能打动人心，使之具有强烈的感召力。

（4）分析公众。公关活动是以不同的主题对不同的公众展开的，而不是像广告那样通过媒介把各种信息传播给大众。因此，只有确定了公众，才能选定哪些公关活动方案最为有效。不同的公众群体有着不同的要求。

（5）活动方式选择。公关活动方式的选择是策划的主要内容。通过什么方式开展公关活动关系到公关工作的成效。选择活动方式是创造性的工作。公关活动是否新颖、有个性，关键取决于策划人员的创造性思维是否活跃。因此，在选择活动方式时，要充分发挥策划人员的独创能力和潜在能力。

（6）经费预算。公关专题活动的经费预算项目一般是由10个部分组成：①场地费用，包括场地使用权的租赁费；②物资费用，包括活动使用的各种道具、器材、设备、文具、礼品及布置场地物品所需的费用等；③礼仪费用，包括礼仪性项目的开支，如邀请乐队、仪仗队、文艺演出的费用等；④保安费用，包括活动期间保卫工作、安全设施、保健项目等费用支出；⑤宣传费用，包括用于活动宣传方面的开支，如摄影、录像、广告宣传、宣传品印刷、展示费用等；⑥项目开支，包括交通运输费、差旅费、办公费等行政性开支或代付费用；⑦餐饮费，假如活动项目中有宴会或餐饮计划，需要安排这一项目；⑧劳务费，包括公关人员和其他劳务人员的薪水；⑨不可预算的费用，包括应急费和大型活动常常有的许多不可预算的开支，通常在这一类费用列支，一般是

以活动费用总额的5%～10%计算；⑩承办费，假如是委托专业公关机构承办的，必须支付承办费，这一费用实际是包括了承办机构的管理费。

（二）专题活动实施的程序

（1）制订实施方案。公关策划人员需要列出具体的实施方案，列出各项筹备工作的要求，列出工作计划的进度表。在拟定实施方案的同时，有两项工作是十分重要的，一是拟订财务开支的计划，二是办理公关专题活动的报批手续。

（2）筹备工作阶段。这一阶段主要的工作有3个方面：一是全面展开各项筹备工作；二是拟订应急程序计划；三是拟订具体的传播计划。

（3）活动进行。这是最紧张的工作阶段，关键是做好现场的指挥和协调，要做到有条不紊，需要优秀的综合管理能力。

（4）活动评估。每一项公关专题活动计划实施之后，都应该进行评估工作。

【案例分析】

宏大创意与完美细节的经典结合

——AIG“丝绸之路”庆典活动案例

1919年康那利斯·斯达在上海创立了一家小型保险公司，进军人寿保险市场。在这之前根本没有其他西方公司做过这门生意，康那利斯·斯达其后将业务扩展至西方，令AIG成为全球知名的机构。于是在AIG以及“丝绸之路”的发源地，AIG决定举行一次规模空前的庆典活动，来庆祝公司悠久的历史以及所创造的辉煌成就。此次为期3天的庆典活动在2005年6月初举办，参加人数近400人。

一、居庸关长城圆了绚丽的东方梦想

追本溯源，AIG在中国这片土地诞生，在西方成长，“丝绸之路”这一主题恰如其分地表达了AIG与中国的关联。

首要任务，是寻找一个蕴含东方气质的户外场地。在这场为期3天的活动中，第二天晚上的户外晚宴需要特别斟酌。北京的历史景点确实不少，如午门、太庙、故宫、天坛、颐和园等都是上上之选。可要是再考量场地容量、交通、租金、报批手续和搭建等因素，现有的选择竟然无一完美。居庸关长城最终为所有人圆了一个绚丽的东方梦想。但是莫测的天气变化让户外晚宴极易遭受风雨侵袭，而长城自身没有室内场地容纳如此巨大的人群和餐饮供应。

那么，备选场地将设在哪里？

福莱公司在距长城只有10分钟车程的“长城脚下的公社”找到了理想的

室内备选场地。即使下雨，蜿蜒在山间的长城仍然隐约可见。

场地的确定，赋予现场布置以极大的发挥空间。在辽阔深远的夜空下，以雄伟的长城做大背景，运用光影勾勒历史的轮廓并彰显现代的华丽。此时此刻，欣赏一组大气而纯粹的中国风味的演出，已成为所有来宾的期待。

二、活动内容尽情演绎阳刚与柔美

兼具东西方神采的表现形式是庆典的点睛之笔。公关公司经历了一个艰苦的提案、推翻、再提案的过程。为了保证表演的质量，福莱公司的工作人员在一年半的时间中，与数个知名的文艺团体进行接触和协商。最后确定了少林武僧表演，由于近年来少林武僧作为中国文化交流的使者经常出访欧美国家，他们已经在国外树立起很高的知名度和美誉度。与至刚至猛的少林武术反差极大的是女子十二乐坊的柔美和玲珑。

三、计划制订周详，措施落实得当

组织者意识到只有注意细节，耐得麻烦才能避免于千头万绪中出现慌乱。活动进行的每一个步骤，组织方与活动方的协调，来宾的安置，来宾与活动的融合等，都需要确保万无一失。尽管 AIG 丝绸之路庆典只在北京举行了为期 3 天的活动，但实际上，福莱公司却为了准备实施这个案子经历了整整 3 年的筹备工作。

四、细节执行完善才能成就大局完美

富有创意且周详安排，加上完美的执行细节，使组织者看到了最后的成功。2005 年 6 月 7 日，一场盛大的充满中国特色的晚宴给活动画上了圆满的句号。3 天的活动，客户得到了满意的答卷，组织者获得了宝贵的经验财富。

【案例讨论】

1. 结合案例，分析从策划到实施怎么样才能确保专题活动成功地举行？

第二节 公共关系主要专题活动

一、组织庆典活动

社会组织内部发生值得庆祝的重要事件时，往往会举行隆重的庆典活动。这种庆典活动实际上也是一种展示组织形象、提高社会知名度的公关活动。

组织庆典活动有3大效应：引力效应、实力效应、合力效应。引力效应指组织通过庆典活动吸引公众的注意力。实力效应指通过举办大型庆典，显示组织强大的实力，以增加公众对组织的信任感。合力效应指开展大型庆典，能增强组织内部职工、股东的向心力和凝聚力，提高公众对组织的信任感。

（一）庆典活动的类型

1. 开业典礼

开业典礼，是组织或企业向社会和公众第一次展现自身，以引起社会与公众关注的公关专题活动。开业典礼不同于组织平常的活动，鉴于其特殊性和隆重性，往往会引起社会公众较多的关注，因此是扩大组织社会影响的极好机会。由于开业典礼一类的活动已经司空见惯且很容易雷同，很难引起人们的注意，且开业典礼又是社会组织的第一次“亮相”，因此，举办开业典礼要精心策划，力求创新。

2. 周年纪念庆典

社会组织利用本单位的周年纪念日，尤其是逢5年、10年的纪念日举行庆典活动，既可以对外宣传本单位的成就，扩大社会影响，又可以对内展望未来的远景，鼓舞士气，凝聚人心。从这个意义上看，周年纪念庆典也是一种很好的公关活动。

3. 剪彩仪式

通常，在开工典礼、竣工典礼、奠基仪式、开业仪式、展销会、展览会等活动上都要举行剪彩仪式。

【案例分析一】

百年青啤　盛世庆典

2003年8月15日，青岛啤酒股份有限公司迎来百年华诞。青啤的百年庆典将围绕百年做文章。

零点行动，聚焦百年。14日23时30分至15日凌晨，在青岛啤酒厂，把百年最后生产的一百箱啤酒，装入特制的木桶精装后赠送贵宾；在青岛啤酒二厂，把新百年最先生产的一百桶纯生啤酒装入特制的木桶精装后编号、公证后赠送贵宾，并将新百年生产的第一桶啤酒作为青岛啤酒百年庆典和十三届啤酒节开幕式将开启的第一桶啤酒，象征青啤新百年正式启程。

8月15日上午9时在啤酒城门前青岛啤酒百年华诞庆典仪式与第十三届青岛国际啤酒节开幕式一起举行。

8月15日晚22时，五四广场浮山湾海面、畅海园内、第三海水浴场、小青岛、北岭山、啤酒城东区广场，青啤公司投资240万元筹备这场以“青岛啤酒点燃激情”为主题的焰火晚会，献给岛城人民。

8 月 15 日—23 日，青啤公司已投资 100 余万元，设计制作了 10 辆彩车（每辆车代表 10 年，10 辆车共代表 100 年），并且组织了菏泽武术队、陕西腰鼓队和江铃吉普车队、青啤爵士鼓乐队，开幕式之后在啤酒城门前等道路上巡游。节庆期间，利用一周的时间在啤酒城和主要繁华街道陆续进行巡游。

8 月 15 日青岛啤酒博物馆开馆，青啤公司已投资 2 000 多万元，请国内外著名设计师设计，建造世界先进、国内一流的啤酒博物馆。

9 月在德国柏林举行建设青啤纪念亭及举行落成剪彩仪式和“百年青岛、百年青啤”图片展。

【案例讨论】

1. 组织的庆典活动通常在什么情况下举行?

（二）庆典活动的组织工作

1. 要明确庆典活动的主题，围绕主题来安排活动内容

每次庆典活动都有一个事由，这不仅是一个名目，还是一个形式主题。公关人员根据组织需要和公众的需要进行精心设计，还可以在形式主题下巧妙地再插进一个主题。在确定真正主题后，再围绕主题来安排有关活动内容和活动形式。

2. 拟定庆典活动的程序，落实有关任务，明确职责分工

庆典活动一般都比较盛大，工作任务繁重，需要组织内部有关人员密切配合，共同完成。要做到有条不紊，忙而不乱，就要确定庆典活动的程序，并按照典礼规格确定司仪，按照有关活动内容将任务具体落实到人。尤其是后勤工作和组织工作一定要有专人负责，对负责签到、接待、摄影、录像、音响、现场布置等人员要讲清活动内容、礼节、纪律等要求，在庆典活动前要仔细检查有关设备和材料。

3. 拟定邀请的宾客名单

邀请的宾客应包括政府有关部门负责人、社区负责人、知名人士、社团代表、同行业代表、新闻记者、公众代表等。拟定好名单后，应将请柬于一至两周前送达出席人员手中，以便被邀请者安排时间，按时出席庆典活动。

4. 确定致辞人员和双方剪彩人员名单

参与致辞的人员要有一定的代表性，或有一定的社会地位，参与剪彩的主办方人员应是组织的负责人，客方人员应约请地位较高的和有一定声望的知名人士。

5. 利用新闻媒介做庆典活动的信息传播工作

能够参加庆典的公众毕竟有限，庆典活动作为公共关系活动应争取传播到更大公众范围中去，这就需要借助新闻媒介来扩大影响。要事先确定好要请的新闻媒介名单，安排专人接待新闻记者，为他们提供方便。大型的庆典活动最好设立新闻中心，其组织方法与新闻发布会相似。

【案例分析二】

“上帝”剪彩与同庆生日

青岛星火家具大世界开业之际，举行了一场别开生面的开业仪式。开业仪式上，既听不到震耳欲聋的鞭炮轰鸣，也看不到成群结队的领导光临，伴随阵阵悠扬悦耳的军乐声，商店工作人员向在场的第一批顾客散发了20束鲜花，然后由得到号码8、18的两位顾客当众为公司剪彩。

此时此刻，此情此景，人们感到顾客就是“上帝”已不再仅仅是商店里装点门面的标语条幅。

长沙友谊华侨公司于1990年11月中旬开始进行店堂装修，营业面积扩大四百多平方米，商品品种增加二百余种，准备在1991年元旦重新开业。他们邀请广州乐华电子联合有限公司为联办单位，赶置了一批精巧的生日纪念卡和小礼品，接着在报纸和电视上打出广告，邀请市内历年元旦出生的人趁“友华”重新开张之际，来店同庆节日之喜。

一位81岁高龄的老人闻讯后，高兴地说：“我活了81岁，从来没有看到过商店为顾客过生日的，今天看到了。”他特地打发60岁的儿子到店里代他受喜。进得店来，这位花甲老人替父亲领了生日纪念品后，又被琳琅满目的商品所吸引，边看边买，出店时，大包小盒提了一大串。下午两点钟，一名男子手持医院证明来到店里，说他女儿当天上午10点钟才降生。经理代表公司向他表示祝贺，并向他女儿赠送礼品，他激动地说：“你们给顾客带来了生日的乐趣，把‘友华’的美好情意送到了顾客心里。”到下午5点钟，共发出生日礼品千余份，而商店的客流量已超过20万人次，销售额达100万，相当于过去日平均数的十几倍，创该店历史上的最高纪录，并为以后扩大销售奠定了良好基础。

【案例讨论】

1. 分析案例中两家企业开业庆典活动的成功之处在哪里？

二、开放参观活动

这里的开放参观活动，指的是社会组织邀请内外公众（主要是外部公众）参观本组织的工作条件、环境设施、成就展览等，是公关实务中经常使用的一种团体性专项公关活动。其目的是增进组织与某类重要公众之间的双向了解；消除某些公众对组织的一些偏见和误解；亲善社区或邻里关系，增强组织与公众的联系。

（一）参观活动的作用

1. 提高社会组织的透明度

社会组织对外开放参观，无疑是主动把自己暴露在公众的视线下，让公众直接了解组织各方面的情况，大大提高组织的透明度。

2. 增加社会组织的“人情味”

组织对外界开放，通过对来宾的礼貌接待，可博取公众对自己的好感，缩短组织与公众之间的距离，促使感情互动，增添组织的人情味。

3. 为组织与公众直接沟通提供机会

开放参观的过程就是组织领导人与工作人员同各界参观者直接接触的过程。通过演讲与座谈，介绍组织的情况，回答和解释参观者提出的问题和疑虑，倾听参观者的意见和建议。

4. 形成一种压力，促使组织总体素质的提高

组织要对外开放参观，就必须注意自己的环境形象，人员素质形象，以便给观众留下一个好的印象。所以，无形中会对组织产生一种压力，促使管理者努力提高管理水平，促使全体员工注意自身的言行，使组织的总体素质得以提高。

5. 消除公众对组织的误解或疑虑

一个组织难免会由于某些客观或主观因素的影响，让某些公众产生误解或疑虑。在这种情况下，对外开放参观就是一剂消除误解，排队疑虑的良药。例如，靠搞炸药起家的杜邦公司最初生怕新闻媒体找麻烦，因而层层戒严，绝对不让记者进门，更不能采访报道。但是，在公众中传播的谣言却越来越多，最后，社会上甚至形成了一种可怕的印象：杜邦——杀人。杜邦心想，自己搞炸药，本是一项化学工业，也是为民造福，怎么偶尔有几下砰砰声，就成了杀人犯了呢？为此杜邦好不苦恼。一位在报界工作的朋友告诉他：与其“闭关锁国”，不如“对外开放”。杜邦听此妙言，茅塞顿开，不仅采纳了这一建议，遇事干脆让记者进厂参观，介绍情况，由他摇动笔杆，将真相告诉公众。很快，杜邦公司纠正了过去由于各种爆炸事件和遮遮盖盖给人们造成的坏印象，开始

得到公众的好评。

（二）开放参观活动的对象

参观活动的对象既是考虑参观者的代表性，又要重视特定的目标公众，同时也要考虑组织的承受能力。如果参观者像潮水般涌来，组织就可能疲于奔命和应付，因此参观对象要仔细选择和确定。参观活动的对象主要包括以下几类。

（1）目标公众。包括客户、经销商、消费者、原材料供应者、生产协作者、运输部门等。

（2）一般公众。包括社会团体、学校、文化单位、研究机构、社会各界代表、职工家属、社区居民等。

（3）股东公众。包括股东、证券商、证券专家和从业人员，证券主管部门等。

（4）党政部门。包括各级党政部门、主管部门、上级部门等。

（5）其他相关部门。包括银行、金融机构、保险公司、新闻媒介、司法部门、环保部门等。

（6）社会名流。包括专家学者、各类明星、新闻人物等。

（7）国外投资者、外国客商、观光者、新闻人物等。

（8）各类慈善组织和社会福利团体等。

（三）开放参观的活动组织

要使开放参观活动取得良好的公关效果，应当做好周密的组织工作。

（1）开放参观前的准备工作。①确定开放参观的时间，注意开放参观时间的合理性。②准备好宣传资料。主要是供参观用的小册子及说明书，内容应简明扼要，可介绍参观的一般过程及本单位的基本情况。小册子要带有纪念意义。还须准备好介绍组织情况的幻灯片、录像片和电影资料等。③准备好展览用的实物和模型。展示一些实物可以起到引导参观的作用。④准备好辅助设施和纪念品。如停车场地，休息场所，会议厅等。⑤挑选和培训工作人员。主要是接待人员、陪同人员和讲解员。

（2）参观过程中的接待工作。①先给参观者放映介绍组织情况的幻灯片、录像片、电影资料等，分发说明书、宣传小册子，并请组织负责人讲话，帮助观众了解组织的概况。②引导并陪同参观者沿预定路线参观，同时作必要的介绍、解说，回答提问。③时间较长的参观，中间要安排适当的休息。④参观结束后，可与参观者座谈，最后分发纪念品。⑤在参观过程中，如果参观者提出特殊要求，工作人员要先与有关管理人员或负责人商讨后再作答复，以免妨碍正常工作或发生意外问题。

【案例分析三】

杭州电子科技大学第五届“后勤开放日”之参观食堂活动

2010年5月16日，由后勤服务总公司饮食服务中心、校膳食管理委员会主办的第8届“后勤开放日”之参观食堂活动在杭州电子科技大学下沙校区各大食堂举行。

食堂开放活动为同学贴近食堂、了解膳管工作提供了机会。当天，来自各学院的学生代表和现场报名的同学，在各食堂经理的带领下，分批参观了食堂的操作间，详细了解了食堂的管理、工作流程及食品安全卫生等各方面情况。各食堂经理热心为同学解答疑问，并表示随时欢迎同学们来监督、交流。

后勤开放日活动作为该校传统活动之一，充分发挥了联系学生与后勤的桥梁作用，增进了学生对学校饮食服务的了解，受到学生的一致好评。

【案例讨论】

结合案例，谈谈开放参观活动对组织而言有什么作用？

三、公关赞助活动

公关赞助是指组织通过无偿地提供资金或物质对各种社会公益事业做出贡献，以提高社会声誉，树立良好社会形象的公关专题活动。公关赞助是举办专题活动最常见、最重要的形式之一，因为它既可以为社会公益事业的顺利进行提供保障，同时又可以为各类组织的不断发展创造和谐的社会环境。因此，越来越多的盈利性组织纷纷以自己收益的一部分回馈社会公益事业，以表示它们乐于承担一定的社会责任和义务。

（一）开展公关赞助活动的作用

1. 为企业赢得良好声誉

组织通过对某些社会福利事业、社会慈善事业、社会公益活动进行赞助，可以在社会公众心目中留下关心社会、致力于公益事业的美好印象，受到社会舆论的好评，从而为组织赢得良好声誉。

2. 扩大企业的社会影响

企业在对公益事业，尤其是对体育比赛、文娱活动的赞助过程中，企业的名称和产品的商标等都会频繁出现在新闻媒介的广泛报道之中，进而形成一种广告攻势，本企业的知名度会大大提高，社会影响也会进一步扩大。

3. 博得社会公众的好感

开展公益活动首先是能使企业赢得与赞助项目直接相关的组织或公众的好

感，同时也能使组织赢得其他社会公众的好感，从而产生一种口碑效应。

4. 提高组织的社会效益

开展公益活动之后，组织赢得了社会公众的普遍好感，知名度与美誉度高了，组织的整体形象也好了。这些虽然不能直接取得经济效益，但却为组织的生存、发展创造了一个良好的外部环境，提高了组织的社会效益。

（二）公关赞助活动的类型

1. 赞助教育事业

有远见的企业家，应该注重企业精神，培养企业的爱心，有长远眼光，关心中国教育事业的发展，这既有利于自身发展和对未来人才的选择，又能为社会带来效益。企业可以出资投入希望工程，也可以资助某些中小学或大学。

2. 赞助体育运动

这是赞助活动最常见的一种方式，因为体育活动是广大群众喜闻乐见的活动，也是许多公众热心的活动，涉及的公众层面宽、范围大，使赞助活动影响的广度和深度都很大。

3. 赞助文化活动

文化活动吸引的公众层面较宽，影响较广，品味较高。赞助的文化活动主要有音乐会、电影电视节目、文艺演出、书画展、摄影作品展览等。

4. 赞助科研学术活动

这类赞助活动的影响面虽然不大，但意义重大而深远。一是可推动与本组织性质、产品和服务有关的研究深入发展，为组织发展提供基础研究理论和技术支撑；二是可以提高本组织在同行中的知名度和影响面。

5. 赞助社会福利事业

这类赞助活动有助于组织与社区、政府搞好关系，也可向社会表明其所承担的义务和责任，更能体现组织对社会公益事业的关心，这类赞助人情味最浓，商业味最淡，最易博得公众的好感。赞助对象主要是需要社会救济的对象，有具体困难的公众、社会弱势群体等。

6. 赞助各种竞赛奖励活动

如赞助电台、电视台、报社、杂志举办的各种有奖知识竞赛、摄影比赛、小发明、小创作等。

7. 赞助环保事业

环境保护是功在当今、利在千秋的公益事业，涉及广大公众的切身利益，是公众和媒介关注的热点，赞助环保事业能收到经济效益、社会效益和生态效益三丰收。

8. 其他赞助活动

如赞助制作宣传用品、旅游图、日历等。

（三）公关赞助活动的策划与实施

1. 选好赞助对象

选择赞助对象应该从企业的公共关系目标和经营政策入手，从被赞助的公益事业的具体情况出发，从而确定企业的赞助对象、赞助政策及具体办法。企业开展赞助活动最根本的要求是使企业和社会同时受益，必须防止出现赞助与企业的公共关系目标相脱离的现象。首先，要考虑赞助活动与本组织能否很和谐自然地使公众联想在一起，能否对本组织产生有利的影响。其次，要考虑所赞助的活动的社会影响，如媒介报道的可能性、报道频率和报道的广泛性，受益人是谁，受影响的公众的分布情况，影响的持久程度，活动本身能否引起人们的注意，能否产生“轰动效应”等。第三，要考虑本组织在活动中与公众见面和直接沟通的机会有多少，以及赞助费用的多少和赞助的形式。第四，应考察赞助活动对本单位的产品销售有无赞助价值。如果发现值得赞助，便可着手落实赞助。

2. 制订赞助计划

在选择赞助对象的基础上，由负责赞助工作的机构，根据企业的赞助方向和政策，制订出切实可行的赞助计划。赞助计划一般包括：赞助宗旨、赞助的对象、赞助的费用预算、赞助的形式、开展赞助的组织管理等。

3. 评估赞助项目

对每一项具体的赞助项目，赞助工作机构都应进行评估。首先对赞助项目进行总体评估，检查是否符合赞助方向；其次对赞助效果进行质和量的评估。

4. 实施赞助方案

赞助方案的实施应由赞助机构指派专人负责落实。要与接受赞助的组织联系赞助事宜，有的赞助还需要签订赞助协议书或合同。在实施的过程中，公关人员应该充分运用各种有效的公共关系技巧，使企业尽可能借助赞助活动扩大其对社会的影响。

5. 检测赞助效果

赞助是企业的一次重大公关活动，因此在活动结束时，应该进行效果检测。在检测过程中，大量的工作是调查，收集各个方面如公众、新闻媒介、受赞助组织对此赞助的看法、评论，看是否达到预定的计划，与评估的内容是否相符？完成了或达到了哪些预定指标？还有哪些差距？原因是什么？并把这些写成总结，归档储存，为以后的赞助研究提供参考。

（四）公关赞助的注意事项

赞助各种有益的社会事业，在推动社会公益活动发展的同时可使本组织同步成名，这是一种行之有效的公共关系手段。任何组织为使公关赞助取得成功都要遵循一定的规则，进行赞助活动应当注意以下几点。

(1) 传播目标明确。即所赞助的项目须适合本组织的特点和需要，有利于提高本组织的社会影响，或有利于扩大业务领域。

(2) 受资助者的声誉和影响。要认真研究和确认被赞助的组织、个人或社会活动本身是否具有良好的社会声誉，是否有积极广泛的社会影响，保证赞助活动取得良好的社会效益。

(3) 本组织的经济承受力。要考虑赞助额是否合理、适当，本组织能否承担，避免做力不从心的事情。

(4) 别具一格的赞助方式。一般来说，凡是符合社会及公众利益的赞助活动，都会引起社会各界特别是新闻界的关注。但是，如果能够以新鲜、别致的方式来实现赞助，效果必定会更好。所以，赞助方式应尽量避免雷同。

【案例分析四】

“人·交通·规范”

——壳牌公司公关赞助活动

随着我国社会经济的蓬勃发展，机动车的数量不断增加，交通安全问题日益受到政府和社会各界的普遍重视。据 2006 年年底有关数据显示，中国交通伤亡人数达平均每天 300 人。

普及交通规范教育，提高道路安全意识，预防悲剧的发生已成为社会的共识。作为一家世界领先的石油化工公司，荷兰皇家壳牌公司在全球范围内积极参与各种社会公益事业。作为在这一地区的运营公司，壳牌（大中华）集团在秉承企业的这一优良传统，在积极贡献于中国能源和交通等事业发展的同时，将在中国的公益事业集中在教育、道路安全和环保三大领域，从而树立鲜明的企业特色和良好的企业形象。

中小学生的自我安全保护能力较弱，他们的安全问题牵动着千家万户的心，为了加强对中小学生的安全教育，国家教育部规定每年 3 月的最后一个星期一为“中小学生安全日”，每年选择不同的主题，重点宣传某一方面的安全，2007 年的主题是“交通安全”。

2007 年下半年在上海交警大队的协助下，壳牌公司与上海科学教育制片厂合作拍摄一套大型系列交通安全科教片——“人·交通·规范”。该片全长 120 分钟，分 3 个部分，20 个章节，分别介绍了与行人、机动车和自行车有关的交通注意事项。该片针对不同的道路使用者，以科学的方法和丰富的实例，生动形象地介绍了道路安全常识和遵守交通规则的重要性。

公司选择全国范围内 18 个大中型城市的交管局和中小学校向他们捐赠了

近万盘这套科教片的录像带。这18座城市或有壳牌的办事处，或有壳牌投资的企业。这些城市市内交通发达，因而交通事故的发生率也很高。对这些城市的中小学校的交通安全教育将会显得非常有意义。

壳牌在中国的主要业务，与交通、道路紧密相关。通过这次系列活动，树立了壳牌良好的公司形象，有利于推动业务的发展。

壳牌捐赠录像带的消息见报后，收到18个城市之外的其他城市教育部门的来函，索要录像带，如浙江嵊县教育局、安徽省宿松县木梓乡教委等，这说明活动的社会效益十分明显。

【案例讨论】

1. 结合案例，分析组织该如何结合自身特点开展赞助活动?

四、展览会

展览会是一种综合运用各种传播媒介、手段推广产品，宣传组织形象和建立良好公共关系的大型活动，它通过实物、文字、图表来展示成果，图文并茂，给公众以极强的心理刺激，从而加深公众的印象，提高组织和产品在公众心目中的信誉。

（一）展览会的特点

为了成功地举办展览会，首先应该了解展览会的特点，一般的展览会有以下5个特点。

（1）展览会是一种复合性的传播方式。所谓复合性传播方式，指的是同时使用多种媒介进行交叉混合传播。一个展览会通常会同时运用多种传播媒介，包括声音的媒介如讲解、交谈和现场广播；文字的媒介如印刷的宣传手册、介绍材料；图像媒介如各种照片、幻灯片和录像等。

（2）展览会是一种非常直观、形象和生动的传播方式。一个展览会通常以展出实物为主，并进行现场的示范表演，如纺织品展览会上的时装表演。

（3）展览会能给组织提供与公众进行双向沟通的机会。展览会上，一般都有专人回答参观者的问题，并就他们感兴趣的东西进行深入的讨论。

（4）展览会是一种高效率和高度集中的沟通方式。

（5）展览会是一种综合性的大型活动，往往能成为新闻媒介追踪的对象，是新闻报道的好题材。

（二）展览会的类型

1. 按展览会的规模分

（1）大型展览会。其规模可大至世界性的博览会。这类展览会是综合性的，参展的组织多，展出的项目多，涉及面也广，需要主办人有较高的专业技术水平才能办好。

(2) 小型展览会。规模较小，常常由一个组织自己举办，展出的项目比较单一。

(3) 微型展览会。这是最小规模的展览会。如商店橱窗的商品展览。

2. 按展览会内容分

(1) 综合性展览会。综合展示一个国家、一个地区或一个组织的建设成就，既有整体概括，又有具体形象，观众参观后会有一个比较完整的印象。例如世界著名的“日本筑波国际博览会”，我国举办的“改革开放成果展览会”等，都是在世界范围内全面展示一个国家、地区的优秀成果的展览活动。

(2) 专业专题性展览会。介绍某一些专业或专题的情况，虽不要求全面系统，但也要内容集中、主题鲜明、有一定深度。例如我国举办的“中国酒文化博览会”，就是专门以酒为核心，通过酒来展示企业文化和中国传统的酒文化。

3. 按展览会性质分

(1) 贸易性展览会。举办这种展览会的目的是为了促进商品交易，展出的也是一些实物产品和新技术等。

(2) 宣传性展览会。通过展品向观众宣传某一思想或观点，或让观众了解某一史实，其特点是重在宣传，没有商业色彩，展品通常是照片、资料、图表及实物。

4. 按展览会时间分

(1) 长期展览。展览形式是长期固定的，如故宫博物院等。

(2) 定期展览。展出内容定期进行更换。

(3) 短期展览。这是一种展出时间较短，展览结束后即行拆除的展览会。

5. 按展出地点分

(1) 室内展览。在室内举行，不受天气影响，不受时间限制，可展出较为精致，价值很高的展品。

(2) 室外展览。在室外举行，规模可以很大，布展也比较简单，但会受到天气的影响。

(3) 巡回展览。这是一种流动性的展览，往往利用车辆运往各地巡回展出。

(三) 展览会的策划与实施

在举办展览会之前，首先要分析其必要性和可行性。展览会是大型综合性的公关专题活动，需投入较多的人力、物力、财力，如不对其必要性和可行性进行科学的分析论证，就有可能造成不良后果，一是费用开支过大而得不偿失，二是盲目举办而起不到应有作用。

在确定举办展览会之后，应认真做好各项会务工作。组织展览会的一般要求是：展览会主题思想明确，布局结构合理，布置美观大方、经济、新颖，解说精练、流畅、动人，给人以深刻印象。

（1）明确的主题思想。明确展览会的主题和目的、展览会的传播方式和沟通方式，确定整个展览会的领导者、策划者、执行者和工作人员。

（2）确定参展单位、参展项目和展览会类型。举办者可以采取广告或给有可能参展的单位发邀请函的方式吸引相关单位参加，广告和邀请函要写清展览会的宗旨、展出项目类型、展览会的要求和费用以及对参观人数和类型的预测等，给潜在参展单位提供决策所需的资料。

（3）明确参观者的类型。使展览会的策划者和讲解人有针对性地准备材料。

（4）选择展览会的时间和地点。有些展览会要顾及到时间性和季节性。在选择地点上要考虑是否方便参观者，展览会地点的周围建筑是否与展览会主题相得益彰，辅助设施是否容易配备和安置等。

（5）培训工作人员。展览会工作人员的素质和展览技能的高低对整个展览会效果有重要影响。因此必须对展览会工作人员如讲解员、接待员、服务员和操作员等进行良好的公关知识和技能培训，并就展览会内容进行必要的专业知识培训。

（6）成立专门对外发布信息的机构。该机构负责与新闻界联系的一切事宜，并要制定信息发布的计划，如确定发布的内容、时机、形式等，公关人员应发掘展览会上有新闻价值的东西，以扩大展览会的影响。

（7）准备展览会所需要的各种辅助宣传资料。如录音、录像带、光碟、幻灯片、各种小册子、展览会目录表、招贴画等。

（8）准备展览会的辅助设施和相关服务。如业务洽谈室、合同签订室、文书业务、影视、音响、灯光、展柜、广告栏、停车场等。

（9）布置展览厅。在展览厅入口，设置咨询服务台和签到处，并贴出展览会平面图，作为参观指南，展览会布置应考虑角度、方向、背景、光线等综合因素，要使展品展出后整齐、美观、富有艺术色彩，给人以美感。

（10）设计制作展览会徽标，备好展览会纪念品，以强化对展览会的印象。

（11）策划采用一些展览会技巧。如邀请政府要员或知名人士出席或剪彩，为参观者签名留念等，总之尽量把展览会办得生动活泼，别具一格，富有创意，吸引社会公众注意。

（12）展览会经费预算。具体列出展览会的各项费用，加以核算，有计划地分配展览会的各项经费，防止超支和浪费。

（四）展览会举办效果评估

展览会举办效果的评估是对实施展览工作所带来的社会效益的测量和评估。它主要体现在参观者对展品的反映，对组织的认识，对整个展览会举办形式和效果的看法等方面，其评估方法主要有以下几种。

(1) 参观者留言的形式。举办者或参展者在展览厅出口处设置参观者留言簿，主动征求参观者意见。

(2) 召开观众座谈会。在展览会过程中，随机找一些观众座谈，谈论一下对展览会的观后感，并要求提出其看法和意见。

(3) 记者采访的形式。在展览会期间，记者活动在展览会上，随时随地提出一些双方感兴趣的问题让观众回答，来收集观众意见。

(4) 问卷调查的形式。展览会结束后，向观众发调查问卷，了解展览会举办的实际效果。

(5) 当场举办有关展览会内容的知识竞赛，当场提问，当场解答，当场发奖。

五、新闻发布会

新闻发布会又称记者招待会，是政府、企业、社会团体和个人把各新闻机构的有关记者邀请来，宣布某些重要消息，并让记者就此进行提问，然后由召集者回答的一种具有传播性质的特殊会议。社会组织召开新闻发布会可以达到两个目的：一是广泛传播有关本组织的重要信息，二是与新闻界保持一种密切的联系。

（一）新闻发布会的特点

(1) 权威性强。社会组织以记者招待会的形式发布组织信息，其形式比较正规、隆重，而且规格比较高，有极强的权威性。

(2) 针对性强。新闻发布会上，答问是活动的主要形式，在活动中记者就自己感兴趣的话题进行提问，针对性强；同时，在提问中，记者们还可相互启发，能更深层地掌握信息。

(3) 较高的价值性。举办新闻发布会一般在组织急需情况下进行，要求紧迫，这样导致召开新闻发布会的信息，必然具有较高新闻价值，值得新闻媒介重视和报道。

(4) 难度大、要求高。召开新闻发布会不仅成本高，而且占用组织者和与会记者的时间也较长，对组织发言人和主持人的要求较高，如发言人和主持人要求头脑清晰、思维敏捷、逻辑性和应变能力强，因此，举办记者招待会与其他专题活动相比，难度较大。

(5) 有利于感情交流。在新闻发布会上，主持人或主要发言人与记者进行面对面的交流，可就一些问题达成共识，加强了组织与新闻记者的相互沟通。

(二) 制订新闻发布的程序

1. 事由

"无风不起浪"，制订计划总要有它的缘由。近期发生了什么大事或计划做什么大事？这个"大事"应当是与组织机构的发展有直接关系的；或者发生在组织机构内，已经或将要波及社会；或者发生在社会，必然会影响到组织机构内部。

2. 动议

制订新闻发布计划的依据是有这方面的提议。要宣传"大事"可以通过新闻发布会，也可以直接给报社写稿，还可以做广告。只有有了开新闻发布会的提议，计划程序才能开始。提议者可以是最高决策层，也可以是一个部门。普通的公关员也可以发出召开新闻发布会的"动议"。

3. 分析

是否制订程序要过分析关。召开新闻发布会的"动议"是否合理？召开新闻发布会是否有必要？会产生什么影响？在当前形势下召开新闻发布会是否与整体传播规划相适应？有没有比新闻发布会更合适的形式？

4. 建议

公关员对是否举行新闻发布会和会议的格调向最高管理层提出建议。建议举行，理由是什么？确定什么样的主题？何时可以拿出具体的计划？反对举行新闻发布会理由是什么？是否需要替代的措施？

5. 核定

组织机构领导审阅上述建议，对是否举行、如何举行新闻发布会做最后审核。

6. 启动

如果领导批准举行新闻发布会，则启动计划程序，开始拟订计划。

(三) 新闻发布计划的内容

1. 确定举行新闻发布会的必要性

在举行新闻发布会之前，必须对所要发布的信息进行认真的研究分析，分析一下这些信息是否重要，发布这些信息的紧迫性与最佳时机，这些信息是否具有广泛传播的新闻价值等。在企业中通常有必要举行新闻发布会的事件一般有：新开张；新产品的开发、生产与投放市场；企业重组上市；发生重大（或紧急）事件；受到公众和新闻界的公开批评；开展重大的社会公益活动；重要的人事变动；企业的重要庆典或纪念活动等。

2. 确定新闻发布会的主题

主题是新闻发布会的核心内容，整个活动都要围绕主题开展。在召开新闻发布会之前，必须确定会议的中心议题。

3. 确定举行新闻发布会的时机与地点

举行新闻发布会需要选择最佳时机，以便有关本组织的重要新闻能在最合适的时间里向社会公众进行传播。这一时间的选择应遵循两个原则：一是要在所要传播的信息最具有新闻价值的时候，二是被邀请的记者能到会。

在地点的选择上主要考虑要给记者创造各种方便采访的条件，如录像、灯光、视听辅助工具等。还要考虑交通是否方便，会议地点环境要求安静不受干扰。同时，会场的桌椅要尽量适合于记者记录、拍摄用等。

4. 选择发布会的主持人和发言人

记者的职业要求和思维习惯会使他们在新闻发布会上提出一些深刻、尖锐而且可能棘手的问题，这就对新闻发布会的主持人与发言人提出了较高的要求。主持人的作用在于把握主题范围，掌握会议进程，控制会场气氛，促成会议的顺利进行。此外，在必要时还承担着消除过分紧张的气氛，化解对立情绪，打破僵局等特殊任务，主持人应由有较高公共关系专业技巧的人担任。新闻发言人要透彻地掌握本组织的总体状况及各项方针政策，面对新闻记者的各种提问，需要头脑冷静、思维清晰、反应灵敏，具有很强的语言表达能力，措辞精确，语言精练、流畅，发表的意见具有权威性。新闻发言人一般由组织主要负责人或部门负责人担任。

5. 确定要邀请记者的范围

邀请哪些记者出席新闻发布会要根据所要发布的信息的重要性和影响程度来确定一个邀请的范围。从地域范围看，如果新闻内容仅限于本地，则以邀请当地新闻单位的记者出席为主；如果新闻内容涉及较为专门的业务，则以邀请专业性新闻单位记者出席为主；如果新闻内容涉及全国，则邀请全国性的新闻单位记者为主。从传媒范围看，应该邀请各种传播媒介的记者出席，既要有电台、电视台的记者，也要有报纸、杂志的记者，既要有文字记者，也要有摄影记者，以便使本组织发布的重要新闻在社会上形成立体传播的态势。

6. 准备发言提纲和辅导材料

要组织熟悉情况的人成立专门的发言起草小组，全面收集有关资料、信息，写出准确、生动的发言稿供发言人参考。还可以写出报道提纲，在会上发给记者作为采访报道的参考。要特别注意发言稿和报道提纲的内容是否统一，防止会上口径不统一。如有必要，还应提前向与会记者提供与本次新闻发布会有关的背景材料，以便让记者对会议有比较多的了解。

7. 做好记者参观的准备

新闻发布会前后，可以配合会议主题组织记者进行参观活动，给记者创造实地考察、采访、摄影、录像等机会，增加记者对会议主题的感性认识。为使参观活动达到预期目的，应该在会前安排好将要参观的地点，并派专人接待，陪同及介绍情况。

8. 布置会场

布置会场是召开新闻发布会之前的重要准备工作之一。要为新闻发布会创造一个良好的会议环境，即安静、无干扰，室内座椅舒适，灯光适宜。

9. 经费预算

经费预算可按记者招待会不同的规格和规模去进行制定，预算时应留有余地，以备急需，其经费预算一般包括：场租费、布置费、印刷费、饮食费、礼品费、文书用具费、音响器材费、邮费、交通费、电话费、上网费等。

【公关链接】

新闻发言人制度

组织机构的新闻发布制度是从国家的新闻发言人制度中衍生出来的。新闻发言人制度是当今世界大多数国家推行的一种基本的信息发布制度。这项制度的首创者是美国总统富兰克林·罗斯福。1933 年，罗斯福执政后为挽救严重的经济危机而采取了被称为“新政”（the New Deal）的施政纲领。此后，罗斯福为了推动“新政”的顺利实施，就“新政”的推行情况定期约请广播电台的记者到自己的办公室或寓所，以“炉边谈话”的形式向社会发布新闻，从而开创了新闻发言人制度的先河。

我国政府 1983 年 4 月开始设立新闻发言人制度，国务院设新闻办公室和新闻发言人。此后，每年的全国人大会议和全国政协会议期间和举行其他重大活动时都要举行大规模的中外记者招待会。这一体现公开性和透明度的行之有效的政治制度也在工商企业界和其他社会服务领域得到了普遍的推广。

与国家的新闻发言人制度一样，组织机构新闻发布制度的实施，不仅为组织的信息传播开辟了一个更具有权威性的途径，而且对促使工商企业和其他社会组织由传统的封闭型经营方式向现代开放式经营模式的转变具有特别重要的意义。

（四）新闻发布会的注意事项

（1）所发布的信息必须是准确无误的。

（2）发布会的主持人与新闻发言人代表组织出现在记者面前，应维护好组织的形象。

(3) 发布会的主持人应充分发挥主持和组织作用。既要调动记者提问的积极性，又要控制好会场。使发布会的整个过程不偏离主题，掌握好发布会的节奏。

(4) 发言人发布的信息和回答的问题必须准确无误，并且主要发言人和其他发言人的口径要统一，防止因口径不统一而引起记者猜疑和会场秩序的混乱。

(5) 对于不愿发表的意见和不便透露的信息，应婉转地向记者作解释，希望记者理解，不要吞吞吐吐，否则便会使记者追根究底，造成难堪的局面。

(五) 新闻发布会的程序

1. 签到

在接待处设签到处，最好有单位的一个主要人物出面迎宾。一方面表示出主人的礼貌和会议的郑重，另一方面也可以通过问候寒暄加强接触了解，建立感情。

2. 发资料

在会议正式开始前，要将准备好的资料有礼貌地分发下去，让记者对会议有一个粗略的了解，以便在发言人发布信息时对会议主题有更进一步的认识和理解。

3. 会议开始

由主持人说明召开会议的目的，所要发布的信息和有关情况的说明。

4. 发言人讲话

发言人就事件的内容做详细、准确的讲述。

5. 答问

6. 会议结束

(六) 新闻发布会的会后工作

(1) 尽快整理出新闻发布会的记录材料，对发布会的组织、布置、实施、主持、回答问题等方面的工作进行评估，总结经验，吸取教训，并将总结材料归档备查。

(2) 对照会议签到簿，看与会记者是否发了与本次新闻发布会有关的稿件。搜集已经发表的新闻稿，进行分类登记，并对记者所发稿件的内容及倾向作一分析，检查是否达到了举办新闻发布会的预定目标。

(3) 若出现不利于本组织的报道，应做出良好的应对策略。若出现不正确或歪曲事实的报道，应采取行动，说明真相，向新闻机构提出更正要求；若报道的虽然是正确事实，但不利于本组织，则应通过该报道的媒体向公众表示歉意，并明确提出改进的措施，以挽回组织声誉。

(4) 搜集与会记者及其他来宾对新闻发布会的反应，看看他们对本次会议有什么意见，以便今后改进工作。

【课堂讨论】

1. 新闻发言人对组织而言可以起到什么作用，一位合格的新闻发言人要具备哪些素养？

2. 为什么说新闻发布会的会后工作很重要？

【案例分析五】

2005 年 8 月 6 日，第四届哈尔滨啤酒节开幕，当地啤酒生产企业向哈尔滨市中心休闲广场注入大量啤酒，据称此举目的在于打造全国第一个“啤酒喷泉”，让人们从中感受啤酒文化。你对此有何看法？

【本章小结】

公关专题活动指组织为塑造自身形象围绕某一公共关系主题，有计划、有步骤组织目标公众参与的集体行动，是组织与公众沟通的有效途径。公共关系专题活动的基本特点是：针对性、传播性、协调性、效率性、灵活性。公关专题活动常见的形式有：庆典活动、开放参观活动、社会公益活动、展览会、新闻发布会等。

社会组织一般会在内部发生值得庆祝的重要事件时，在人们共同庆祝的重大节日里举行隆重的庆典活动。

开放参观活动指的是社会组织邀请内外公众（主要是外部公众）参观本组织的工作条件、环境设施、成就展览等。

公关赞助活动是企业或其他社会组织以无偿提供资金、物质进行帮助或支持的方式发起、组织、参与某一有广泛群众基础，同时能获得一定的形象传播效益的社会活动。

展览会是一种综合运用各种传播媒介、手段推广产品，宣传组织形象和建立良好公共关系的大型活动，它通过实物、文字、图表来展示成果，图文并茂，给公众以极强的心理刺激，从而加深公众的印象，提高组织和产品在公众心目中的信誉。

新闻发布会又称记者招待会，是政府、企业、社会团体和个人把各新闻机构的有关记者邀请来，宣布某一或某些重要消息，并让记者就此进行提问，然后由召集者回答的一种具有传播性质的特殊会议。

【课后实训】

1. 请以小组为单位帮助气象局制订一个“开放日”活动计划。

2. 请你为某商场策划一次节日专题活动方案。

3. 假设你是某汽车公司公关部的经理，请拟定一份赞助一位车手无后援自驾30日环游中国内地的计划书（要点：项目的缘起、赞助的意义、赞助内容、车手的义务、相关公关宣传报道计划等）。

4. 请以小组为单位策划一次班级风采展。

第八章
公共关系危机管理

本章导读

危机管理（Crisis Management）理论研究源于20世纪60年代的美苏“古巴导弹危机”，是西方政治学研究的传统课题，主要分析政治危机，包括政权与政府的变更、政治冲突和战争等。后来，不少学者都对“危机管理”进行了界定和延伸，其中具有代表性的是美国学者罗伯特·希斯提出的。他认为，危机管理是指对危机事件整体性的监测、预防或处理的动态过程，包含对危机事前、事中、事后所有方面的管理，目的是尽可能使危机事件的损害最小化和机遇最大化。时至今日，危机管理已成为一种现代科学的管理方法，也是一门学科，是决策学的一个重要分支，被广泛应用于国际政治、外交、公共管理领域，受到各国的重视。

公共关系危机是指由于主观或客观的原因，组织与公众的关系处于极度紧张的状态，组织面临十分困难的处境。公共关系危机管理是指公共关系从业人员在危机意识或危机观念的指导下，依据管理计划，对可能发生或已经发生的公共关系危机事件进行预测、监督、控制、协调处理的全过程。

学习目标

1. 了解公共关系危机的含义、特点、原因与类型。
2. 理解公关关系危机预防理论。
3. 掌握公共关系危机处理的程序及对策。

课前思考

1. 什么是公关危机？公关危机有哪些特点？
2. 为什么会发生公关危机？具体有哪些原因？
3. 公关危机发生后，应该怎样处理？其程序怎样？
4. 根据公关危机的对象不同，处理方式又发生怎样变化？

第一节　公共关系危机概述

公共关系危机对现代组织来说随时随地都可能爆发，公共危机管理是现代管理领域的一个新的研究课题。现代组织的公共关系人员必须了解公共危机产生的原因，树立公共关系危机意识，做好公共关系危机的预防工作，并能根据公共关系危机管理的原则、程序、策略妥善处理各种危机事件，使组织转危为安。

一、公共关系危机的基本概念

（一）危机

危机是指事物由于量变的积累，导致事物内在矛盾的激化，事物即将发生质变或质变已经发生但未稳定的状态。这种质变给组织或个人带来了严重的损害。为阻止质变的发生或减少质变所带来的损害，需要在时间紧迫、人财物资源缺乏和信息不充分的情况下立即进行决策和行动。“危机”这个词是由“危险”和“机会”组成的，它本身是一个中性词。危机中虽然孕育着机会，但危机毕竟不是人们愿意发生的事，而且在危机中把握机会的难度很大。

（二）公共关系危机与危机公共关系

公共关系危机是指由于主观或客观的原因，组织与公众的关系处于极度紧张的状态，组织面临十分困难的处境。危机公共关系则是指组织对危机事件进行预测与防范、发现与处理，以及修复与完善组织形象的一系列活动过程。公共关系危机是一种状态，是对所出现的问题的描述，而危机公共关系则强调的是一种行动过程。

（三）公共关系危机管理与公共关系危机处理

公共关系危机管理是指公共关系从业人员在危机意识或危机观念的指导

下，依据管理计划，对可能发生或已经发生的公共关系危机事件进行预测、监督、控制、协调处理的全过程。公共关系危机处理是指公共关系从业人员在公共关系理论和原则的指导下，运用公共关系的策略、措施与技巧，来改变因突发事件而造成的公共关系主体所面临的危机局面的过程。公共关系危机管理有广义和狭义之分，其中狭义的公共关系危机管理就是指公共关系危机处理，指对已经发生的公共关系危机事件的处理过程。

二、公共关系危机的特点

凡是危机事件都有共同的特点，即重大损失的突发性；导致困难的难以预测性；影响甚大、危害严重的灾难性；涉及面广、引起不良后果的严重性。它既有重大的财产损失，也有严重的人员伤亡，还包括利润的急剧下滑，甚至严重亏损，也可能是以上几方面的全面爆发。无论是哪种情况，都会使公关组织在社会公众面前的形象受到严重的伤害。

（一）偶然性与必然性

危机的必然性是指危机不可避免，即只要有公共关系就会有公共关系危机，必然性是公共关系作为开放复杂系统的结果。危机的偶然性是指危机的爆发往往是由偶然因素促成的。偶然性则决定于系统的动态特征。由于公共关系大系统是开放的，每时每刻都处于与外界的物质、能量信息的交换中。其任何一个薄弱环节都可能因某种偶然因素而致失衡、崩溃，形成危机。

可口可乐的危机就是由于偶然因素造成的，可口可乐公司在全世界有许多分公司，组织受到各个地区媒介的监督与关注。2000 年 2 月 27 日，由于英国《星期日泰晤士报》的错误报道，从而引发组织的一次危机事件。这种报道是组织无法预测和无法控制的，只能在这样的问题出现后，组织采取相应的办法去处理。对于这些难以预测的在暗中起作用的因素，任何公关组织都要有专门的研究、清醒的认识和高度的防范。美国公关专家菲克对《幸福》杂志排名前 500 强的大公司进行的危机调查中显示，现代组织面对危机是必然的事情，因此更要加倍地重视这方面的研究。一个危机的出现，事实上是发挥不良作用的因素，由量变到质变的结果。因为我们平时疏于注意，在我们不经意的情况下出现，给我们的印象就是突然爆发，这让我们感到偶然。因此，在平日的公关工作中，不能不对我们认为不重要的，不去注意的细节加以重视。

（二）突发性与渐进性

冰冻三尺，非一日之寒。公共关系危机的爆发是一个从量变到质变的过程。酿成危机的因素是一个累积渐进的过程，通过一定的潜伏期的隐藏和埋伏后，如果未能得到有效控制，它就会继续膨胀，就会形成组织公共关系危机的总爆发，并迅速蔓延，产生连锁反应，使公众与组织关系突然恶化，大量的顺意公众变成逆意公众，产生强烈不满。一个组织突然爆发了危机，事实上不会没有任何潜在的因素，无论是来自主观，还是客观，还是两者都有的原因，都是公关人员平时疏于警觉的后果。打个比方，就像已经枯死的树枝，暂时可以在原位保持原状，但由于它暴露在外界种种力量的作用之下，故可因偶然事因导致其原有地位与状态的改变，它可能被一阵强风吹落，也可能被异常野火焚烧，也可能因禽兽的碰撞或登临而断裂。

（三）破坏性与建设性

危机一旦出现，在本质或事实上都会起破坏作用，不只是对组织而言，也是对社会而言的。从组织的角度看，它破坏组织的形象，影响组织的经营，给组织带来严重的形象危机和巨大的经济损失。可口可乐公司仅比利时和法国就有 8 000 多万瓶可口可乐产品被退回，直接损失达 6 000 万美元；从社会角度看，比利时有多名学生的健康受到伤害，给政府和国家带来一定的经济损失，导致了社会一定的无序状态和混乱状态。因此，应尽力防范和阻止。根据系统学的观点，危机既有破坏性特征，又有建设性特征。认识危机的破坏性，才不会掉以轻心、麻痹大意；认识到危机的建设性，才会采取主动姿态，沉着冷静而满怀信心地面对危机，为组织建立富有竞争力的声誉，树立组织的形象和为组织的重大问题创造机会。正如伟达公关公司一位经理所说："危机，即危险加机遇。"对受损的组织形象的恢复要有迅速的切实有效的危机对策。

（四）急迫性与关注性

组织公共关系危机总是在短时间内猛然爆发，具有很强的紧迫性，一旦爆发会造成巨大影响，又令人瞩目。它常常会成为社会和舆论关注的焦点，成为新闻界报道的内容，成为竞争对手发现破绽的线索，成为主管部门检查批评的对象。总之，组织公共关系危机一旦出现，它就会像一颗突然爆炸的"炸弹"，在社会中迅速扩散开来，对社会造成严重的冲击；它就会像一根牵动社会的"神经"，迅速引起社会各界的不同反应，令社会各界密切关注。因此，若控制不利，必然产生严重后果。所以必须牢记"兵贵神速"这一兵法格言，强调危机公关管理的时效性。

三、公共关系危机发生的一般过程

公共关系危机是一种不稳定的、不断变化的状态，全部过程从酝酿到解决一般要经历四个阶段。

（一）危机酝酿期

指的是危机的孕育时期。这个阶段的特征是各种对组织不利的信息源正在形成，有时会出现一些预兆和端倪，此时如果能察觉，危机就有可能被提前扑灭。危机的酝酿是一个长期的过程，公共关系危机发生之前，某些导致日后危机爆发的因素已经悄悄产生，如果这些因素不能及时发现或虽得到了警示却遭到忽视，那么，这些病源就会迅速扩展，最后引发危机。突发事件只是起到导火索的作用，它本身并不是危机产生的原因，造成危机的原因已经长期存在，突发事件只是使危机得以迅速爆发的原因。所以，组织必须在平时提高警觉，在事前能够发现预兆，使危机在酝酿期就得以制止。

（二）危机爆发期

指的是危机的发生时期。这个阶段的特征是危机发生后，通过媒介、人员、组织的传播，危机不断扩散，受众知晓率爆炸式上升，组织的形象受到严重的损坏。这一阶段前期，往往会因为一个突发事件而使危机骤然爆发，政府有关部门会派人进行调查、审核，媒体会揭发事故的内幕。事故原因正处于调查中，造成信息“真空”，此时信息的内容复杂化，有准确的、有不准确的，有目击的、也有猜测的；信息传播渠道也呈多样化，有从现场得到的，有从相关组织或人物得到的，也有可能是从媒体得到的。在这一阶段的后期，危机的真相基本上公布于众，公众都比较清楚到底发生了什么，有关组织和个人的索赔不断增多，组织不得不设法通过自我分析、自我检讨，采取补救措施以恢复组织形象。这时，如果在事前制定了危机应变计划和加强对有关人员的危机模拟训练，组织就能及早对危机爆发的速度、强度、方向和时间做出控制。

（三）危机解决期

这是危机得以解决的时期，也是公共关系人员采取行动挽救组织于危难之时的关键阶段。这个阶段的特征：通过事态的发展、事件的处理、原因的调查，事情有了结果，公众、媒介的关注逐渐减弱、消失。这就要求处理危机的公共关系人员，一定要专心应付危机事件，要勇于在紧急状态作出正确的决策，采取果断的行动来解决危机。此时的工作重点是控制谣言的散布，转变社会舆论。组织公共关系机构应设立专门的信息发布中心，配合危机解决的具体措施，及时将危机解决工作的最新消息传播给新闻媒介和社会公众。在发布各种消息时，一定要坚持“公开事实真相”的原则以避免新闻媒介和社会公众的猜疑。

（四）危机善后期

这一阶段，危机解决工作即将结束，组织管理层和公共关系人员还需要进行一些具体的工作，妥善处理危机后事和安抚人心。因为危机事件造成的影响，对组织的损失，不可能随着事件的妥善处置立即得以消除，还应做好修理的善后工作，包括及时提供赔偿损失；公布具体的对被毁坏设备、厂房等设施的恢复整修计划和实施情况；把处理危机事件作为起点，主动策划进攻型公共关系活动，以弥补与公众在感情上的裂痕和缺口，变不利为有利。同时，公共关系人员还应对危机发生的原因进行调查，写出详细的调查报告，并提出防止危机重演的计划与具体措施。

并非所有的危机都是依据上述四个阶段发展的，有的危机在酝酿期就得以发现和解决。公共关系人员要仔细审视每一阶段的特征，为在将来处理危机时，能找出每个阶段的问题和所应采取的方法。

四、公共关系危机的成因

美国危机管理专家诺曼·奥古斯丁形容说："危机就像普通的感冒病毒一样，种类繁多，难以一一列举。"的确，经营管理不善、市场信息不足、同行竞争、甚至遭到恶意破坏等，或其他自然灾害、事故，都可能使得现代组织处于危机四伏之中。分析危机发生的原因，对于制定正确的预防和处理对策有着十分重要的意义。组织危机产生的原因很多，一般来说，大致可以分为组织内部环境原因和组织外部环境原因。

（一）组织内部环境原因

1. 组织自身素质低

人的素质是指包括人的认识、观念、思维和这些方面综合形成的个人素质。具体到一个组织的素质也就是指一个组织内部所有普通工作人员的素质和领导者素质。这两类素质低下都有引发危机的可能。特别是如果领导者自身素质低下的话，导致组织危机的可能性就更大。而且在组织公关危机出现之后也难于自觉有效地处理危机。有些组织家知识结构不够完善，素质低，水平差，对员工缺乏威信和感召力，同时，对外部公众缺乏平等意识和必要的尊重，如1993年，西安香格里拉大酒店丹麦总经理在饭店大堂当众殴打一位中国顾客而引发的组织形象危机即属此类。员工素质不高也会引发危机，在组织的经营中，员工素质必须与其所从事的事业相匹配。如若不然，也会引发组织危机。

2. 组织缺乏危机意识

有很多组织在得到一定成绩稳步发展时往往沾沾自喜，以为自己到了"耶路撒冷"，对危机丧失了警惕，走向了灭亡的不归路。如使"三株口服液"跌入万丈深渊的其中一个原因就是三株人观念落后、缺乏危机意识。1996年，三株在中国范围内建起了最大的市场营销网络，"有这样能深入到全国各乡的营销网络，别说是保健品，就是白开水也能挣大钱"，一些人如是说。成绩大了，问题也就出来了。一部分干部的骄傲自满和少数干部的腐化堕落滋生蔓延开来，晚上逛歌舞厅、进夜总会，白天睡大觉。有一个经理一年没下过几次市场，办事处在什么地方也不知道，连手下一个已上班4个月的办事处主任都不认识。“居安不思危”是三株人最真实的写照。也正是这种陈旧的、没有危机意识的观念，为日后三株的经营埋下了事故隐患，阻碍了三株的发展，造成了三株的溃败。

3. 经营决策失误

经营决策失误也是造成组织公关危机的重要原因之一，在现代社会中，经营决策都应自觉考虑到社会公众、社会环境的利益和要求，不能有损于公众、有损于环境；反之，即属于经营决策失误。经营决策失误情况繁多，主要体现为方向的失误、时机的失误、策略的失误等，各种失误的出现都可能导致危机的出现。特别是方向的失误、策略的失误是导致危机的关键原因。“标王”秦池酒厂的落马就是一个极好的例子。山东秦池酒厂于1995年斥巨资夺得中央电视台1996年黄金时段广告“标王”，一鸣惊人，秦池酒厂销量直线上升。1996年底，秦池酒厂又以3.2亿元的巨额费用，再夺1997年的“标王”。然而，再次夺标给秦池酒厂带来的不是滚滚财源，而是一杯难以下咽的苦酒。秦池酒厂将大量的资金用于广告上，而只有少量资金用于更新设备等。从而错过了大好的发展时机，并且使组织形象地位下降，面临严重的经济危机。

4. 法制观念淡薄

现代社会是法制社会，组织是否具有法律意识，是否将组织的经营活动置于法律的监督、保护之下，这对于正确开展经营活动，规范组织管理行为，树立良好的组织形象有十分重要的意义。然而，事实上，有的组织法律观念淡薄，置国家法律于脑后，霸气十足，随意践踏公众作为人的起码权利，最终酿成危机。1996年12月，上海东方箱包集团有限公司违反劳动法的规定，让实习生超时加班加点工作。记者采访，他们百般阻挠，对记者非法扣留，一点儿法律观念都没有。此事一经《新民晚报》等媒体报道，组织形象一落千丈，公关危机由此而发，最后以公司董事长兼总经理为代表向3位记者道歉结束了这起事件。

5. 公关行为失策

雪印公司是亚洲最大的牛奶公司之一，有90多年的历史。2000年，这家公司的一批产品在制作过程中不够卫生，很多人喝了拉肚子。事故出了好几天以后，这家公司还是没有一个人出来说话。这时候媒体已经开始着急了，到处找他们公司的负责人找不到。这家公司一开始就犯了危机公关的一大忌，在危机发生的时候采取了回避态度，不见媒体。后来，在媒体的强大压力下，雪印公司迫不得已召开了新闻发布会。这个新闻发布会事先根本没有准备，连最基本的资料都没有准备好，所以开得一片混乱，发言人的回答漏洞百出，最后甚至发生了内讧。由于事先没有协商好，公司几位负责人竟然当着媒体的面争了起来，董事会责怪工厂，工厂又责怪董事会。会议一开完，公司总裁转身就走，记者在电梯口截住他，结果这位总裁扭脸儿说了一句话："我三天都没睡觉了！"没曾想，这一句没有经过思考的话大大伤害了媒体和消费者，当时就有记者说："我们为了找您也三天没睡了！"并且记者质问他，发生了这么严重的事故，你想到的还是自己的休息吗？这一下子，雪印公司的声誉在一夜之间毁了，没有一家销售商进他们的货，很快地，这家公司就申请破产了。公关行为失策导致一个组织的破产。

6. 策划不当，损害公众利益

2004年国庆期间，北京安贞华联商厦推出了"满200返300"的促销活动。可是，当消费者两次依华联约定的时间以返券消费时，却发现先是商场对90个品牌商品拒收返券，而可凭返券购买的商品中疑有大量库存商品。经过交涉，返券消费面扩大后，消费者又发现，返券价值严重"缩水"，甚至不如用现金消费。消费者不满致使事态扩大，引来众多媒体采访，却又被华联的保安粗暴拒绝，甚至还有报社记者相机被抢，消费者及记者被殴致伤。安贞华联陷入了一场形象危机。遗憾的是，安贞华联并没有将"危险"转化成"机会"。

7. 公共关系活动缺乏必要的准备

组织要想取得公共关系活动的成功，就得做好公共关系的前期准备工作，准备工作做得越充分越扎实，公关活动的成功率就越高，反之，就会引发危机。

1994年"六一"儿童节刚过，许多家长和孩子们纷纷打来电话给北京青年报《星星火炬报》，指责"庆六一母子开心世界"活动的主办单位欺骗了孩子，称该活动为"母子窝心世界"，亦称"拿母子开心世界"。人们火气为什么这么大？据记者了解，该活动门票上写着"魔幻城堡"、"霹雳射手"、"少儿圣斗士"、"迷宫探宝"、"闪电行动"等12个娱乐项目，每个项目的名称对孩子都具有极大的诱惑力。5月28日上午，满怀希望的孩子们和家长们来到"大世界"——北京工人体育馆。虽然参展厂家提供了琳琅满目的商品，但它们不是孩子们的兴趣之所在，孩子们急切地搜寻着他们心目中的"魔幻城堡"等娱乐设施，然而，现实让他们失望，娱乐设施寥寥无几，失望的儿童和家长围住工作人员高声质问："票上印的娱乐设施到哪儿去了？为什么出现这样的情况？"原来这次活动是由莫迪公司与春芽实业公司联合举办的。根据协议，由"春芽"公司提供运输安装各种活动设施，但布展时春芽公司却有几项设施不能按期到位，拉来的几项军事游乐设施却又以莫迪公司没有提供棚子为由拉走了，莫迪公司虽然高价租来几个设施，但是与门票上的宣传相差太大。由于双方未能很好地合作，准备工作做得不充分，使一项本该让人们开心的活动变成了让孩子和家长难过的活动，公司的形象也大受影响。

8. 面对公众的摩擦纠纷，反应不当，酿成危机

组织在与外部公众的交往过程中，由于各自利益的不同有可能引起摩擦和纠纷，组织如果反应得当，就能使摩擦和纠纷消于无形，反之，就会引发危机。如“上海一百”状告消费者这一案例就发人深思。1991 年 8 月 5 日，上海市远洋公司职工朱伟健带着新婚妻子前往“上海一百”购买小天鹅 8 型自动洗衣机，营业员讲明单价便直接开出了一式三联发票，发票价格为 1 080 元，收银柜核收货款和发货验票时均“一路绿灯”，钱货两清之后，朱伟健雇车将洗衣机运回家中。事后，商店发现发票中的错误，营业员少开了 210 元，随即前往朱伟健家中要求补齐少交的 210 元，朱伟健认为自己是按票提货，拒绝“上海一百”的补款要求。此后，“一百”便向朱伟健夫妇所在单位、居委会和派出所反映情况，请求组织协助做工作，使朱伟健被公司暂停出海。最后，商店于 1991 年 12 月和 1992 年 4 月，分别向黄浦区法院和南市区法院提出诉讼，要求朱伟健返还 210 元人民币。这件事情并不复杂，是“一百”在处理事件的过程中将简单的问题复杂化了，给自己造成了危机。营业员少收货款应该自己付，决不能开罪于顾客，“一百”可与顾客平等协商地解决，而决不能采取找顾客单位领导，进而诉诸法律的形式，将问题复杂化。

9. 忽视公关调研，损害组织声誉

调研是公共关系运作四个程序中最重要的一步。前面已经有论述，它犹如中医看病中的“望、闻、问、切”一样，没有调研必然贻误治病良机，使症状更为严重。组织通过调研可以明确自己所处的环境，验证对公共关系状况和公共关系状态的假设，它能有效地减少公共关系策划和计划中的不确定因素。同时，调研也为组织的长远发展提供了有价值的分析资料。但事实上，我国许多组织却以“没有必要”、“缺乏资金”、“没有时间”作为借口，从而给组织带来不必要的麻烦。

（二）组织外部环境原因

组织所处的外部环境是异常复杂的，某一方面发生变化，尤其是突如其来的变化，都会给组织以重击，使组织陡然陷入困境，组织形象面临前所未有的挑战。

1. 自然环境突变

这包括天然性的自然灾害和建设性破坏两个方面。天然性自然灾害，如山脉、河流、海洋、气温等所形成的灾害。天然性自然灾害是不以人的意志为转

移的，它往往给组织带来意想不到的打击。正所谓："人在家中坐，祸从天上来。"2011 年 3 月 11 日，日本当地时间 14 时 46 分，日本东北部海域发生里氏 9.0 级地震并引发海啸，造成重大人员伤亡和财产损失。地震震中位于宫城县以东太平洋海域，震源深度 20 公里。东京有强烈震感。地震引发的海啸影响到太平洋沿岸的大部分地区。地震造成日本福岛第一核电站 1～4 号机组发生核泄漏事故。4 月 1 日，日本内阁会议决定将此次地震称为"东日本大地震"。截至当地时间 4 月 12 日 19 时，此次地震及其引发的海啸已确认造成 14 063 人死亡，13 691 人失踪。

建设性破坏灾害是一种人为的灾害，它是指人类出于短视、疏忽、决策失当等原因，没按客观规律办事所酿成的破坏机制。这种建设形同"破坏"，且建设的规模越大，灾害损失就越惨重，所以，它是比自然灾害更严重，影响面更广泛，迄今仍未被予以足够重视的潜在致灾源。建设性破坏灾害不仅包括人工诱发地震、滑坡、工业三废污染、乱砍滥伐加剧水土流失、城市噪音等新公害，还包括组织规划和设计欠妥造成的组织防灾能力脆弱等弊端。

2. 组织恶性竞争

恶性竞争即不正当竞争，是指在市场经济活动中，违反国家政策法令、采取弄虚作假，投机倒把，坑蒙诈骗手段牟取利益，损害国家、生产经营者和消费者的利益，扰乱社会经济秩序的不良竞争行为。

恶性竞争作为组织公共关系危机的一个外部因素，是指本组织受到外部其他组织的不正当竞争，使本组织面临严重的经营危机和信用危机，从而发展为组织公关危机。在现实生活中，一些不正当竞争者或者采取散布谣言，恣意损害竞争对手的形象，或盗用竞争对手的名义生产假冒伪劣的产品，或进行比较性广告宣传有意贬低竞争对手的能力，或采取恶劣行径严重扰乱竞争对手的经营秩序等，这些恶性竞争行为，都可能导致组织严重的公共关系危机。

3. 政策体制不利

国家的经济管理体制和经济政策是组织难以控制的外部因素，它对组织的经营和发展产生着重大影响和制约作用。一般来讲，任何组织都希望国家经济管理体制和经济政策有利于本组织的生存和发展，但这些希望又在某些特定的情况下无法实现，如果体制不顺，政策对组织发展不利，那么组织就可能在经营活动中遭遇很大风险，出现严重问题，甚至陷入一种欲进不能，欲退不忍，欲止不利的困境。在这种情况下，出现一种公共关系危机是完全可能的。特别是传统经济体制的约束、传统思想观念的影响、行业封锁、产品垄断、条块分割的种种弊端，诸如此类的人为因素，甚至可以把组织逼向绝境。

4. 科技负影响

人类社会的科技进步，既能给组织带来创新发展的机遇，也会导致组织原有技术落后与贬值而出现危机。因此，科技进步的规律对组织公关危机的发生往往具有突发性的作用特点。因科技进步导致的组织公关危机的原因，一是因技术本身的危险性所致；二是因技术进步带来技术标准变化所致；三是技术标准体系中的矛盾导致的组织公关危机。对第一种情况，高技术本身所包含的风险性和危险性，如举世闻名的前苏联切尔诺贝利核电站爆炸事故，使6 000多人丧生即属此类。对于第二种，技术进步所带来的技术标准的变化，对组织的影响是广泛的。由于组织的技术手段（设备）不可能总处于先进的发达状态，所以，组织总是受到高新技术及其标准规范的冲击。每一项新质量标准的实施就意味着在原标准下的产品由合格变为不合格。1992年南京东方玻璃厂发明了国际上尚无的无毒金胆保温瓶，该厂宣称：人们自上个世纪沿用至今的银胆保温瓶含有微量有毒元素，会在90度水温下逐渐溶解，该厂已将3万只银胆热水瓶全部砸碎。该消息在我国10家大报上报道后，银胆热水瓶生产组织陷入危机之中。

5. 社会公众误解

公众对组织的了解并不是全面的，有的公众会因获得信息的缺乏或专听一面之词对组织形成误解。尤其是当组织在产品质量、原料配方、生产工艺、营销方式、竞争策略等方面有了新的进步、新的发展、新的探索，但公众一时还不能适应，或一时认识跟不上，用老观念老眼光，主观判断，草率下结论，更易弄出一些危机事件来。这包括几个方面：一是服务对象公众对组织的误解；二是内部员工对组织的误解；三是传播媒介对公众的误解；四是权威性机构对组织的误解等。无论哪一类公众对组织的误解，都有可能引发组织的危机。特别是传播媒介和权威性机构的误解，更可能使误解范围扩大，程度加深，形成极为不利的舆论环境。新科技成果“佳静安定片”的一番遭遇，可以说是受公众误解之苦的典型代表。

1994年3月，沈阳召开“全国1994年药品交易会”前夕，辽宁电视台在晚间新闻中播发了一条“假药救了两条人命”的口播新闻，其大意是：3月10日早晨，大连站西旅社服务员发现住宿的一对夫妇躺在床上，地上有6个空的安眠药瓶，她立即将情况报告派出所，经干警现场勘察，这对夫妇因为赌博输钱想了却性命，便买了6瓶河南省驻马店地区制药厂生产的“佳静安定片”服下，谁知他们服下的是药性强，但毒性很小的安定片，该药为全国首创，要致人死命必须服50瓶以上，所以这对夫妇没有死。从此，经过媒体的炒作，致使河南省驻马店地区制药厂一败涂地，一时间，“佳静安定片”成为伪劣产品的代名词了，是人人喊打的过街老鼠。一些经销单位亦不明真相，来电来函要求退货，一些省卫生部门甚至作出决定：凡河南省进入本省的药物必须进行严格检查。自此以后，该公司的直接经济损失达300万元，组织的形象遭到了严重的破坏，严重地影响了组织的生存与发展。

6. 公众自我保护

随着现代科技的发展和保护消费者的法律的不断完善，消费者正在觉醒，并且学会用法律的手段保护自己，组织原来认为合理的、正常的东西，现在在消费者的思想中已经变成不合理的，他们对组织的所作所为提出抗议，如反暴力行动、反污染行动，这使得一些组织面临新的危机。20世纪50年代，洛里拉德烟草公司举行了记者招待会，推出新创的“健牌香烟。”它声称这种香烟的过滤嘴使用了“微粒体材料”，能为人们提供“烟草史上最好的保护”。可是时隔35年以后，在面临多起诉讼案的情况下，它不得不承认，从1952～1956年期间，被它吹嘘为纯净和无尘的过滤嘴，含有一种特别有毒的石棉。50年代，吸烟与肺癌的联系已经被人们所知晓，洛里拉德烟草公司担心销路会受到影响，于是不但在普通报刊上宣传它的过滤嘴，还在杂志上大登广告，希望医生们会向那些无法戒掉香烟的人推荐“健”牌香烟。

果然不久，“健”牌就成为美国最畅销的一种香烟。在这期间，已有若干名石棉受害者向洛里拉德烟草公司提出了诉讼，患者患了一种癌症间皮瘤，这种病的已知原因是吸入了大量石棉。法庭对洛里拉德烟草公司进行全面检查，其中包括“健”牌香烟进行非同寻常的广告宣传动机。无论如何，过去挡掉许多控告的洛里拉德烟草公司这一次难辞其咎了。

7. 全新传媒出现

国际互联网（Internet）是人类社会从未有过的全新的传播媒体，它是21世纪信息高速公路的雏形。它主要通过电脑、光缆和现成的电话通讯线路，将全世界许多国家和地区的用户联系起来，形成一个全球范围的网络，它可以进行文字数据图像的多媒体的沟通，具有许多诱人的诸如范围广泛、超越时空、双向互动、个性化、低成本等不同于其他媒体的传播特征，它的出现使人类进入网络时代。而进入了网络时代，不重视公众，尤其是为顾客服务的组织就要注意了，因为，任何一个不满的顾客都可能成为高破坏力的危险分子。

1999年就在日本发生了受气顾客上网告发，东芝声誉大受影响的事件。一位日本的普通上班族，在因特网上制作了一个网页，告发东芝公司不完善的售后服务，这位上班族在1998年买了东芝的录放影机，说明书上宣称这种型号的录放影机能够录下高画质的画面顾客买回后，却一直出现白色横线，于是，这位顾客向技术人员求救，却未获解答，经一番折腾，他干脆把录放影机寄给东芝的社长。几天以后，他收到广东芝寄回的录放影机，修理质量仍不能令人满意。于是，他又寄还东芝，接着又发生东芝负责接电话的人对顾客恶言恶语的不愉快事件，这位顾客将这段对话的录音带和一封抗议信寄到东芝社长室，却石沉大海。顾客最后干脆在网上公开这个事件，网络里还有东芝公司人员“出口恶言”的实况录音。结果这段谈话一夜之间就成了网迷们的热门话题。短短半个多月，已超过500万人进入这个网页浏览，并且声援这位“受害”的消费者。可见，新兴媒体增加了公关危机出现的概率。

总之，除了上述列举的危机发生的原因之外，还有下列原因：劳资争议以及罢工、股东丧失信心、具有敌意的兼并谣言、大众传媒泄露组织秘密、恐怖破坏活动、组织内部人员的贪污腐化等。组织只有在广泛收集有关信息的基础上，对造成组织危机的原因进行深入分析，才能拿出充分的依据，为公共关系危机的管理奠定坚实的基础，“把握症结，对症下药”应成为组织牢记的信条。

五、公共关系危机的种类

按照不同的分类标准，可以将危机分为多种类型。但是在公关工作中，关于危机的基本分类标准就是按危机的内容和形式两个方面去划分。

（一）从内容方面来看，公关危机可以分为信誉危机、效益危机和综合危机

（1）信誉危机。是指公关组织由于在经营理念、组织形象、管理手段、服务态度、组织宗旨、传播方式等方面出现失误造成的社会公众对组织的不信任，甚至怨愤的情绪。信誉危机也称之为形象危机，这种危机尽管看上去是软性的，人气方面的，但是它直接影响组织的经济效益和可以量化的其他收益。因此，信誉危机是真正意义上的公关危机，它是组织形象在公众心目中的倒塌，是公关工作的重大失误，如不及时想办法挽救，很快就会波及组织的其他领域，带来灾难性的损失。

（2）效益危机。这种危机是指组织在直接的经济收益方面面临的困境。例如出现了同行业产品价格下调；原材料价格上涨；出现了行业的恶性竞争；或者是该产品市场疲软，产品过剩；或者是组织的投资出现了偏差等等。这方面的危机出现后，也是很棘手的，因为效益是组织存在的生命，所以面临直接的、单纯的经济效益灾难时，要想办法、想策略及时补救做到统筹全局，使亏损降到最小。

（3）综合危机。它是指兼有信誉形象危机和经济效益危机在内的整体危机。这种危机的爆发往往是出现了影响重大的突发性事件，而且情况总是从信誉危机引起，由于处理不及时，或者是事态发展太快而造成了经济利润的全面下降，促成了互相联系的连锁损失，在这种情况下，就需要公关组织刻不容缓地竭尽全力，尽快找到问题的突破口，迅速果断地控制事态发展，有效地解决

面临的问题，使组织尽快走出困境。

（二）从形式方面来看，公关危机包括点式危机、线性危机、周期性危机和综合性危机

（1）点式危机。这种公关危机事件的出现是独立的，短暂的，和其它方面联系不大，产生的影响比较有限，它往往是产生在一定范围内的局部性危机，这也是一种程度较轻的危机状况。在实际的公关工作中，这种危机常属于一般性危机的范围，大部分情况下，处在隐性危机状态。它可能是组织内部某些局部和一些具体因素由于控制不严造成的具体方面的失控和混乱。但是这种危机是大危机到来的征兆，如不及时将问题消灭在萌芽状态，就会酿成大祸。

（2）线性危机，这是指由某一项危机出现的影响而造成的事物沿着发展方向出现的一系列接二连三的危机连锁现象。这种状况往往造成的是一个危机流，如不赶紧阻挡事态发展的势头，就会造成大的灾难。线性危机的根本原因在于事物之间的联系。当组织在公关的某一方面工作中出了问题，面临危机时，一定要措施得当，力度适当，如果某一环节上出现偏差不及时处理，造成失控，那么困难的局面就会像多米诺骨牌一样发生连锁反应，最终由一次危机，演变成一系列的危机。

（3）周期性危机。这是一种按规律出现的危机现象。也就是由于事物的性质和发展规律造成了某些公关工作在经过一段时期后，有节律地出现的危机状态。例如某些产品的销售，有旺季，也有淡季。当进入淡季后，就要有相应的处理措施，以应付不利的局面。这种周期性困难是一种可以预测，能够预防的危机。也就是说公关人员经过几次危机的锻炼后，就会找到危机出现的规律。当积累了一定经验后，就能够把握其规律，控制这种危机的出现，避免危害的发生。

（4）综合性危机。这种危机是指在一个社会组织中，突然出现了兼有以上几种危机汇成的爆炸性危机。它是一种迅速蔓延，向四面发展的危机状态。也是一种最严重的危机状况。它一般是先由点式危机处理不得力造成了线性危机，再加上其他因素的作用，使危机的事态急剧恶化，短期内迅速发展成一种一败涂地的重度危机局面。这种危机的程度最深，挽救和扭转相当困难。一般而言，必须组织内部群众群策群力，上下同心去面对。必要时聘请相关方面的专家，提供专业的意见和建议，或者汇集公关专业人士协同组织的管理和决策者对危机事态进行紧急会诊，及时找到解决的突破口，不然就会彻底葬送先前建立的事业。

除了以上的几类危机情况外，我们在公关中经常遇到的还有根据公关危机危害程度的不同将危机分为一般性公关危机和重大型公关危机。前者程度较

轻，是局部性的，危害小；后者情况严重，是整体性的，危机深重。另外，根据公关危机事件呈现的状态，还可以分为隐性的公关危机（即某些局部要素上的隐患）和显性公关危机（即已经形成事实的整体性危机事件）。

【案例分析】

麦当劳里不和谐的声音

1999 年 7 月，在位于武汉市汉阳家乐福超市二楼的麦当劳餐厅内，数十名顾客愤怒地向“麦当劳”讨说法。

原来这天晚上 8 时 40 分左右，肖先生一家来此就餐，因其 3 岁的儿子特别爱吃番茄酱，便在购买了 36 元的食品后，向服务员提出多给一包番茄酱的要求，却未料，这位中国女服务员在扔下一包番茄酱之后，轻蔑地说：“你们中国人就是爱占便宜。”并掉头离开。

此语一出，满座哗然，数十名顾客愤怒了，纷纷要求餐厅对这一伤害中国人民民族感情的行为向顾客道歉，餐厅值班经理魏某竟站在大厅中央大声宣布：“我们麦当劳没有向顾客道歉的规定”。并有服务员冲顾客嚷到：“你们爱国就别来麦当劳。”

此事一经媒体曝光，给麦当劳造成了极端恶劣的影响。

【案例讨论】

1. 根据公关知识分析这次“麦当劳危机”是属于什么类型的公关危机？
2. 试分析此案例中危机产生的原因。

第二节　公共关系危机管理

一、公共关系危机的预防

公共关系危机预防是指对公共关系危机的隐患进行监测、排查、预控的危机管理活动。虽然说任何组织都可能遇到危机，但是这并非说危机不可预防。而事实上，几乎所有的危机都是可以通过预防来化解的。一般说来，危机事件的发生多半与组织自身的行为错失有关，或是因为违反法令，或是因为不解民情，或是因为管理失当，或是因为产品、服务缺陷所致。当然，其中偶然也有因政府行政过失，媒介妄言轻信或消费者贪婪鲁莽而起，但多数还是根在组织，责在自身。正因为如此，组织才能通过预防措施，减少甚至杜绝危机事件的发生。预防是组织危机管理的重要组成部分，任何组织都应该重视公关危机的预防工作。这是危机公关工作中最艰难、也最有价值的部分。

（一）培养全体员工的忧患意识、危机意识

俗话说：人无远虑，必有近忧。组织要想更好地生存发展，就必须进行危机预防管理，强化全员的危机意识。首先，从观念上要树立危机意识。

在全球化的竞争面前，我们的组织乃至我们的民族时时刻刻都处在危机之中。世界首富比尔·盖茨曾说过“微软离破产永远只有18个月”。这个3年内将股票市值增长50倍的组织家就是通过这么一种危机意识创造出了一个又一个发展奇迹。相反的，有很多组织在得到一定成绩稳步发展时就沾沾自喜，以为自己到了“耶路撒冷”，对危机丧失了警惕，走向了灭亡的不归路。

例如，尽管三株跌入万丈深渊的原因有很多，但其中一个重要原因就是三株人观念落后、缺乏危机意识。1996年，三株在中国范围内建起了最大的市场营销网络，“有这样能深入到全国各乡的营销网络，别说是保健品，就是白开水也能挣大钱”，一些人如是说。“居安不思危”是三株人最真实的写照，也正是这种陈旧的、没有危机意识的观念，为日后三株的经营埋下了事故隐患；阻碍了三株的发展，造成了三株的溃败。而“小天鹅”人在“鹤立鸡群”、“风景这边独好”时始终保持着强烈的危机感。一些员工在组织捧回国奖后产生了自满情绪，“小天鹅”及时开展了反骄破满活动，同时提出“组织最好的时候，也是最危险的时候”，“今天的成功不等于明天就不能失败”的观念以增强员工的危机意识，还提出“今天的质量是明天的市场”，“只有达到先进水平，才能真正走向世界”的经营理念来充实员工的头脑，使他们保持头脑清醒，并实行“产品有末日，组织也有末日”的“末日思想”强化员工的危机意识，促使“小天鹅”人经常与国内外同行业之间找差距，不断改进其产品，为“小天鹅”全面走向市场打下了坚实的基础。“三株”和“小天鹅”的一败一胜，形成了鲜明的对比。要想强化全员的危机意识，首先应从全员的观念上入手，只有观念上有危机意识的存在，员工才会在日常工作中用行动为组织注入活力。

（二）设置符合危机管理要求的组织保障

要求组织在进行组织设计时，必须考虑到以下几个问题：一是确保组织内信息通道畅通无阻，即组织内任何信息均可通过组织内适当的程序和渠道传递到合适的管理层级和人员；二是确保组织内信息得到及时的反馈，即传递到组织各部门和人员处的信息必须得到及时的反映和回应；三是确保组织内各个部门和人员责任清晰、权利明确，即不至于发生互相推诿或争相处理；四是确保组织内有危机反应机构和专门的授权，即组织内须设危机处理机构并授予其在危机处理时的特殊权利。如此一来，组织内信息通畅，责权清晰，一旦发生任何危机先兆均能得到及时的关注和妥善的处理，而不至于引发真正的危机。

（三）要有充分的资源储备

组织的资源储备分为人力资源和财力资源两个部分，其中最为关键乃是人力资源准备。人力资源的准备既要有组织内部的人力资源，也要充分利用社会上的人力资源即外部人力资源。组织内部的人力资源准备主要集中在建立组织自身的精英队伍，其中包括产品技术精英、生产行家、售后服务专家、法律顾问、人力资源专家和谈判能手；而外部人力资源的准备则在于行业专家、学者、媒介精英、政府官员、专业人士等。由于危机处理对于参与人员的素质要求很高，这些人员如果不储备就很难在危机发生时找到合适的人员，从而延误战机并导致处理失败。

二、公共关系危机处理的原则

公共关系部门在处理危机事件、实施危机公关时，绝不是随心所欲，跟着感觉走的行为。必须按照一定的处理原则，妥善地加以处理，用稳妥的方法赢得公众的谅解和信任，尽快恢复组织的信誉和形象，所以，在危机公关中应当遵循的基本原则主要有下面几项。

（一）积极性原则

一旦遇到危机出现，就要有负责的态度，积极投入到调查、了解、分析、判断、决策的工作当中去，寻求最佳的解决方案，争取专家的帮助和公众的支持与谅解，这是危机公关的起码态度。

（二）主动性原则

任何危机发生后，都不要回避和被动性应付，而应积极地直面危机，有效控制局势，切不可因急于追究责任而任凭事态发展。而应积极主动寻找解决问题的契机，变被动为主动，使不利因素变为有利因素。

（三）及时性原则

危机公关的目的在于处理突发性事件，尽最大可能地控制事态的恶化和蔓延，把因危机造成的损失减少到最低程度，在最短的时间内挽回组织的损失，维护组织的形象。因此，事件发生后公关人员要迅速作出反应，果断进行处理，赢得了时间就等于赢得了形象。

（四）统一性原则

危机处理必须冷静、有序、果断、指挥协调统一、宣传解释统一、行动步骤统一，而不可失控、失序、失真，否则只能造成更大的混乱，使局势恶化。

（五）真实性原则

危机爆发后，必须主动向公众讲明事实的全部真相，而不必遮遮掩掩，这样反会增加公众的好奇、猜测乃至反感，延长危机影响的时间，增强危机的伤害力，不利于控制危机局面。

（六）责任性原则

是指无论事件的危害有多么严重，作为组织也要勇于承担责任，做到不推卸，不埋怨，不寻找客观理由。这样才能赢得社会的谅解和好感。

（七）善后性原则

危机事件带来的不良社会影响、不可能在一朝一夕消失殆尽，因此，还要做好危机事件的善后工作，包括对公众损失的补偿，对社会的歉意，对自身问题的检讨等。

（八）灵活性原则

公关工作中出现的危机事件是形形色色的，因此，对不同的公关危机的处理手段也不尽相同。所有针对不同情况下的危机情况要具体问题具体分析，只有根据具体情况，才能进行有针对性、灵活性的处理。由于危机多属于突发性的，不可能有既成的防范措施和解决手段，因此，根据实际情况，灵活处理很重要，也很关键。

（九）全员性原则

组织员工不应是危机处理的旁观者，而是参与者。让员工参与危机处理，不仅可以减轻组织震荡，而且能够发挥其宣传作用，减轻组织内外压力。

（十）创新性原则

危机处理既要充分借鉴成功的处理经验，也要根据危机的实际情况，尤其要借助新技术、新信息和新思维，进行大胆创新。

三、公共关系危机管理的程序

当然，并不是说完善的组织运行机制就不会出现危机。危机是一种客观存在的现象，它会不时地出现在组织面前，这样，对危机进行处理就会显得更为迫切需要。公共关系危机管理的程序一般有下面几个环节。

（一）采取紧急行动

组织公关危机一旦出现，组织就应对其做出反应，主要的工作内容有下面几项。

1. 了解危机事件

危机事件的发生往往是十分突然而且来势汹汹，但这绝对不能影响作为组织最高负责人的冷静。因此，当危机事件发生时，组织负责人首要的事便是召集组织高层听取关于危机事件的报告。报告应由一线员工或亲历员工汇报，力求准确、全面、详尽、客观。不能对危机事件的重要细节隐而不报且必须站在客观的立场进行报告，因为多数时候汇报人在汇报时会有意无意地为自己或为公司开脱责任，隐瞒一些可能涉及自己或公司责任的事实或情节，从而影响对危机事件的全面正确评估。当最高负责人和高层人员听完汇报之后，必须在最短的时间内对危机事件的发展趋势，对公司可能带来的影响和后果，公司能够和可以采取的应对措施以及对危机事件的处理方针、人员、资源保障等重大事情作出初步的评估和决策。

2. 成立临时专门机构

当组织最高负责人对危机事件作出了初步的评估和决策之后，紧接着的工作便是立即成立临时的公共关系危机处理专门机构。临时的专门机构是危机处理的领导部门和办事机构，一般由组织的主要领导负责，公关人员和有关部门负责人参加。成立这样一个机构，对于保证危机事态能够顺利和有效地进行处理是十分必要的。

危机处理的专门机构主要有三方面作用：一是内外通知和联络；二是为媒介准备材料；三是成立公共信息中心，加强对外界公众的传播沟通。

3. 制订危机处理计划

处理危机的专门机构成立之后，首要的工作便是根据现有的资料和情报以及组织拥有或可支配的资源来制订危机处理计划。计划必须体现出危机处理目标、程序、组织、人员、后勤保障和行动时间表。其中还须包括社会资源的调动和支配，费用控制和实施责任人及其目标。计划制订完成并获通过后，策应小组便立即开始进行物质资源调配和准备，而核心小组成员则要立即奔赴危机事件现场，展开全面的危机处理行动。

（二）积极处置危机

经过第一环节采取紧急行动之后，组织要从危机反应状态进入积极处理状态。在这一环节关键是要遵循正确的工作程序，融积极性与规范性于一体，确保有效地处理危机。

1. 积极主动，具有高度的责任感

危机发生后，组织应主动承担义务，积极进行处理，如陶陶居的“蟑螂汤”与“35 次紧急电话”就是很有对比性的两则案例。

陶陶居的“蟑螂汤”曾经是广州人耳熟能详的一个故事，作为国有组织的陶陶居是广州的一个老字号组织，因为在一次饮食当中，顾客在第二次喝汤的时候，赫然发现汤中竟然有一只蟑螂。酒楼碰见这种情况一般的补救措施是撤下这碗汤，再换个别的东西，或者是把这一桌酒席打个折。但遗憾的是这几位顾客不同意这种常见的处理方式，他们要求赔偿交通费、精神损失费、医疗费等等，在争执中，楼面经理口不择言，不慎说出了：蟑螂是中药，那么，蟑螂汤也就没有什么危害，同时，汤都是高温煲出来的，也不会有细菌。勃然大怒的顾客于是迅速地抱起这碗蟑螂汤来到《羊城晚报》，由于陶陶居的领导一直没有高度重视，甚至其办公室主任对采访的记者也态度粗暴，终于使陶陶居在这个“蟑螂汤事件”中一发不可收拾。这本来并不是一个多么难以处理的问题，甚至在这个过程中，顾客与报社都提供了陶陶居两次台阶，但遗憾的是他们选择了放弃，而终于使这只“蟑螂”越长越大，仅在《羊城晚报》的头版就“趴”了一个礼拜，并最终使陶陶居停业整顿。

这是一个典型的国内中小组织公共关系失败的案例，在这个事件中，不存在组织难以克服的问题，考验的只是组织是否具有危机管理的意识。相比而言，同等规模的日本组织却有着陶陶居在管理上的难以企及的高度。

有位名叫基泰丝的美国记者在百货公司，买了没有装内件的“索尼”牌唱机后，火冒三丈，并写好了一篇题为《笑脸背后的真面目》新闻稿。但第二天一早，基泰丝得知昨天下午，售货员发现错将一个空心货样卖给了顾客后，公司连夜开始了一连串无异于大海捞针的行动：打了32次紧急电话，向东京各大宾馆查询，没有结果。再打电话问纽约“美国快递公司”总部，深夜接到回电，得知顾客在美国父母的电话号码。接着又打电话去美国，得知顾客在东京婆家的电话号码。终于弄清了这位顾客在东京期间的住址和电话，这期间的紧急电话，合计35次！这一切使基泰丝深受感动，立即重新写了题为《35次紧急电话》的新闻稿。一共35个紧急电话挽救了一场即将上演的“商场欺诈事件”，从这里我们可以看到一个组织在处理危机的时候所具有的责任感，对于这种由组织自身造成的危机，陶陶居与日本的这个组织因为不同的处理方式，而“陷”入了不同的轮回。

2. 迅速隔离危机险境

在公共关系工作中，危机险境的隔离应重点做好公众的隔离和财产的隔离，对于伤员更是要进行无条件的隔离救治，这也是危机过后有可能迅速恢复组织形象的基础。

3. 控制危机蔓延态势

在严重的恶性事件爆发后的一段时间内，危机不会自行消失，相反，它还可能进一步恶化，迅速蔓延开来，甚至还要引起其他危机的出现。因此必须采取措施，控制危机范围的扩大，使其不致影响别的事物。

4. 查明危机事件真相，收集相关信息

危机发生后，如果没有人能站出来说些什么，那么谣言听多了，也就成了真理。因此，组织出现危机事件后，应及时组织人员，深入公众，了解危机事件的各个方面，收集关于危机事件的综合信息，并形成基本的调查报告，为处理危机提供基本依据。

1996 年，一对 80 多岁的老夫妇诉百事可乐的易拉罐中有注射器的事件被报道后的第三天，第二宗相同事件也被发现报道，到第五天的报道就变成全美 12 州都发现此种事件，数量大得令人惊奇。为了尽快处理此事，百事可乐公司马上对此事展开了调查，真相是老翁使用完注射器后，随手将注射器放入了身边的空着的易拉罐中。所以，组织在出现危机时，应查明真相，以免事情朝更不利的方面发展。

5. 高层领导直接面对危机，要比工作人员更容易取得事半功倍的效果

1999 年夏天，比利时连续发生了几起可口可乐饮料中毒事件，比利时、卢森堡和荷兰的政府立即采取了禁销可口可乐的严厉措施，欧盟也向各成员国发出了饮用“可口可乐”可致病的警告，“可口可乐”马上陷入了全球性的“信誉危机”。危机面前“可口可乐”没有逃避，他们以最快的速度对受害者进行了赔偿，并组织专家对事件进行了调查，结果显示，比利时可口可乐的异味来自有一种空罐底部的废料。此后，可口可乐公司又不惜成本，收回了全部的可口可乐系列产品。总裁艾华士亲自飞往比利时善后，并当场喝了一瓶可口可乐，这张喝可口可乐的照片通过各种传媒发往世界各地，消除了公众的后顾之忧，可口可乐安然度过了危机。

6. 要重视危机的处理态度，牢记“精诚所至，金石为开”

在危机发生后，组织要诚意地公开它的态度，对人们而言，感觉更胜于事实。

1992 年 9 月 29 日至 30 日，强生公司生产的“泰莱诺尔”药品发生了中毒事件，事发后，强生公司立即收回了芝加哥地区所有的“泰莱诺尔”药品，用了 50 万美元向可能与此有关的对象发出信息，公众感觉自己受到了重视，马上消除了对中毒恐惧和对强生公司产生的信任危机。经过了一系列的危机处理，强生不仅收回了价值 12 亿美元的止痛片市场失地，还利用倡导无污染药品包装赶走了竞争对手。

组织的危机无处不有，无时不在，并时时威胁着组织的健康发展。作为组织的经营者，在贯彻制度的同时，还应充分意识到危机管理对组织的重要性，建立起一套适合组织发展，并能供自身掌握的监察网络和手段。“塞翁失马，焉知非福”，组织有危机并不可怕，重要的是将危机变为机遇，成为组织发展的催化剂。

7. 分析研究，确定对策

组织危机处理人员提交危机事件的专题调查报告之后，应及时会同有关职

能部门，进行分析、决策，针对不同公众确立相应的对策，制定消除危机事件影响的公关方案。

1993 年 7 月，美国百事可乐公司突然陷入一场灾难。美国的各个角落都在传说，在罐装百事可乐内接连出现了注射器和针头。甚至有人活灵活现地描述针头如何刺破了消费者的嘴唇。百事可乐公司一方面不惜代价买下美国所有电视、广播公司的黄金时间和非黄金时间反复进行辟谣宣传，并播放百事可乐罐装生产线和生产流程录像，使人们看到饮料注入之前，空罐个个口朝下、经过高温蒸汽和热水冲击消毒后便立即注入百事可乐饮料，随之封口，整个过程在数秒钟之内完成，使消费者看到任何雇员要在数秒钟之内将注射器和针头置于罐中都是不可能的。随后百事可乐公司通过与美国食品与药物管理局密切合作，由该局出面揭穿这是件诈骗案，政府部门主管官员和公司领导人共同出现在电视荧屏上，事实得以澄清。

由于百事可乐公司及时地把真相告知公众，其声誉很快地得到恢复，公众对其产品也就更加信赖，百事可乐不仅没有在危机中毁灭，相反在危机中更得到了提升。

8. 及时与媒体联系，发布信息

如美国明尼阿波利斯的诺维特银行突然失火，大火吞噬了 16 层的银行大楼，很多人惊慌失措，储户们一心急于提款，对他们来说，银行失火就意味着他们的钱也着火了。失火后，银行总裁通过广播和电视告诉储户，他们的款项和其他物件都很安全，整个大楼已经投保，各分行照常营业，并在银行对面设立了“临时”办公室，集中处理客户及媒体的来信，记者还可与总裁直接通话。一些职员身穿易辨认的红白色且有银行字样的 T 恤在街上奔忙，以导引顾客去银行营业部。最后银行顺利地度过了这场灾难性的危机。

（三）汇报结果，总结经验教训

危机事件解决方案的达成和实施，并不意味着危机处理的过程结束。对组织来讲，最为重要的一个危机处理环节便是总结经验教训。这个环节之所以如此重要是因为组织可以从这个环节中发现组织经营管理中存在的问题，并且有针对性地进行改进和提高。同时组织还可以从中总结经验，并对之进行发扬光大。

四、公共关系危机的处理对策

危机公关的对策包括总对策和具体对策。其中总的对策要求是：重视事实，迅速调查，妥善处理，做好善后工作，再造组织形象。而具体对策则要根据不同的公众对象分别采取不同的对策。

（一）组织内部对策

迅速成立处理事件的专门机构，判明情况、制定对策，安抚受损人员及相关人员，奖励有功人员。

（二）针对受害者的对策

认真了解受损情况，实事求是地承担责任，并诚恳道歉。冷静听取受害人的意见，做出赔偿损失的决定。避免发生不必要的争执，给受害人以同情和安慰，派专人负责受害者要求，并给予重视。

（三）针对新闻界的对策

实事求是不回避，不隐瞒；设置临时记者接待场；主动向新闻界提供事实真相和相关的信息，并表明自己的态度；在事实结果没有明朗之前，不信口开河，盲目加以评论，与新闻界密切合作，表现出主动和信任；以客观公正的态度表明自己的看法，不带有主观情绪；借助新闻媒介表达自己的歉意，并向公众做出相应的解释。无论哪种情况，公关人员都不能用“无可奉告”来抵挡公众及新闻媒介。气急败坏的否认不但于事无补，反而“越描越黑”。

（四）对上级主管部门的对策

事故发生后，及时、主动向组织的主管部门汇报，汇报应实事求是，不能文过饰非，更不能歪曲真相，混淆视听；事故处理中，定期汇报事态的发展情况，求得上级主管部门的指导和支持；事故处理后，对事件的处理经过、解决方法和今后的预防措施要及时总结并向上级详细报告。

（五）对消费者及其团体的对策

事故发生后，组织要及时通过各种可以利用的渠道，如零售网络、广告媒介等，向消费者说明事件的经过、处理办法及今后的预防措施；热情接待消费者团体及其代表，因为他们代表消费者的利益，在新闻界很有发言权，应热情并慎重接触。

【案例分析】

某日，某食品厂接到代理店的电话，说有人投诉该厂的食品卫生不好，吃了后上吐下泻，人已经送去医院治疗。

食品厂接到电话，主管们紧急磋商，赶紧安排客户部经理带人赶往医院。原来，在工厂工作的颜先生，中午回家路过小食店买了该厂小袋食品给小孩子吃，其小孩吃后不到3小时，即发生呕吐和腹泻。颜先生一看不妙立即送往医院，经医生诊断为急性肠胃炎，估计是食物不洁所引起的，于是，颜先生投诉食品店要求承担相应责任。

了解到以上情况，服务部经理赶紧将情况汇报给厂领导，在领导的支持下，先垫付医疗费，厂领导带水果与补品前往医院看望孩子，并聘请一名专职护理人员精心照看孩子，同时向医院申请最好的专家给予治疗。经过医院精心治疗和护理，孩子很快康复出院，厂里派出专人接小孩出院。

到了孩子家里，服务部经理特意送上一笔补偿金。颜先生有感于食品厂负责的态度和良好的补救方法，也没有再提出过分的其他补偿要求，并主动交出医院化验单，承诺此事到此为止，不再对外扩大影响或再追究厂方的责任。

至此，一场危机事件终于在真诚补救中得以化解。

【案例讨论】

1. 该投诉危机事件的化解，给你什么样的启示？

2. 为什么该企业能够很快化解这场危机，关键要领是什么？

3. 为什么颜先生会满意厂方的做法，而放弃继续追究的权利呢？

4. 如果厂方没有对消费者出现的问题给予及时有效的解决，会产生什么样的后果呢？

【本章小结】

组织危机产生的原因很多，一般来说，大致可以分为组织内部环境原因和组织外部环境原因。如经营管理不善、市场信息不足、同行竞争、甚至遭到恶意破坏等，或其他自然灾害、事故，都可能使得现代组织处于危机之中。公共关系危机的特点：必然性与偶然性；突发性与渐进性；破坏性与建设性；急迫性与关注性。

公共关系危机管理的程序一般有下面几个环节。

1. 采取紧急行动。组织公共关系危机一旦出现，首先应听取危机事件汇报，成立临时专门机构，制订危机处理计划。

2. 积极处置危机。积极主动，具有高度的责任感；迅速隔离危机险境；控制危机蔓延态势；查明危机事件真相，收集相关信息；高层领导直接面对危机；要重视危机的处理态度；分析研究，确定对策。

3. 汇报结果，总结经验教训。发现组织经营管理中存在的问题，并且有针对性地进行改进和提高。

公共关系危机的对策包括总对策和具体对策。总的对策是重视事实，迅速调查，妥善处理，做好善后工作，再造组织形象。具体对策是根据不同的公众对象分别采取不同的对策。

【课后实训】

1. 通过网络、报刊等媒体，收集整理一个公关危机的案例，并完成以下操作练习。

（1）列出该公共关系危机产生的原因，要求3条以上。

（2）如果你是该事件中的公共关系主管，你如何处理。请列出你的处理方案，要求5条以上措施。

2. 以小组为单位访问本地一家组织，与其消费者服务部门进行交流沟通，了解近年该组织接受的消费者投诉事件，学习处理该类事件的方法和技巧。

3. 请以小组为单位替你所在的学校制订一份公共关系危机管理方案。

第九章 公共关系礼仪

本章导读

“公关礼仪”是人们在现代社会交往中各种符合公关精神、准则、规范的交往方式、行为方式、社会活动、典礼程序以及与之相适应的标志、服饰等的总称。

在公共关系活动中，公关人员需要广交朋友，沟通多种信息，融洽与协调多方面的社会关系，减少社会摩擦，化解各类矛盾与冲突，为组织创造一个“人和”的社会关系环境。尤其在组织与外界的交往中，更应该讲究公共关系礼仪。因为它是组织风貌、员工精神状态、公关人员工作水平和专业技能的最集中体现，也是各种人际沟通和社会交往的方法，处理大量联系事宜与外交事务所必须遵从的行为准则。

学习目标

1. 了解公共关系礼仪的概念与主要形式。
2. 理解礼仪在公共关系活动中的重要作用。
3. 掌握常用的公共关系礼仪常识。

课前思考

1. 什么是公关礼仪？公关礼仪有什么特点？
2. 为什么要重视公关礼仪？
3. 公共关系礼仪有哪些形式？分别有哪些特点？
4. 如何做好接待、宴请等礼仪工作？

第一节　公共关系礼仪概述

“礼”在我国泛指社会道德或行为准则，也是表示敬意的通称。“仪”一般指仪式、仪典。“礼仪”，泛指人际交往中惯用的行为规范和方式，是礼节和仪式的总称。礼节是人们在日常交往和交际场合中，相互表示尊重、祝颂、问候、致意、致谢、哀悼、慰问以及给予必要协助的惯用形式。这是礼貌在语言、行为、仪态等方面的规则化，是待人处事的规矩。礼仪是在较大或较隆重的社交场合，为表示礼节、礼貌而举行的礼宾仪式。它起源于原始的宗教祭祀活动，最初是对人们祭拜神鬼、祖先时行为的一种规定，随着社会交往活动的繁荣而日趋完善，成为一种体系性、审美性很强的社交规范。

一、公关礼仪的概念

公共关系礼仪，简称公关礼仪，是指产生于一定文化道德基础之上的用以调节组织与公众关系，促成相互均衡和谐发展的行为规范和准则。它是人们在现代社会交往中各种符合公关精神、准则、规范的交往方式、行为方式、社会活动、典礼程序以及与之相适应的标志、服饰等的总称。它也是公关人员在公共活动中应尊重他人，讲究礼节的程序。

公关礼仪是由公关礼貌、公关礼节、公关仪式三要素组成。公关礼貌是指在交往中所表现出的敬重和友好的行为。如守时、尊重妇女、面带微笑等。公关礼节是礼貌在语言、行为、仪表等方面的具体规定。如拜访客人的礼节、致意的礼节。公关仪式是一种具有固定性质的礼貌、礼节。如奠基仪式、庆典仪式、迎宾仪式等。

二、公关礼仪的重要性

在日常生活和工作中，礼仪能够调节人际关系，从一定意义上说，礼仪是人际关系和谐发展的调节器，人们在交往时按礼仪规范去做，有助于加强人们之间互相尊重，建立友好合作的关系，缓和与避免不必要的矛盾和冲突。一般来说，人们受到尊重、礼遇、赞同和帮助就会产生吸引心理，形成友谊关系，反之会产生敌对，抵触，反感，甚至憎恶的心理。

（一）有利于提高个人素质

公关人员的素质就是公关人员个人的修养和个人的表现。教养体现细节，细节展示素质。作为从事公共关系活动的人员，应该从我做起，从每一件小事上都注重礼仪修养，做到“秀外慧中”，才能树立起良好的个人形象。

（二）有利于良好的人际沟通

企业在从事经营活动的过程中，难免碰到这样或哪样不畅的事情，这些事情如果处理不当，不仅公众对公关人员的印象不佳，而且还会影响企业的形象。如果人们都能够自觉主动地遵守礼仪规范，按照礼仪规范约束自己，就容易使人际间感情得以沟通。公关礼仪能调解冲突、化解矛盾、消除分歧、增进理解、达成谅解、调适人际关系，使之趋于和谐。建立起相互尊重、彼此信任、友好合作的关系，进而有利于各种事业的发展。

（三）有利于提升组织的形象

礼仪的基本目的就是树立和塑造企业及个人良好的形象。所谓个人形象就是个人在公众观念中的总体反映和评价。良好的礼仪修养是公关人员必备的素养，是公关工作的前提。知礼、守礼才能保证与人正常交往，良好交往，才能赢得人们的尊敬，塑造一个良好的个人形象，同时也塑造良好的组织形象，从而更好地开展公关工作。否则，不仅损害个人形象，也损害组织形象。比尔·盖茨说：“企业竞争，是员工素质的竞争，更是企业形象的竞争。”

三、公关礼仪的原则

由于公关礼仪是建立在业缘基础上的现代礼仪，因而除了人类共同应有的交往原则以外，还应注意以下几个方面的原则。

（一）系统整体原则

礼仪是一个完整体系，几千年来已经无所不包，因而在对外交往和公关交往中，我们一定不能忽视它的整体性。因为来宾或合作对象的性别、年龄、国籍、民族、宗教、信仰、职业等都决定了他适应并喜好什么样的礼仪接待，搞错一个环节都可能招来负面效果。

（二）真诚尊重原则

真诚是对人对事的一种实事求是的态度，是待人真心真意的友善表现，真诚和尊重首先表现为对人不说谎、不虚伪、不骗人、不侮辱人，所谓“骗人一次，终身无友”。相信他人，尊重他人，所谓“心底无私天地宽”，真诚的奉献，才有丰硕的收获，只有真诚尊重方能使双方心心相印，友谊地久天长。

（三）平等适度原则

平等在交往中，表现为不要骄狂，不要我行我素，不要自以为是，不要厚此薄彼，不要傲视一切，目中无人，更不能以貌取人，或以职业、地位、权势压人，而是应该处处时时平等谦虚待人，唯有此，才能结交更多的朋友。适度的原则是在交往中把握分寸，根据具体情况、具体情境而行使相应的礼仪，如在与人交往时，既要彬彬有礼，又不能低三下四；既要热情大方，又不能轻浮谄谀；要自尊不要自负，要坦诚不要粗鲁，要信人不要轻信，要活泼但不能轻浮。

（四）自信自律原则

自信是社交场合中可贵的心理素质，一个有充分信心的人，才能在交往中不卑不亢、落落大方，遇强者不自惭，遇到磨难不气馁，遇到侮辱敢于挺身反击，遇到弱者会伸出援助之手。

（五）信用宽容原则

信用即讲信誉的原则，孔子说："民无信不立，与朋友交，言而有信。"在社交场合，尤其要讲究一是要守时，与人约定时间的约会、会见、会谈、会议等，决不拖延迟到。二是要守约，即与人签订的协议、约定和口头答应的事，要说到做到，即所谓"言必信，行必果"。故在社交场合，如没有十分的把握就不要轻易许诺他人，许诺做不到，反落了个不守信的恶名。宽容是一种较高的境界，容许别人有行动与见解自由，对不同于自己和传统观点的见解要公正地对待。站在对方的立场去考虑一切，是你争取朋友的最好方法。

（六）尊重习俗原则与风俗禁忌原则

"十里不同风、八里不同俗"，"进门见礼，出门问忌"，这些劳动人民有益的格言都说明尊重各地不同风俗与禁忌的重要性。特别是在对外交往中不懂外国禁忌，不懂少数民族禁忌可能会造成不愉快的后果。

（七）差异性原则

由于历史、文化、经济、政治的差异，在与外国人交往中，不光语言不同，而且在意识形态的许多方面都会产生歧义，因而我们必须有充分的心理准备和技术准备。这些主要差异包括自我意识不同、价值观不同、行为准则不同、崇拜方式不同、生活方式不同、招待方式不同、送礼受礼方式不同、民族心态不同、生活习惯不同、忌讳不同、审美情趣与标准不同。

以上这些原则只是众多礼仪原则中的几个关键。具体礼仪要求规范，我们下面要详细介绍。国际公关协会提出的口号是"传播、沟通、和谐、拓展"，我们应该运用礼仪的知识，提高自身的素质，成为一个符合时代潮流的现代公关人，和谐地拓展自己的公关事业。

四、公关礼仪的特点

（一）民族性

不同的民族由于自然条件、地理环境、生活习惯的不同，会产生不同的礼貌、礼节和礼仪。

（二）公德性

礼仪要受社会公德的制约，即在一定社会范围内，长期以来逐渐形成的一种被大多数社会成员认可的思想和行为规范，是人们评价善、美、恶、丑的习惯性标准，具有约定俗成的本质属性。礼仪不能违背这些社会公德。

（三）沿袭性

社会不断发展，历史不断前进，礼仪作为人类生产生活的一个有机组成部分不可能是一成不变的。但是礼仪习惯和礼仪制度的变化又不是剧烈的、飞跃式的，而是在延续、继承的前提下的一种缓慢重叠。

五、公关人员的礼仪修养

（一）真诚

交往时，待人要真心诚意，心口如一。待人真诚的人，也会得到别人的信任。表里不一，口是心非，缺乏诚意的人，即使在礼仪形式上做得无可指责，最终还是得不到他人的信任，使交往难以继续。

（二）热情

公共关系人员对人要有热情。热情会使人感到亲切、温暖，从而缩短他人与你的感情距离，愿意与你接近、交往。但热情过分，会使人感到虚情假意，因而有所戒备，无意中筑起一道心理防线。过多的吹捧语言、勉强他人吃饭喝酒，会使人不堪负担，陷于难堪。而交往时冷冰冰，就使人难以接近，甚至产生误解。

（三）温和

温和的人，说话和气，一般比较有耐性，待人不严厉、不急躁、不粗暴。这样的人，态度亲切，乐意听取他人的意见，有事能与他人商量，容易同他人建立亲近的关系。公关交往中，需要这种性格。但温和不能唯唯诺诺，过分顺从，缺乏个性和主见。这样会令人轻视，不利于交际。

公共关系人员与各种公众、不同思想性格的人打交道，要处理各种各样的问题。对对方的误解、无礼，要有气量，宽大为怀；要允许不同观点的存在，也要原谅他人对你的利益的无意侵害。你谅解了他人的过失，允许别人与你的不同，可以化解矛盾，赢得他人的敬重，有利于大局。

（四）大方

公共关系人员需要代表组织与社会各界人士联络沟通，参加各种社交活动，所以要讲究姿态和风度，既稳重端庄，又落落大方，举止自然。讲话、表演、道歉、走路等都要大方，表现出自信和成熟，使人感到你所代表的组织可敬重。

（五）幽默

公关人员应当争取交往中的位置。言谈幽默风趣，使他人觉得因为有了你而兴奋、活泼，并使人从你身上得到启发和鼓励。这样，你就会成为交往中的一个核心，他人乐于与你在一起，围在你的周围，有利于你开展有关工作。

（六）注意小节

有的人做事大大咧咧，行为没有拘束，不拘小节，如进入他人会议室，推开门就往里闯；展览会上随便触摸展览品；当众掏鼻孔、剔牙齿等，不拘小节，反映出一个人的行为修养较差。在注重礼仪的社会交往场合，不注意小节的人是不受欢迎的。作为一位公关人员，注意小节，彬彬有礼是最起码的交往行为修养。

总之，良好的公关礼仪修养是公关人员优良素质的体现，也是搞好公关礼仪的基础。

【案例分析一】

20 世纪 30 年代世界经济一度处于大萧条中，全球旅馆业倒闭了 80%，希尔顿旅馆也负债 50 万美元，但这家老板没有灰心丧气。他教导员工，无论旅馆本身的命运如何，在接待旅客时千万不可愁云满面。他说，希尔顿旅馆服务人员脸上的微笑永远是属于旅客的。自此，员工们的微笑服务使旅客对希尔顿旅馆充满了信心，在社会经济普遍不景气背景下，不仅挺过萧条，而且一枝独秀。

【案例讨论】

结合案例，谈谈你对公关礼仪的一些理解。从案例中你得到什么启示？

【案例分析二】

一位女推销员在美国北部工作，一直都穿着深色套装，提着一个男性化的公文包。后来她调到阳光普照的南加州，她仍然以同样的装束去推销商品，结果成绩不够理想。后来她改穿色彩淡的套装和洋装，换一个女性化一点的皮包，使自己有亲切感，着装的这一变化，使她的业绩提高了 25%。

【案例讨论】

如果你是一位公共关系从业人员，应该从哪些方面注意自己的礼仪修养？

第二节　公共关系礼仪的形式

一、仪容服饰礼仪

公共关系人员应该是充满魅力的人。魅力，是一种能够吸引人的力量，它是一个人内在美和外在美的统一，其中，人的仪容和服饰是构成魅力的一个组成部分，它不仅反映其主体的审美能力，也反映其文化、道德、礼仪水平，因此，仪容和服饰既具有自然属性，也具有社会属性。公共关系人员与各种人打交道，在各种场合露面，应重视自己的仪容仪态。

仪容礼仪指一个人在容貌、举止方面保持美好的礼节规范和要求。主要包括个人卫生礼仪、举止礼仪和服饰礼仪等。

（一）个人卫生礼仪

经常洗澡、洗头，保持身体各部位干净；保持口腔清洁，早、中、晚都应刷牙漱口，每隔三个月，最长半年，洗一次牙。有些男士，衣冠楚楚，一开口，满嘴黑牙、黄牙，斑斑驳驳，很不雅观。如有牙病、口臭，应及时治疗，带着异味与人交谈很不礼貌，如吃了辛辣食物后，应及时漱口。

衣服保持干净整洁。内衣内裤应勤洗勤换。一般1～2天应换一次；衬衫领口、袖口保持干净，1～2天换一次，不要等非常脏了再换；皮鞋应无灰土、应锃亮。

参加社交活动之前，应简单修饰一下自己，除了身体各部位要干净之外，还要注意修面、剪鼻毛、剪指甲，男士应剃胡子、梳理好头发，女士也应整理一下发型。

参加社交活动，还应注意饮食卫生。首先，患有传染病的人不应与别人一同进餐，以防传染给别人；其次，在公共场合，不要与别人同喝一杯茶、同饮一杯酒，或共用餐具等；再次，不要用自己的筷子给别人夹菜，不要在盘子里搅来搅去。

（二）举止礼仪

举止礼仪是指人们在社交活动中各种表情与姿态行为的规范，包括人的站姿、走姿、坐姿、面部表情等。

1. 站姿

中国人素有“站如松、坐如钟、卧如弓、行如风”之说，优美而典雅的站姿，是发展人的不同质感动态美的起点和基础。良好的站姿应该是直立，头端，肩平，挺胸，收腹，直颈。在具体要求上，男女略有不同。

(1) 男士站姿。男士站立时，应将身体的重心放在两只脚上，头要正，颈要直，抬头平视，挺胸收腹不斜肩，两臂自然下垂，从头到脚成一条线。与人站立谈话时，浑身扭动，东张西望，斜肩叉腰均属轻薄浮滑举动，应注意避免。

(2) 女士站姿。女士要想使自己具有优雅迷人的站姿，关键要让自己的双脚、双膝、双手、胸部和下颌等五个部位都处于最佳的位置。正式场合最优雅动人的站姿应当是：全身直立，双腿并拢，双脚微分，双手搭放在腹前，抬头、挺胸、收腹、目视前方。

2. 走姿

即人们行走时的姿态，它是以优雅、端庄的站姿为基础的。一般说，行走时步履应自然、轻盈、敏捷、稳健。主要有以下几个要点。

在一般情况下，女士往往穿高跟鞋，故步伐小一些，一步走30厘米左右，才会显得更为高雅迷人。同时行走的速度也应当不紧不慢，保持节奏感。同样，男士的步伐会毫不掩饰地向人流露：你是什么样的人，你目前精神面貌如何？若想给人以严肃、威严的印象，挺起腰板，摆平脑袋，步伐大而稳健；若想给人以儒雅、谦和的印象，则可以放慢、放轻脚步；若希望让人觉得你年轻，富有活力，尽可能地增加步履节奏感。无论怎样，不要拖沓萎靡。

作为公关人员，应当懂得稳重大方和不妨碍他人的重要性，所以在公共场合，即使遇上急事，也轻易不要表演“百米冲刺”。稍微快走几步则是许可的，不要走起路用力过猛，尤其是公关小姐穿着钉有铜跟的高跟鞋行走时不要忘记这一点。这种声音对你可能妙不可言，对于别人则绝对是属于噪音的。

3. 坐姿

动态的美扣人心弦，静态的美亦令人心动。坐姿是指人们就座时和坐定之后的一系列动作和姿势。一般来讲，坐姿应当高贵，文雅，舒适自然。基本要求是，腰背挺直，手臂放松，双腿并拢，目视于人。

公关人员在入座时一定要做到不紧不慢，不慌不忙，大大方方地从座椅的左后侧接近它，然后不声不响地轻轻坐下。

通常男士入座后，人体重心要垂直向下，腰部挺起，上身垂直，不要给人以“瘫倒在椅子上”的感觉。坐时，大腿与小腿基本上成直角，双膝应并拢，或微微分开，两脚平放地面，两脚间距与肩同宽，手自然放在双膝上或椅子扶手上，头平稳，目平视。

女士就座时还要注意以下两个要点。第一，在正式场合就座时，背部要保持挺直。不应倚靠在椅背上，尤其是不应把头靠在椅背上。第二，应注意就座后双手旋转的位置。一般坐下之后，双手可自然地旋转于双腿之上。第三，女士若坐下之后所要面对的是异性，则通常应当在入座前用手将裙子拢一下，显得娴雅。要是面对一位异性坐定之后，才大模大样地前塞后掖自己的裙摆，难免会失之于庄重。

4. 面部表情

所谓表情是指眼、眉、嘴、鼻等部位和面部肌肉的情感反应。在人的千变万化的面部表情中，眼神和微笑最具有礼仪功能。“眼睛是心灵的窗户”，通过人的眼神变化，可以洞悉其内心世界的复杂情感信息，其信息负载量可能大于有声语言，且比有声语言更真实。

公关人员在与公众打交道时，面部表情的基本要求就是热情、友好、诚实、稳重、和蔼。

（1）眼神

面部表情中起主导作用的是眼睛，眼睛对内心情感的传达主要是靠眼神。为此，公关人员要学会正确地运用眼神，要学会用眼神表示对别人的尊重与友好。

眼神能很好地表达出对他人的尊重与否，例如俯视带有权威感，且有诲人之意，仰视表示尊敬与景仰。因此与人交往时，尽量不要站在高处自上而下地俯视于人；面对长辈、上司和贵宾时，站立或就座应选择较低下，自下而上地仰视对方，往往会赢得对方的好感。

当与两个或两个以上的人共处时，不应当只看着自己的熟人、与自己谈得来的人，而冷落了其他人。即使是在接待尊卑有序的许多客人时，在重点照顾好高位尊者的同时，也应当适当地与其随员和下属进行眼神的交流。面对有男有女的几位客人时，对异性和同性要“一视同仁”，否则与异性谈话两眼炯炯有神，与同性谈话时两眼却黯淡无光，这样无法与客人达到真正的心理沟通。

（2）微笑

五官中，嘴的表现力仅次于眼睛，嘴的开合，嘴的向上、下运动都能传递一定的信息。在公关活动中，为了表示对交往对象的友好与尊重，公关人员的最佳表情应是面带微笑。微笑是一种人人皆知的世界语。微笑传达的信息常能促进双方沟通，融和双方感情，比如当谈话取得一定效果，谈判达成一定协议时，双方能会心地微微一笑，常常能弱化或消除存在于心中的戒忌和隔阂，增进理解和友谊。

日本航空公司的空中小姐，仅微笑一项，就要训练半年之久，这足以说明微笑对人际交往的突出效用。要掌握好它，要紧的诀窍只有一个：发自真心，有诚意。微笑既不是奴颜婢膝地曲意奉承，强作笑颜，也不是例行公事似的皮笑肉不笑，或是笑得夸张放肆。微笑的基本做法是：不发声，不露齿，肌肉放松，嘴角两端向上略为提起，面含笑意，亲切自然，使人如沐春风。其中亲切自然最重要，它要求微笑出自内心、发自肺腑，而无任何做作之态。也只有这种发自真心和诚意的微笑，才能使一切与你接触的人都感到轻松和愉快。

（三）服饰礼仪

所谓服饰，包括服装和饰品两部分。服饰是社会风尚的象征，是个性美的展现。因此，透过服饰的选择，能够体现出人与服饰、精神与形体的和谐，体现出人的性格特点、文化修养、审美能力和情感需求，也体现出人的地位、财富、职业特征。可以说，服饰浓缩了社会的历史、政治、经济、文化和科技，浓缩了一代又一代人对美的认识、情感体验和价值取向。服饰打扮的原则主要有以下几方面。

1. 整洁原则

这是服饰打扮最根本的原则，一个穿着整洁的人总能给人积极向上的感觉，总是受欢迎，而一个衣衫褴褛的人，给人的感觉总是消极颓废的。

2. 个性原则

不同的人由于年龄、性格、职业、文化素养不同，自然就会有不同的气质，因此，服饰的选择既要符合个性气质，又要能通过服饰突现个性气质。

3. 和谐原则

美的最高法则即是和谐。对于服饰打扮应包含两层含义：一是指服饰应与自己的社会属性（即职业、社会地位、文化修养等）相和谐；二是指服饰应与自己的自然属性（即年龄、体型、肤色、发型、相貌特征、性格特征等）相和谐。

4. 着装的 TPO 原则

TPO 原则是国际上公认的穿衣原则。TPO 是英文 Time（时间）、Place（地点）Object（目的）三个单词的缩写。

（1）T 原则，是指服饰打扮应考虑时代的变化、四季的变化及一天各时段的变化。服饰应顺应时代发展的主流和节奏，不可太超前或太滞后；服饰打扮还应考虑四季气候的变化，夏季应轻松凉爽，冬季应保暖舒适，春秋两季应增减衣服并防风；服饰还应根据早中晚气温的变化及是否有活动而调整。

（2）P 原则，是指服饰打扮要与场所、地点、环境相适应。在严肃的写字楼里，小姐穿着拖地晚礼服送文件，将是什么情景？在工作场所就应穿职业服，回到家里就应穿居家服，不同的时空应选择不同的服饰。

（3）O原则，是指服饰打扮要考虑此行的目的。参加国事活动，服饰打扮自然要稳重大方；而与女友旅行，则应穿得轻松舒适些。

总之，TPO原则的三要素是互相沟通、相辅相成的。人们总是在一定的时间、地点、为某种目的进行活动，因此，我们的服饰打扮一定要合乎礼仪要求，这是工作、事业及社交成功的开端。

二、公共关系见面礼仪

人与人交往的第一步就是见面。见面及见面时的礼节是公关人员留给公众第一印象的重要部分。例如一位年轻的女士与一位先生握手，有的女士自认为很淑女、很懂礼貌，表现的却是不懂礼貌，没有见过世面、不够落落大方。见面礼仪包括：介绍、握手、称呼、致意、问候和交换名片几个重要细节。

（一）介绍

介绍，简单地说就是向有关人士说明情况，使双方相互认识，通过符合礼仪的介绍可以使互不认识的人之间解除陌生和畏惧，建立必要的了解和信任。属于社交场合的介绍基本上有两种，即自我介绍和为他人作介绍。

1. 自我介绍

自我介绍是跨入社交圈，结交更多朋友的第一步。如何介绍自己，如何给对方或其他人留下深刻的印象，可以说是一门艺术，这与个人的气质、修养、思维和口才密不可分。一个人是否有人缘、魅力或者说吸引力，往往在第一面时就已心中有数。学会自我介绍，可以树立自信、大方的个人形象。

自我介绍时，须先向对方点头致意，得到回应后，可根据情况，主动向对方介绍自己的姓名、身份、工作单位，同时递上事先准备好的名片。如“我是某某，是某某公司公关部经理，很高兴认识您（或很高兴和大家在此见面），请多关照!”

2. 为他人介绍

为他人介绍，首先应了解双方是否有结识的愿望，切不可冒昧引见，尤其在双方职位或地位相差悬殊的情况下。最客气的介绍方法是以询问的口气问，如“××，我可以介绍××和您认识吗”？“您想认识××吗?”等等。如对方同意，那么正式介绍时，最好先说诸如：“请允许我向您介绍……”，“让我介绍一下”等礼貌语。介绍时，应面带微笑，说话要简洁。如“尊敬的约翰·威尔逊先生，请允许我把杨华先生介绍给您。”比较随便一些的话，可以略去敬语与被介绍人的名字，如“张小姐，让我来给你介绍一下，这位是李先生”。

介绍的先后顺序应当是：先向身份高者介绍身份低者，先向年长者介绍年幼者，先向女士介绍男士等，特别尊重的一方有了解的优先权。在口头表达时，先称呼应特别尊重的一方，再将被介绍者介绍出来。介绍时，应有礼貌地以手示意，不能伸出手指来指去。被介绍时，除年长者或妇女外，一般应起立；但在宴席、会谈桌上不必起立，而以微笑、点头表示。

（二）称呼

合理地称呼对方，既是对他人的尊重，又反映了公共关系人员的礼仪修养。称呼是一个比较复杂的问题，目前在国际上主要有以下几种称呼方式。

（1）一般称。这是最简单、最普遍的称呼，特别是面对陌生公众时最常用的称呼方式。如“小姐”、“先生”、“夫人”、“太太”、“女士”、“同志”等。其中，使用频率最高的是头两个，未婚女子可统称“小姐”，已婚女子统称为“夫人”或“太太”，如搞不清对方的婚姻状况，可统称“小姐”，对职业女性可统称为“女士”。

（2）职务称。如“张经理”、“孙局长”等。

（3）职业称。如“王老师”、“孙警察”等。

（4）姓名称。如一般同龄人、好朋友之间，直呼其名，显得更亲密。

（5）亲属称。如“王爷爷”、“张叔叔”等。

不同国家、民族及其语言、风俗习惯不同，反映在称呼方面，也有不同的礼节。在对外交往中，对男子一般称先生。对英国人则不能单独称“先生”，而称“某先生”。美国人随便，容易接近，很快就可直呼其名。对妇女，一般称夫人、女士、小姐，不了解其婚姻情况的女子可称其为女士。在日本，对妇女一般不称女士，而称“先生”。美国、墨西哥、德国等国家，没有称“阁下”的习惯。要特别注意每个国家都有不同的称呼方式，要先问清，再称呼，否则，容易引起不满或误解。

（三）握手

握手既是见面的一种礼节，又是一种祝贺、感谢或相互鼓励的表示。握手的力量、姿势与时间的长短往往能够表达握手人对对方的不同礼遇与态度，显露自己的个性，给人留下不同印象；也可以通过握手来了解对方的个性，从而赢得交际的主动。有的人握手能拒人千里之外，有的人手却充满阳光，他们伸出手来与你相握时，你会感到很温暖……

（1）握手正确的姿态是距离对方约一步左右，两足立正，上身微微前倾，面带微笑，伸出右手握住对方的右手。伸出的右手应四指并拢，拇指自然张开，紧握住对方的手，上下摆晃三下就松开自己的手，握手时间应以3～5秒为好。

（2）握手的顺序。握手的顺序是指彼此相见时谁先伸手谁应握。它主要根据握手人双方所处的社会地位、年龄、性别和各种条件来确定。一般说来，在社交场合握手的基本规则是：主人与嘉宾相互握手，主人应先伸出手来，宾客待主人伸出手后，方可伸手握之；年长者与年轻者相互握手，年长者应先伸出手来，年轻者待年长寄伸出手后，方可伸手握之；身份高者与身份低者相互握手，身份高者应先伸出手来，身份低者待身份高者伸出手后，方可伸手握之；女士与男士相互握手，女士应先伸出手来，男士待女士伸出手后，方可伸手握之。在码头、车站、机场等场合迎接客人，主人应先伸手，表示非常友好地欢迎对方。

握手时应注意，男子在握手前应脱下手套，摘下帽子。男女握手，一般男子只要握一下女方的手指部分即可，多人同时伸手时，注意不要交叉，待别人握完后再伸手。

（四）致意

除握手礼外，在国内的社交场合人们使用的见面礼还有举手、点头、脱帽、欠身等。它们主要适用于已经相识的友人之间在大庭广众中相互致意。

1. 致意的基本规则

致意的基本规则是男士应先向女士致意，晚辈应先向长辈致意，未婚者应先向已婚者致意，职位低者应先向职位高者致意。一般而言，作为女士，唯有遇到长辈、上司以及自已特别敬佩的人时，才需要首先向对方致意。遇到别人首先向自己致意，不管自己心情如何，感觉如何，都必须马上用对方所采用的致意方式“投桃报李”，回敬对方，绝不可视若不见，置之不理。

2. 致意的方法

致意是一种不出声的问候，所以，向他人致意时一定要使对方看到，看清，才会使自己的友善之意被对方接受。致意时不要同对方相距太远，比如站在几十米之外，也不要站在对方的侧面或背面。假如对方由于看不到或看不清楚而对你的致意毫无反应，是令人难堪的。

举手向朋友们打招呼致意，通常不必作声。只要将自己的右臂抬起，向前方伸直，轻轻摆摆手即可，不需要反复的摇动。以举手致意作为见面礼，适用于同与自己距离较远的熟人相逢之际。

用点头作为见面礼，大多适用于与对方不宜交谈的场合。例如，会议或会谈正在进行，行进在人声嘈杂的街道上，或是置身于影剧院或歌舞厅之中。与仅有一面之交者在社交场合相逢，或是与相识者在同一场合中多次见面，点头也可以大派用场。在外交场合，遇到身份高的领导人，应有礼貌地点头致意，表示欢迎，不要主动上前握手问候。只有在领导人主动伸手时，才可向前握手问候。

微笑即面含笑容，是不显著、不出声、不露齿的笑。在社交场合中，它可以替代其他见面礼向友人“打招呼”致意。具体而言，它可以用于同不相识者初次会面之时，也可以用于向在同一场合反复见面的老朋友“打招呼”之际。微笑的要旨，是要求真诚、自然、朴实无华，否则会有悖于与人为善的初衷。

欠身，即全身或身体的上半部分在目视被致意者的同时，微微前倾一下。意在表示对他人的恭敬，适用的范围比较广泛，可以向一个人欠身致意，也可以向几个人欠身致意。欠身为礼时，双手不应拿着东西或插在裤袋里。

在一些场合，男士会向女士脱帽行见面礼。脱帽礼具体作法如下：戴着礼帽或其他各种有沿帽的男士，遇到友人特别是女士时，应微微欠身，用距对方较远的那只手摘下帽子，并将其置于与肩膀平行的位置。这样做显得姿势优雅，同时也便于同对方交流目光。离开对方时，脱帽者才可使帽子复位。

（五）名片

名片是公关人员个人形象和企业形象的有机组成。社交场合，没有名片的人是一个没有现代意识的人，不会使用名片的人也是一个没有现代意识的人。

名片，用于社交场合中的相互了解，并在自我介绍或相互介绍之后使用。在递、接名片时，如果是单方递、接，最好能用双手递、双手接；双方互送名片时，应右手递，左手接；两种情况都要求名片的正面（写中文字样的一面）朝着对方。接过对方的名片应点头致谢，并认真地看一遍，最好能将对方的姓氏、主要职称或身份轻轻地读出来，以示尊重。遇有看不明白的地方也可以请教。将对方的名片放在桌子上时，其上面不要压任何东西。收起名片时，要让对方感觉到，你是将其名片认真地放在了一个最重要、最稳妥的地方。切忌不要接过对方的名片一眼不看就立即收起，也不要将其随意地摆弄，因为这样会被对方感觉是一种不敬。

拜访性名片，可用于下列情况：寄送礼物时，可将名片附在其中；赠送鲜花或花篮时，可将名片附在其上；在非正式的邀请中，可用名片代替请柬，并写清时间、地点及内容；拜访好友或相识的人而未相遇，可以名片作为留贴，并附上适当的文字。

感谢与祝贺性名片，可用于当朋友送来礼品或书信时，代作收条或谢贴；当朋友重要的庆典活动时，可寄送一张附上亲笔题写的祝语作为对朋友的祝贺。

如果收名片人非单身，祝福语应以夫妇俩人为对象。此外，寄送名片，还可以用于对朋友及其亲属的问候等。

三、公共关系交谈礼仪

交谈礼仪是指人们在交谈活动中应遵循的礼节和应讲究的仪态等。交谈，包括听和说两个方面。

(一) 交谈中的聆听礼仪

外国有一句谚语："用十秒钟的时间讲，用十分钟的时间听。"社会学家兰金也早就指出，在人们日常的语言交往活动（听、说、读、写）中，听的时间占54%，说的时间占30%，读的时间占16%，写的时间占9%。这说明，听在人们交往中居于非常重要的地位。

在人们面对面的交谈中，讲与听是对立统一的，认真地去听，可以收到良好的谈话效果。听，可以满足对方的需要。认真聆听对方的谈话，是对讲话者的一种尊重，在一定程度上可以满足对方的需要，同时可以使人们的交往、交谈更有效，彼此之间的关系更融洽。因此，能够耐心地倾听对方的谈话，等于告诉对方"你是一个值得我倾听你讲话的人"，这样在无形中就能提高对方的自尊心，加深彼此的感情。反之，对方还没有把将要说的话说完，你就听不下去了，这最容易使对方自尊心受挫。

1. 聆听的方式

交谈中善于聆听的确有许多好处，但要真正做到洗耳恭听，仅仅对人抱有尊敬之心还不够。也就是说，听不光要用身，还要用心，用整个身心。最好的听的方式，是要站在对方的立场去听，去反应，去认识，去理解，去记忆，因为这种听话的方式，既能使听者集中注意力全神贯注地听，又能较好地理解说话者的原意，使对方受到尊敬和鼓舞，愿意讲真话，说实话，并发展彼此友好的往来关系。

2. 聆听应注意的问题

除了听的方式外，在聆听对方谈话时还要注意以下几个方面。

(1) 选择一个安静的环境进行交谈，以减少外界噪音的干扰。如果交谈环境不理想，比如外界干扰、噪音太大，或者室温过高、过低，要尽力设法摆脱。同时保持冷静，不受个人情绪和当时气氛的影响，这样才能保证有效地倾听。

(2) 设法使交谈轻松自如，不要使对方感到拘束。同时要消除心理上的障碍，不要预先存在想法，不可显示出不耐烦的样子，也不要过早地做出判断，因过早表态往往会使谈话夭折。要少讲多听，不要随意打断对方。

(3) 注意谈话者的神态、表情等非语言传播手段，这些往往会透露出言外之意。

(4) 注意自己的"身体语言"。在他人讲话时，应尽可能地以柔和的目光注视着对方，以便与对方进行心灵上的交流与沟通。要学会用声音、动作去呼应，也就是说要随着说话人情绪的变化而伴以相应的表情。身体稍稍倾向于说话人，面带微笑。在说话者谈到要点，或是其观点需要得到理解和支持时，应适时适量地点点头，或是简洁地表明一下自己的态度，或通过一些简短的插话和提问，暗示对方对他的话确实感兴趣，或启发对方，以引起感兴趣的话题。这样做，会使对方感受到无声的鼓励或赞许，可以赢得其好感。

（二）交谈中说话的礼仪

说话的艺术应该说是一门综合艺术，与人的知识修养、道德修养、审美修养、礼仪修养以及社会阅历、气质风度等有直接关系。

保持谦虚，三思后言。交谈主要是在两个人间进行，为了礼貌，任何人都不可能也不应该想怎么说就怎么说，必须顾及对方的情感和情绪，防止“祸从口出”，无意伤人，引起不必要的麻烦和矛盾。谦虚慎言，自我克制，不仅能满足对方的表现欲，还可以为自己提供机会，使自己显得更成熟、更稳重、更有涵养。切忌说话时把话说得太满、太绝、太俗、太硬、太横。说话时应注意以下几方面。

（1）话题应尽量避开个人隐私和一些不宜在友好交谈中出现的事情。

（2）话题应尽量符合交谈双方的年龄、职业、思想、性格、心理等特点。比如，同是40岁的女士，一位安于现状，不思进取；另一位不甘落后，仍在努力拼搏，你如在第一位女士面前夸奖第二位女士，肯定会引起此女士不快，谈话亦无法继续下去。

（3）应尽量寻找双方都感兴趣的话题，使谈话富有创新性和吸引力，始终在趣味盎然的氛围中进行。所谓“道不同不相与谋”，志同道合是双方走到一起交谈的前提。

（4）再好的谈资也要看对象、分场合。一个关心国家政治经济发展的人和一个只知道埋头做生意的人，大谈政治体制改革、经济发展格局，就好像对牛弹琴，丝毫引不起对方的共鸣，谈话也很难进行。

（5）适度幽默，轻松活泼。恩格斯说：“幽默是具有智慧、教养和道德优越感的表现。”幽默是智慧、爱心和灵感的结晶，是一个人良好修养的表现。日本心理学家多湖辉把幽默称作“语言的酵母”，创造出幽默，就创造出快乐及令人回味的思索。幽默能表现说话者的风度、素养，使人在忍俊不禁之中，借助轻松活泼的气氛赢得对方的好感，完成公共关系任务。

（6）控制声调、表情等因素。20世纪70年代，美国心理学家阿尔培特曾经通过研究，给友好合理的谈话立了一个公式：“7％的说话内容＋38％的声调＋55％的表情”。的确，只有在说话时语调平静、音高适中，音质柔和饱满，表情轻松自然，面带微笑，才会给人以客气、礼貌的感觉。就拿最简单的一个字“请”来说，如果用不同的声调和表情来说，就会产生不同的感觉、不同的含义。

(7) 有勇气，适时说“不”。无论是人际交往，还是公共关系交往，有求必应是每个人都在追求的理想目标。但是，由于主客观条件的限制，我们事实上不可能有求必应。说“不”，的确需要勇气，然而为了长远、有效、脚踏实地地发展公共关系或人际关系，公共关系人员应建立起随时说“不”的自信。

四、公共关系接待礼仪

接待工作是公关人员日常工作的一项重要内容，要做好这项工作就要注意把握以下两个方面。

（一）办公室接待礼仪

公关部经常需要在办公室接待各种来访者，倾听他们的投诉，回答他们的咨询，解决他们的问题，或商量、讨论某些事宜。

对于来访者，无论是何人，首先应以微笑礼貌地表示欢迎，热情招呼来访者坐下，给来访者端上一杯热茶。然后委婉而迅速地了解清楚来访者的身份、来访目的和具体要求，以便决定接待的规格、程序和方式。

对于特别重要的来访者，应由公关部经理亲自出面接待并立即传报上级主管乃至最高负责人；按照客人的身份安排对等的接待者是必要的，但通常公关部经理被授权代表组织，甚至代表最高负责人出面接待，可适用于各种级别或不同层次的客人。

对于专业性较强的访问，公关部应立即与有关的专业技术部门联系，积极引荐有关方面的权威人士，并协助做好一切安排。

对于新闻记者或意见领袖，应特别谨慎、热情和周到。首先，采取合作的态度了解清楚对方的意图，但不轻易表示赞成或反对的态度；必要的话，回答有关敏感问题之前，应向最高层或有关部门请示；在实事求是提供情况的前提下，尽可能树立组织的正面形象和信心。其次，注意为他们提供各种便利条件，真心实意协助他们工作。

对于一般的顾客，应耐心地倾听他们的投诉，热情地回答他们的咨询，尽可能解决他们的实际问题，让他们带着满意的心情离去。

对于社区代表或赞助团体，在认真考虑他们的要求后，应根据企业的赞助条例或有关规定，结合企业利益分别对待，无论是接受、商榷或拒绝，都应不失礼节。公关部应具备较好的接待条件，如相对独立、安静、舒适的接待环境，基本的服务设备和用具，供来访者了解情况用的各种宣传性画册、刊物和资料，送给来访者作留念的小纪念品等。这本身就表达了对客人的敬意。

（二）迎送礼仪

公关接待工作的“善始善终”往往表现在车站、机场、码头的迎送环节上。迎送工作的有关事项如下。

1. 了解客人的基本资料

准确记住客人的名字、相貌特征（如事先有照片的话），弄清楚客人的身份，来访目的、与本组织的关系性质和程度，到来的时间，乘何种交通工具，以及其他背景材料。

2. 确定迎送规格

根据以上资料，结合本组织的具体情况，确定迎送规格。对较重要的客人，应安排身份相当、专业对口的人士出面迎送；亦可根据特殊需要或关系程度，安排比客人身份高的人士破格接待，或安排副职、助理出面。对于一般客人，由公关部派员迎送即可。

3. 做好迎送准备工作

比如，与有关交通部门联系，核实客人的班机或车船班次、时间；安排好迎送车辆；预先为客人准备好客房及膳食；如果对所迎接的客人不熟悉，需要准备一块迎客牌子，写上“欢迎×××先生（小姐、女士）”以及本组织的名称；如需要，可准备好鲜花等。

4. 严格掌握和遵守时间

无论迎送，均需要提前 15 分钟赶到车站或机场迎候客人，要考虑到中途交通与天气原因，绝不能让客人在那里等你。如果你迟到了，无论怎样解释，都很难消除客人的不快和对你失职的印象。如送行时客人需办理托运或登机手续，可由公关部派员提前前往代办。

5. 迎接与介绍

接到客人后，即表示欢迎或慰问，然后相互介绍。通常先将前来欢迎的人员介绍给来宾；或自我介绍，并递上名片。客人初到一般较拘谨，应主动与客人寒暄，话题宜轻松自然，如客人的旅途情况，当地的风土人情、气候特点、旅游特色，客人来访的活动安排、筹备情况、有关建议，以及客人可能关心的其他问题。除客人自提的随身小件行李外，应主动帮助客人提行李。

6. 妥善安排

客人抵达住地后，尽可能妥善安排，使客人感到宾至如归。如向客人提供活动的日程计划表、本地地图和旅游指南；向客人介绍餐厅用膳时间及主要的接待安排，了解客人的健康情况及特殊需要（如回程机、车、船票）；到达后不要马上安排活动，迎接人员不必久留，以便让客人更衣、休息和处理个人事务；分手前应该约好下次见面的时间及联系方法等。

有两名应试者听到主考官的话以后，不知所措，另有两名急得直掉眼泪，还有一名听到提问后，脱下自己的大衣，搁在主考官的桌子上，然后说了句："还有什么问题?"结果，这5名应试者全部被淘汰了。

剩下的3名应试者，一名听到主考官发问后，先是一愣，旋即脱下大衣，往右手上一搭，躬身致礼，轻轻地说道："这里没有椅子，我可以站着回答您的问话吗?"公司对这个人的评语是："有一定的应变能力，但创新开拓不足。彬彬有礼，能适应严格的管理制度，可用于财务和秘书部门。"

另一名应试者听到问题后，马上回答道："既然没有椅子，就不用坐了。谢谢您的关心，我愿听候下一个问题。"公司对此人的评语是："守中略有攻，可先培养用于对内，然后再对外。"

最后一名考生的反应是，听到主考官的发问后，他眼睛一眨，随即出门去，把候考时坐过的椅子搬进来，放在离主考官侧前约一米处，然后脱下自己的大衣，折好后放在椅子背后，自己就在椅子上端坐着。当"时间到"的铃声一响，他马上站起来，欠身一礼，说了声"谢谢"，便退出考试房间，把门轻轻地关上，公司对此人的评语是："不着一词而巧妙地回答了问题；性格富有开拓精神，加上笔试成绩佳，可以录用为公关部长。"

【案例讨论】

1. 假如你是应试者，你准备怎样放置大衣、怎样坐下?

2. 现在一家公司聘任你为人力资源部主管，请你设计一套选拔公关人员的考试办法。

【本章小结】

"公关礼仪"，是指产生于一定文化道德基础之上的用以调节组织与公众关系，促成相互均衡和谐发展的行为规范和准则。公关礼仪有利于提高个人素质、有利于建立良好的人际沟通、有利于提升组织的形象。要成为一名优秀的公关人员，应当具备一定的文化知识、性格乐观、容貌漂亮、气质不凡、风度翩翩、服饰美观；真诚、热情、大方、温和、幽默、注意小节是公关人员所必须具有的行为修养。

仪容礼仪指一个人在容貌、举止方面保持美好的礼节规范和要求。主要包括个人卫生礼仪、举止礼仪、服饰礼仪等。见面礼仪包括：介绍、握手、称呼、致意、问候和名片几个重要细节。交谈礼仪是指人们在交谈活动中应遵循的礼节和应讲究的仪态等，包括听和说两个方面。

迎送客人要做好接送的准备工作，确定迎送规格，掌握客人抵、离时间。

交谈时要尊重对方，谅解对方，及时肯定对方，并注意自己的语速、语调和音量。会见客人时要做好相应准备，介绍得体，时间长短适宜。在公关活动中，无论参加婚宴会、招待会、茶话会还是工作便餐，都应注意餐桌上的各种礼仪。

【课后实训】

1. 如果你要参加谈判会议、庆功晚会、假日出游等三种不同的场合，你该怎样注意你的服饰穿着，请利用网络进行实训，查找相关图片，并说明你选择的理由。

2. 请给你的父母或长辈，发一封节日问候邮件，注意邮件礼仪。

3. 对电视媒体中有关节目的“自我介绍”的形式进行点评，并发展或完善自己的介绍方式和内容。

4. 模拟宴会，拟一份座位安排表，并说明理由。

5. 模拟不同情景分组进行正确握手方式练习。

6. 手机短信是重要的交流方式之一，请谈谈发手机短信应该注意哪些问题？

7. 董事长因临时有事未能及时赶去与客人见面，一位公关接待人员负责去接待，以下是她跟客人说的话。

公关接待人员：王经理，董事长在路上呢，让我先赶过来，老板说了，说我们有求于你，让我好好招待你，要什么给什么。您喝点什么？

请问：她说得好吗？好在哪里？说得不好，请指出。如果是你，你怎么说？

第十章

公共关系文书写作

本章导读

“内求团结，外求发展”，是每一个现代社会组织开展公共关系活动时所追求的目标。那么，如何实现这一目标呢？途径有多种多样，但其中极为重要的，不可缺少的一种就是公共关系文书写作。任何一个公关从业人员要成为从事公共关系事业的优秀人才，就必须系统而全面地掌握公关文书写作的方法与要求。公关文书写作的种类和要求很多，这需要我们认真研究，反复实践，才能形成这方面的技能。

学习目标

1. 理解公共关系文书的特点。
2. 掌握公共关系文书写作的一般要求。
3. 掌握公共关系事务类文书的格式与写作要求。
4. 掌握公共关系礼仪类文书的格式与写作要求。

课前思考

1. 公共关系文书与其他文书相比较有哪些共同之处，又有哪些独特之处？
2. 公共关系文书的基本写作有什么要求？
3. 公共关系常用文书有哪些类型？

第一节　公共关系文书概述

一、公共关系文书的特点

公关文书是为实现公共关系目的，开展公共关系活动使用的各种书面材料。公关文书与一般应用文书有一些共同点，如实用性、程式性、广泛性、时效性等。但由于公共关系独特的职能，使公共关系文书具有不同于其他应用文体的独特之处，甚至如广告、新闻、公文、计划、总结等，一旦纳入公关范畴，也就或多或少具有了新的特征。

（一）鲜明的目的性

公关写作既不能无病呻吟，在没有什么问题时有意制造问题，也不能无的放矢，在不知道自己的组织或公关活动要达到什么目的时盲目写作。公关文书只有在既明确要解决什么问题，又明确要达到什么目的时才进行写作。这样写出来的公关文书才能真正解决问题，达到组织或公关活动的预期目的。公关组织的创造力在于"协调"。因而可以说，公关文书写作的目的正是为了协调各方面的关系。这种协调从宏观上看，可分为内部协调和外部协调两个方面。

（二）反映的客观性

公共关系活动的一项主要工作就是传播信息，而一般来说，传播信息这一工作本身并不难，难的是如何客观地、实事求是地传播信息。因为信息传播是否客观、实事求是，与组织、与公众皆有利害关系。

公关文书写作要客观地传播信息。首先必须客观地掌握事实，公关人员在调查、了解有关事实时，应不带偏见，而且必须杜绝主观随意性，力求事实的公正与真实。其次，公关文书在写作时对材料的要求要非常严格，必须认真鉴别，反复核实，实事求是，不允许有任何虚构。

（三）传播的主动性

社会组织是公共关系的主体，是关系调节的主方，同样，处于关系主导地位的社会组织的公关文书写作，也必须在关系协调中积极主动。

公关文书写作的主动性，首先表现在内容上，它是为公共关系活动服务的，是为了解公共关系活动中存在的实际问题，对公共关系活动起着直接的作用。例如，公关新闻稿是为了把组织好的有关信息传播给公众；公关计划是为了给公共关系活动绘制出蓝图，安排好工作进程。这些都应该是积极主动的，而不是被动的。其次，在瞬息万变、丰富多彩的公共关系活动中，一切公关文书的写作都不可能是永恒不变的，不是一种机械似的固定模式，而是因人、因事、因时、因地而宜的。公关写作要主动根据具体情况灵活运用，才能获得理想的传播效果。另一方面，公共关系以及公关写作本身也处于一个动态的过程，不会永远停止在一个水平上。因此，公关文书的写作要适应公共关系实践的需要，也必然是变化发展的，正是这种丰富多彩的表现，充分体现着公关写作的主动性这一特征。

（四）很强的针对性

公关文书写作还有一个明显的特征就是针对性。这里所说的针对性，主要体现在以下几方面。

（1）有明确的涉及范围和对象。一般的文章或文学作品所涉及的读者范围及对象是笼统的，既没有明确的规定性，也没有很强的制约力。但公关文书写作却不然，无论是策划、信息咨询或大众传播文书，还是人际沟通及组织内部公务类文书，读者对象一般都有明确的范围或特定的公众。

（2）针对具体问题而写作。公关文书写作，总针对公共关系活动或组织的存在与发展中的具体问题而进行的，因而写成的文章，一般都有高度的针对性。

（3）选择特定的惯用程式。所谓程式，指在长期的实践中总结形成的有关内容要素、行文格式、书写位置以及一些习惯用语等方面的基本要求。

二、公共关系文书的写作要求

（一）公关文书的沟通性

公关活动可以借助于写公函、拍电报、写书信、发请柬、发聘书、送慰问信、送表扬信等，达到传递信息、安排工作、争取社会效益和经济效益的目的。公关工作的沟通是双向的，公关文书的使用也要考虑反馈效应。理解、信任、支持与合作，是在相互交往中建立的。公关文书可以作为联络的纽带，可以架设友谊的桥梁。

（二）公关文书的竞争性

开展公关活动要善于利用文字手段，在同行或同类产品中，利用自己的优势去争取社会与公众的支持与赞誉，进而树立组织的公关形象，开拓并占领广大市场。在竞争中求得组织与产品的生存与发展，使自己立于不败之地。

（三）公关文书的时效性

作为传播、服务的工具，公关文书必须公开、迅速、通畅地发挥作用。它的写作要快，传递要快，反馈要快。要紧密配合商品经济的发展，联系贯彻国家现行方针、政策的实际，及时地抓住时机开展工作，求得高速度、高效率。时间就是生命，就是金钱，任何迟滞都会使公关文书的作用受到影响。

（四）公关文书的务实性

公关文书的写作是一种实用写作，每种文书的起草都要明确写作目的、意图，从公关工作实际出发，提出和解决现实中的问题。

（五）公关文书的可信性

公关文书的写作必须说真话、办实事，与公众坦诚相见，凡是文书上允诺的就要执行守信。

（六）公关文书的简洁性

公关文书是处理公务的实用文，为便于沟通、交往与传播，必须去芜求精，简明概括，切忌拖泥带水。

（七）公关文书的规范性

为便于流通与管理，提高用文的效率，公关文书的写作必须按习惯通用的格式与要求进行写作。

（八）公关文书的精美性

公关文书不仅要求内容的新与实，而且对文面的设计也要求庄重大方、热烈而富于艺术感染力。

（九）公关文书的准确性

运用语言的准确严密，合乎逻辑与语法，合乎事实与政策。是公关文书用语的基本要求之一。

第二节　公共关系事务类文书的写作

一、公共关系企划书

公关企划书是企业系统地、科学地策划公关活动的一种书面材料。公关企划书主要的内容有活动主题、活动目标、综合分析、活动程序、传播与沟通方案和经费预算。

1. 活动主题

主题的拟订应言简意赅，并易于公众理解、记忆。

2. 活动目标

活动目标既应与企业总体目标相一致，又应能够体现某次活动的具体特点。简而言之，活动目标应是企业总体目标在某次活动中的具体体现。

3. 综合分析

综合分析包括对企业概况的介绍、产品简况、市场分析、消费者分析。在单个活动的企划书中，综合分析可以略去，但企划者必须对上述企业概况、产品、市场、消费者4个方面的情况有较深入的了解，否则企划就难免符合实际。

4. 基本活动程序

说明本次活动的基本安排，包括时间、地点、人物、事项。

5. 传播与沟通方案

活动宣传通过什么样的传播媒介进行传播沟通。

6. 经费预算

【宣传活动企划书范文】

××公司公关宣传活动企划书

一、活动主题

“××牙膏”万名大学生直销活动。

二、活动目标

通过大学生宣传及上门为消费者服务，在国内城市普及、宣传、提高××牙膏的知名度，增进消费者对××牙膏的品牌、特性、功能以及价格的理解；并通过后继的公关活动，树立××公司尊重科学、关心青年学生身体健康、积极服务于社会的企业形象，提高××公司的美誉度。

三、综合分析

（一）企业概况

（二）产品简况——××牙膏系全天然生物牙膏，内含丰富的天然生物活性物质丝肽及表皮生长因子，可直接为口腔黏膜吸收，能促进细胞新陈代谢，集洁齿、治疗、营养三功能为一体，有药物牙膏之功效，无药物牙膏之副作用。

（三）市场分析——××牙膏目前生产量为800万支，其中××市场占总销量的32%；××公司现已陆续在××等数十个大中城市设立了销售网点。

（四）消费者分析——××牙膏系第三代产品，它的价格约高出其他牙膏1倍，其潜在消费者主要是城市居民中收入和文化程度较高者。

四、基本活动程序

（一）选择2011年3月18日为“××牙膏直销日”；并落实该活动于同日

在××等十大城市举行。

（二）2011 年前后，派员与上述十大城市的大学联络，每校落实参加直销活动的大学生 500～1200 名；其中，××等有条件的城市同时组织人数在 100～200 人的大学生自行车宣传队，每城市各一支队伍。

（三）2011 年 3 月 18 日 9 时，各城市大学生自行车队沿拟定线路作“闹市行”，沿途向市民散发××牙膏宣传品；同时，参加直销活动的大学生走进千家万户进行宣传和直销活动。

（四）在直销活动结束后 1 个月内，××公司在××大学举办音乐会一台，并赠公共关系书籍 500 本。

五、传播与沟通方案

（一）在活动进行前一天，在××市的《××报》与××市的《××报周末版》上刊登宣传广告。

（二）预先与××电视台、《××报》等媒介联系，争取在活动后开始陆续新闻报道。

（三）由进行宣传和直销的大学生向消费者宣传××牙膏的基本特性，并散发单页宣传品。

（四）由选修公共关系理论与实务课程的××大学数百名学生撰写该项活动的个案分析，并择优寄往《××公共关系报》、《××公共关系导报》等媒介。

六、经费预算

（一）印制宣传品 10 万份及制作宣传绶带 500 条，约 1.4 万元。

（二）活动预告的报纸广告费及媒介报道安排费用 2.8 万元。

（三）10 位销售活动监督、协助人员差旅费，以 600 元/人计，共 0.6 万元。

（四）大学生宣传车队劳务费：××、××等城市车队队员共约 500 人，以 60 元/人计，共 3 万元。

（五）音乐会费及赠书活动费用；音乐费一场 0.5 万元，500 本公共关系书籍 0.5 万元，共 1 万元。

七、预期效果

如果活动能安排妥当，达到预期目标，其效果肯定大于用这部分经费进行单纯的广告宣传所带来的效果。

二、公共关系简报

公共关系简报是机关团体组织内部交流、汇报情况的文字材料或刊物。包括工作简报、信息简报、会议简报、动态简报等多种。另外，动态、简讯、内部参考等都属于简报的范畴。

写作时应事先制订编写计划，通过通讯系统或个人组织稿件，采用汇编、摘编、编写等方式，按版面要求，设计报头、行文与报尾，把名称、期数、编印单位、日期、份数、按语、文本、发送单位等一一列清楚。简报多数为内部使用，有的也可直接向外发送，但要注意发送的范围与要求，不能像报纸一样到处分发，人人使用。简报的编发有定期和不定期两种。简报不是正式公文，不具备法律效力和行政效力。

简报具有以下特点：①简明扼要，抓住事物的实质，抓住代表性的典型材料。②迅速，像新闻一样快编、快写、快印、快发。③真实，材料确凿，反复核实，表述讲究语法逻辑。④新颖，立意要新，情况要新，抓新人、新事、新问题。

（一）公关简报的内容

公关简报是公关业务活动的简要报道。公关简报上可以反映以下内容。

（1）有关组织形象的材料，文献检索，调查了解到的内部公众和外部公众的意见、评价和要求。

（2）组织内部工作生产情况、思想状况等方面的动态、经验、趋势。

（3）公共关系部门开展的一些公共关系活动。

（4）公共关系部门对各项工作的咨询意见和建议。

（5）公共关系有关会议。

（二）公关简报的写作要求

（1）简报的写作要用第三人称。

（2）简报的写作要求重点突出，有明确主题思想，做到主题单一，内容集中。

（3）简报的写作必须及时、准确、客观，内容真实，据事直说，不夹杂评述性意见，但编者按除外。

（4）简报的写作必须简短、通俗、有可读性、指导性。

（5）简报的写作格式要规范。

（三）公关简报的写作格式

（1）报头。占简报首页的三分之一到四分之一左右。居中写简报的名称，要用较大的字体。名称下方写简报编号“第×期”。简报编号下面的左侧写编发单位，右侧写简报的印发日期。报头与正文部分用一条横线隔开。

（2）正文。正文是简报的内容所在。正文分导语、主体、结尾三部分。正文的标题与新闻的标题相似，应力求简明、准确、扼要地概括出正文的内容。主体是简报内容的主干和中心部分。主体的内容要抓住关键问题，把本单位在贯彻执行上级指示，开展工作中出现的情况集中地反映出来，与之无关的琐碎小事不能上简报。正文的结尾，要用括号注明写稿单位和写稿人名字。

(3) 报尾。在简报的最后一页下方，标明两条平行横线，在横线内注明本简报的发送范围和印发份数。

【公关简报范文格式】

公关简报

第×报

××公司公关部编　　　　　　　　　　　　　　　　　　　　　××年×月×日

标题

正文

报：

送：

发：

三、公共关系新闻稿

社会组织要宣传自己的形象，提高知名度，打出“牌子”，获得更多公众的认识和支持，借助大众传播媒介和舆论导向是非常有效的手段，其中一个很好的办法就是将各种信息通过新闻稿形式，借助新闻传媒迅速传播开来，因此，有人将公共关系新闻称为“不花钱的广告”。

新闻稿是组织公关人员撰写的以目标公众为宣传对象的文字作品，包括提供给媒介的消息和通讯。撰写新闻稿是公关人员利用大众传播媒介对公众施加影响的重要手段，也是组织与新闻界保持密切联系的纽带和桥梁。

（一）一般新闻稿

一般新闻稿，也就是人们常说的“消息”。它往往以鲜明的主题、简练的文字，迅速及时地反映现实生活中新近发生的具有特定意义的事件，并因此而成为新闻媒介最经常使用的一种文体。一篇新闻稿通常包含 6 个基本要素，也称 6 个 W，即 who（何人）、what（何事）、when（何时）、where（何地）、why（何因）、how（何果），除了以上 6 个 W 外，公共关系从业人员撰写消息稿的目的是供新闻媒介刊发，所以，不能仅满足于对 6 个 W 的掌握，最好还要加上 2 个 W，即什么主题（what theme）和什么意义（with what meaning）。

1. 新闻稿的结构

新闻（消息）一般由标题、导语和主体组成。新闻中时常也要介绍一些背景资料，但由于它不是一个单独的组成部分，无固定地位可言，因而不能看做是新闻结构的一个独立的层次。新闻结构组成部分中还有个结尾，但对多数新闻来说，结尾不是非有不可的。

（1）标题。新闻的标题，可以说是一篇新闻稿的点睛之处。它能迅速地向读者提供简要的信息，同时又能吸引读者的注意，使读者产生阅读这篇新闻的愿望，所以必须精心加以拟定。

新闻稿的标题形式有单行标题（即只有一个主标题）、双行标题（即一个主标题，一个引标题或副标题）、三行标题（即一个引标题，一个主标题，一个副标题）。一般来说，内容比较简单的新闻稿，有一个主标题就可以。内容比较重要而且包含信息较多的新闻稿，则需要添加副标题和引标题，以构成更加完整的标题。

【范文：双行标题】

引标题加主标题：

祖国是最大的阳光家园

——温家宝总理与因艾滋病失去亲人的孤儿、老人共度除夕

【范文：三行标题】

三行标题：

亲商　护商　为商

福州全方位推进开放型经济

实际利用外资超过80亿美元，世界500强落户31家

（2）导语。导语是新闻的开头，一般来说，它是提炼新闻精髓并提示主题、以吸引读者阅读全文的第一句话或第一段话。有时在西方的一些新闻中也较常见有两个以上的段落，因此，我们可以说，导语是以凝练的形式、简洁的文字表述新闻中心内容的开头一个单元或部分。

导语的关键是“导”字，它应当起到引导、诱导、前导的作用。也就是说，它应当用简洁的语言，写出最主要、最新鲜、最吸引人的事实，给读者留下深刻的印象。因此，导语写作要求开门见山、中心突出、简明扼要、生动有趣。

（3）主体。主体是新闻的躯干或主干部分，也是新闻的展开部分。好的导

语对下文的展开固然十分重要，但是，如果仅有一个出色地提示了新闻主题的导语，而没有在主体部分用新鲜生动的材料来阐明和表现主题，这条新闻仍然不能算是一条好新闻。

一般来说，新闻主体应当具备以下两部分内容：一是对导语提出的主要事实、问题或观点进行具体的阐述或回答，使导语部分的内容借助于一连串丰富的材料而得到进一步的说明和解释，使新闻诸要素更为明确和详尽。二是用附加的次要材料来补充导语中没有涉及的新闻内容，提供新闻背景，说明事件的来龙去脉，使新闻内容充实饱满，主题更加突出。

主体部分常见的结构形式有两种：以事件的重要程序为序组织材料；以事件的时间先后为序组织材料。

2. 新闻的类型

以写作特点来区分，新闻（消息）可以分为四类：动态性新闻、经验性新闻、综合性新闻和评述性新闻。

（1）动态性新闻。所谓动态性新闻，是对新近发生或正在发生的事件和活动的报道。它重在揭示事物发展、变化的特征，反映社会生活中的新气象、新情况、新问题，是最基本、最常见的一种新闻报道形式。

（2）经验性新闻。所谓经验性新闻，是指对一个社会组织乃至于一个待行业领域先进经验、成功典型的新闻报道。这类新闻往往偏重于交代情况、介绍做法、反映变化与效果，较多提供背景材料，因而篇幅比其他类型的新闻要长一些。

（3）综合性新闻。所谓综合性新闻是指把发生在不同地区或部门的性质相似又各有特点的事件综合起来，从不同侧面阐明一个共同的主题思想，反映一个时期内带有全局性的情况、成就、趋势或问题的新闻报道。它纵览全局、报道面广、声势较大，给人以较为完整的印象。常见的综合新闻有两种类型，一种是横断面的综合，一种是纵深度的综合。

（4）评述性新闻。所谓评述性新闻是指一种且述且评、夹叙夹议的新闻报道体裁。它在“用事实说话”，报道具有普遍意义的新闻事实的基础上，结合形势和动向，对事实进行适当的分析、评述，揭示其本质意义，指明其发展趋势，以指导实际工作。

（二）新闻通讯

新闻通讯，亦是新闻媒介传播信息的基本文体之一。它的特点是通过对现实生活中有关事件和人物真实而详细的报道，更加生动、具体地传播某一方面信息，表现某一主题思想，从而给读者留下更为深刻的印象。

1. 新闻通讯的类型

新闻通讯可以分为事件通讯、人物通讯、工作通讯。所谓事件通讯，即以记叙事件为主的通讯。这类通讯侧重于较为生动地报道某一事件的详细过程，虽有人物出现并给予一定描述，但不做着力刻画。所谓人物通讯，即以记叙和刻画人物为主的通讯。这类通讯侧重于描写某一人物或人物群体，让读者对这一人物或人物群体的思想、行为有一形象感受。所谓工作通讯，即以反映综合性事件和经验为主的通讯。这类通讯往往以点带面，视野较为开拓，或提出一些问题，或总结些带指导性的经验，有时近似于调查报告，但在文法上更为生动形象。

2. 新闻通讯的写作要点

（1）要认真把握素材，反复提炼主题。通讯面对的是事件全部纷繁复杂的事实和素材，要求在生动描写的同时，尽可能表现出较为深刻的主题思想。这就需要写作人员认真把握原始素材，提炼出既富时代感又精心独到，有一定深度的思想内涵来。

（2）要精心构思，写好通讯的开头和结尾。新闻通讯是一种带有一定文学性的新闻文体，讲究结构的完整合理，尤其强调文章的开头和结尾。

（3）善于抓取和选择典型事件。这对于一些以写人物为主的通讯和某些综合性的工作通讯来说尤其重要。

（4）通过生动细节的形象描绘来烘托事件和人物。消息以叙述为主要手段，只需把事件说清即可，一般不用生动描写。通讯是一种有文学色彩的新闻体裁，则应该通过有关细节描写，生动形象描绘人物，反映事件，烘托气氛，增强感染力。

（5）注意叙述、描写、议论和抒情手法有机结合。通讯的主要表现手法是叙述和描写，但可以穿插运用议论和抒情的方法，以增强文章的思想性和感染力。

四、公共关系广告

（一）公关广告的含义

公关广告是公关实务活动中塑造组织形象、传递新信息的一种宣传方式。它公开面向广大公众，具有传播性和告知性。它借助一定的媒介进行有计划的、非个体的活动，具有接受性和说服性。它融语言、文字、音乐、美术、摄影等于一体，具有综合性。它常用的媒介有印刷媒介、电子媒介、物体媒介等。一般而言，公关广告侧重于介绍、宣传社会组织的情况，建设其社会形象，提高其知名度和美誉度。公关广告与商业广告，无论在运思创意，艺术表现，还是在传播方式等方面，差异都不大，不过仔细考虑，还是有所区别的。

1. 广告目标不同

商品广告目标是有效传递商品信息，促发其消费热情，实现直接经济利益。公关广告的目标，则主要是向社会、公众介绍组织的相关情况，如组织规模、资源状况、营运情况及发展前景等，争取社会公众对组织的关心、了解、赞许和合作。公关广告可以形象地称之为“攻心广告”。

2. 广告作用不同

商品广告的作用就是直接地、迅速地、及时地传播经济信息，而公关广告则体现着组织的经营管理理念，在组织的经营管理中处于全局性、战略性的地位，贯穿于经营管理的全过程。社会公众也通过这种广告认识组织。

3. 传播周期不同

商品具有时间性的特点，制约了商品广告的时效，故而商品广告的传播周期比较短。而公关广告旨在宣传介绍组织本身，公众对组织的认识、接受，需要经过一个相对漫长的时间。因此，经常地、不间断地对组织进行广告宣传是唯一奏效的手段。

（二）公共关系广告的类型

公关广告因具体目标不同分为不同类型。

1. 公司（企业）广告

公司（企业）广告是以提高企业的知名度和树立良好形象为主要目标的广告形式。

任何企业都有一块招牌，它的名称（包括商标）和声誉如同企业的财产一样是构成企业存在的基石。从某种意义上说，牌子比财产还重要，没有财产，可以创造财产；牌子要倒了，企业的生命也就完结了。为此，许多企业家十分重视企业广告。比如，当你踏上北京车站地下走道时，迎面看到一块大型灯箱广告，上写：“诸位旅途辛苦了，欢迎您到北京来”。这块广告牌，在塑造北京车站的良好形象方面，立下了极大的功劳。

北京牡丹电子集团与北京大栅栏电器商店联合举办“迎五一牡丹电视机技术咨询服务活动”等，这些都为组织树立了一个良好形象。

2. 响应广告

每个组织与社会各界都有密切的关联，一方面有需要各界广泛理解和支持的意愿，另一方面也有希望通过一种途径向社会表达自己乐于支持政府和各界活动的意愿，因而就产生了这一“响应广告”。其主要内容是对政府的某种活动或社会生活中的重大事件表示响应和支持的广告。

另一种常见的“响应广告”是祝贺性的广告。如某公司新开业以同行的身份刊登广告致以热烈祝贺，这是表示愿意携手合作，共同繁荣，也是表示欢迎正当竞争。许多时候这类广告的做法是，向新开业单位赞助若干广告费，并在该单位的开业广告上署名祝贺，该单位通常也会以某种方式表达谢意。

祝贺广告对受贺方和祝贺方都有好处。受贺方可以极大地提高自己的知名度，有效地向社会显示自己的横向联系能力，从而含蓄地表现自己的光明前景，同时也可节省一笔广告费用。至于祝贺一方，虽说是出钱为别人做广告，但也不无裨益。首先，可以借助这类广告，广结良缘，建立友善关系；其次，可以提高声望。这对一个小的或原先知名度甚低的企业来说，花不多的钱，把名字登在报上，是值得的，况且，若能多次以祝贺者姿态出现，那声名必定会日渐远扬。

3. 倡议广告

倡议广告是以企业名义，率先发起某种社会活动，或提供某种有意义的新观念的广告。如“献给母亲节有奖征文启事”。每年 5 月第二个星期日是传统的母亲节，《北京青年报》与中华乌鸡精厂决定共同举办“中华乌鸡精献给母亲节”有奖征文，讴歌无私的母爱，提倡尊重母亲的风气，创意广告一般来说要有明确的主题和目标，以表明企业对社会活动的关心、支持与积极参与的态度。

4. 致歉广告

致歉广告，顾名思义，是表示歉意的广告。常见的致歉广告有两种。

(1) 向公众赔礼道歉的致歉广告。刊登这类广告，往往是由于刊登者本身出现了差错，并殃及某些公众利益。这类广告的制作，并无多大窍门，关键在于是否有勇气。不少企业明知做错了事，损害了部分公众利益，但怕事态扩大，败坏形象，因而想方设法为保全面子，遮盖真相，不敢主动认错。这种做法是，常常适得其反。明智的做法是除采取补救措施，如停产整顿，查办失职人员，向客户退赔损失等外，还应公开刊登广告赔礼道歉。这样才能挽回损失，重新确立自身的良好形象。

(2) 向公众排除误解的致歉广告。这类广告是以致歉的形式，向公众更正事实，排除误解。如消费者手持劣质产品，上门责难，经检查责任又不在生产厂家或发现是冒制品，这时，应该怎么办？登报“严正声明”未尝不可，但从公关角度看，用硬碰硬的“声明广告”不如改用语气谦和的致歉广告为好。1986 年山东一家洗衣机厂收到了许多顾客的投诉后，立即派人调查。结果发现，导致洗衣机质量低劣的根本原因在于铁路部门野蛮装卸。于是，该厂在报上登了一则广告，称由于未能及时发现运输环节存在的问题，致使已损坏的产品到达顾客手里。为此，深表歉意，并表示今后尽力避免类似事故发生。这种主动从自己身上找过失并公开致歉的做法，同发表义正辞严的声明相比，前者更能显示企业真心服务大众的诚意。

5. 公益广告

公益广告是就某些行为、观念、道德或哲理向社会公众进行告知、提示、劝导和警示的社会性广告。其主要内容涉及社会的方方面面，诸如社会公德、文明礼貌、风俗习惯、生态环境保护、慈善救灾、交通安全、禁赌戒烟、防火防盗、心理教育、亲情友情等。

公益广告具有双重作用，对于社会来说，其作用在于提高整个社会公民的素质，唤起整个社会公民对社会责任和社会问题的正确认识和密切关注，以促进社会的文明进步和健康发展。如："江河并非万古流，生命离不开水"；"还记得天空的颜色吗？保护环境，减少大气污染"；"知识的富有才是真正的富有"等。

从另一方面讲，公益广告对社会组织来说，由于它是社会良知的体现，社会进步的象征，社会文明的标志，因此，它也可以给组织带来无法估量的社会效益。例如："夜深了，请您调低电视机音量，以免影响邻居休息"，"今天下雪路滑、保险公司提醒市民请注意交通安全"等，这种细心、及时、真诚的提示，缩小了公众与组织之间的心理距离，树立了组织对公众的关心、爱护，赢得了公众的喜爱。

公益广告成功的基础在于抓住公众的心理，研究公众的需要。例如，"曾几何时，我们奔波于事业，陶醉于爱情，却忽视了饱经沧桑的母亲。回家，哪怕打一个电话!"这则朴素的广告词，唤醒了忙碌于现代社会的人们对亲情的珍视，对家的思念，很容易使人们产生共鸣。

由于公益广告用极其凝练、富有艺术性的文字和创意性的画面与公众达成一种感情上的沟通和心理上的契合，因此，很容易使公众对组织产生某种认同感，从而来改善和强化公众对组织的印象，是社会组织树立形象、赢得公众信任和支持的一种有效手段和策略。

（三）公关广告写作时考虑的因素

（1）目标。必须清楚地了解所要达到的目的，而且必须是了解广告的单一目标而不是多重目标，广告中的一切都应该为目标服务。在编辑广告的时候，要去掉任何没有对目标进行深入发掘的词句或音像。

（2）事实。只有在对所有与事件有关的事实进行谨慎而全面的检查之后，你才能为广告选择出一个特定的目标。只有这样，你才能根据信息就你和竞争对手的优、劣势做出有意义的判断。并且找到一个能发扬你的优势的广告目标。公关广告文案写作中要严格遵循客观事实，语言表达精确清晰，正确处理好艺术表现与客观真实的关系。

（3）公众。在进行广告写作前，你应该对你的目标受众的特性有全面的了解，知道他们的欲望、需求和价值观。

（4）媒体。在撰写公关广告前，必须清楚你正在为哪个或哪些媒体写稿。首先要考虑的问题就是满足媒体的技术要求。一个为报纸准备的广告可能不符合杂志的要求，肯定也不符合电台、电视台或互联网的要求。

(四) 公关广告文案的写作艺术

公关广告文案一般包括标题、正文、广告词和随文 4 个部分构成。

1. 标题

标题的拟写在公关广告文案的写作中有特殊的意义。公关广告的主旨体现在标题上。标题应当具备“立即引起注意”和“阅读向导”功能，要能有效抓住公众心理，使之瞩目，形成一种视觉冲击力，把广告主旨迅速传递给公众。如一化妆品公司的广告标题“如何让 35 岁以上的女人看上去更年轻?”，一个鲜奶广告的标题“从台湾第一至世界金牌，统一鲜奶就是最好的鲜奶”。前者一下就能抓住读者的注意力，而后者则以简洁的文字把产品的高超品质、权威认证及企业的自豪感、荣誉感等主要信息都集中在标题中予以呈现。

公关广告的标题写作在形式上可以分为直接标题、间接标题和复合标题。直接标题要求把最重要的事实和情况，开门见山地公之于众。直接标题的优点在于简洁明了，不足之处在于信息传递过于直露浅白，往往不能诱导公众阅读下文。间接标题则不在标题中明确显示广告的主要信息或主题，采用含蓄、迂回的手段，巧妙地引发公众的兴趣使之关注正文，获取信息。复合标题在形式上常由两个或两个以上标题复迭构成，与多行式新闻标题相类似，在创意上往往将上述直接式和间接式两种类型的标题有机组合而成。

2. 正文

正文应当解释公共关系的主旨，向公众提供企业和组织信息的细节。公关广告的写作体式，常见的有陈述体、说明体、论证体、文艺体。叙述是陈述体文案的主要表达方式，以陈述性的语言来介绍广告内容，有脉络清晰、交代明白、立见主干的效果。说明体文案旨在用说明的方法将广告内容介绍和解释清楚，往往给公众以客观、实在的感觉。论证体文案主要是展示有关权威的鉴定评价、获奖情况、典型用户的见证、典型的实例来说明广告内容的真实性、可靠性。文艺体文案主要借助文艺的形式，如诗歌、散文、故事来表现广告内容，具有生动活泼、形象鲜明、感染力强的特点。

3. 广告词

广告词，也可以说是广告口号，它是组织在广告运作中长期而反复使用的、简明扼要的、具有口号性质的、表现组织精神理念或商品特性的语句。广告词经反复宣传，便能不断地强化公众对组织形象及其品牌的一贯印象。

广告词的语句一定要简短易记，朗朗上口。语句过长，就难以理解记忆，难以广为流传。一般情况下，广告口号字数最好控制在 10 字之内，最长不宜超出 20 字，语言风格越趋向口语越佳。

4. 随文

随文也称附文、结尾语，是广告文案的结尾部分。随文中一般标出组织名称、地址、电话、网址、联系人员等信息。这一部分不是广告文案的必备部分，可以根据实际需要决定写或不写。

五、公共关系危机事件处理书

公关危机事件处理书是企业在面对公关危机时所采取的应对策略的文字材料。公关危机事件处理书通常包括背景介绍、主要问题、公众分析、传播渠道分析、应对计划与措施等内容。

【范文一：事件处理书】

××制药集团处理危机事件的方案

××制药集团于三年前生产新镇痛剂“××”，据估计此药在世界各地的使用者已超过1 500万人。

××制药集团总经理在某一星期六早晨首先发现问题。他接到总公司电话说，在××国发现七个人的死亡和“××”有关。他决定立即收回××市面上的“××”，同时进行所谓的与该药有关的死亡事件的调查工作。

××制药集团的总经理要立即决定是否在另外一个国家市场中也收回该药。他立即打电话和其他董事以及××制药集团的公共关系主任商量，决定在××国调查没有分晓前，在另一个国家市场中收回该药。

公共关系主任要草拟一个备忘录（即公关方面的应急方案），提交次日早晨召开的全体董事紧急会议。

《备忘录》的基本内容如下：

致：总经理（执行董事），××制药集团

自：公共关系主任

事由：收回“××”，等待××国调查结果，应采取的公关行动。

前言：××制药集团决定立即收回（另一国家）市场中的“××”，等待××国调查结果。

一、情况

“××”销路很好，目前在另一国家使用者超过百万人。××公司从事制造、包装和销售该药者为数不少。到目前××国有七人死亡和该药有关。据了解这只是暂时传说，经调查后将会澄清。

二、问题

“××”多年来因品质优良、疗效可靠，已经声誉卓著。我厂在此次危机中一定要维护企业的信誉，要予人以关心消费者利益的形象。

问题是必须采取行动，尽量减少××制药集团的信誉受损程度，绝对不能使危机成为丑闻。

三、目的

该药极可能会再次推入市场。因此一切有关的报导必须真实，必须使公众知道本集团完全可靠。我们的目的是要维护本公司品质优良、疗效可靠的声誉。

四、公众对象

主要对象有：制药工人、推销人员、医师、用药人、公司股东、医药卫生部

五、信息

本公司要传播给各公众的信息主要是多年来本公司认真努力生产、销售各种药品，对减少患者的痛苦贡献不小。本公司是个负责任的公司，以关注人民生命为首要目标，盈利还在其次。因此我们已经收回市面上的“××”。

同时对制药工人的未来要提出保障——但不可提出不能兑现的诺言。（“××”可能停止供应，要向工人说明事实）。

六、传播信息

医院、医师、药剂师采用直接邮件；地区销售经理电话通知，由他们召开推销人员紧急会议传达，会议中可分发特撰文件。

制药工人也可举行此种会议以说明情况，分发合适的文件；

消费大众（用药者）用报纸、广播传递；

股东及股票持有人除通过消费大众渠道外，还要草拟信件寄去；

相关医药卫生部门可直接用电话通知。

在此期间，公司方面对上列公众提出的问题（和要求）要乐于回答。要指定一位熟悉全部问题的发言人，随时答问。电话接线员要了解情况，能应付询问，特别是媒体的询问。

七、工作计划

(1) 所有信件要尽快寄出，要在未来24小时内寄出。

(2) 召开推销人员及制药工人会议时所需文件一定要在会中分发。

(3) 推销人员要在明晨开会，尽快通知，不能赶来开会者用快邮寄去有关资料并在电话中详细说明情况。

(4) 和制药工人举行的会议可在明晨一早召开。我们不任谣言形成和流传开去。

(5) 迄今为止，本公司任何人均不得对传播媒介直接谈话，但是应该有一

个完整、充分的声明，要在明日正午前传播，让明天晚报可以发表，而后天可见于各发行的报上。本公司在实施此工作计划时要始终表示乐于合作的态度，要采取完全公开事实的政策。

(6) 评估。报纸发行后就可以知道公众的初步反应。现在最好等待星期二各国报纸刊出全部声明后再作估计。

(7) 修改。我们要准备以本计划工作所得结果的评估为根据来考虑如何对本公司持续进行的公共关系活动加以改进。

八、结论

董事会应将本建议作为十分紧急事件加以考虑。要使本公司保持负责任、爱护顾客的声誉，就必须立即采取行动。在现阶段中很难预言“××”将来是否能再推入市场。不论日后如何决定，都要审慎实施本公共关系工作计划。

【范文二：电视广告脚本】

南方 125 摩托车
——草原篇

一望无际的草原上传来一阵急促的马蹄声和催马扬鞭“驾”的焦急吆喝声。

地平线上跃出两位策马飞驰的牧民。

他们纵马狂奔，闯进草原医院的护栏。

牧民神情紧张地边敲窗户，边大声喊着“大夫！大夫！”

一个医用救护箱挎在了医生的身上。

医生用脚发动南方 125 摩托车，手加油门。

牧民连忙打开栅栏，医生飞车冲出。

牧民跨上马，调头疾追。

摩托车、骏马奔驰在辽阔的草原上。

医生驾车冲过河溪。

牧民策马直追。

遇到沟坎，医生飞车一跃而过。

马匹却在沟边踌躇不前。

摩托车终于驰到蒙古包前。

夕阳西下，南方 125 摩托车醒目地停在蒙古包外，牧民们焦急地在等待着。

忽然一声婴儿高亢的啼哭声震动了静寂的草原。

母子平安，牧民们脸上露出兴奋而宽慰的笑容。

日落草原，南方125摩托车停立在蒙古包外，格外醒目。

结尾字幕：有多少南方摩托车，就有多少动人的故事。

第三节　公共关系礼仪类文书的写作

一、公共关系柬帖

柬帖是公关信件、名片、卷子的统称，公关柬帖是一种简便、亲切、自然的沟通形式和礼貌的传播交际工具，是组织在公关活动中最常用的文书之一。作为日常社交和公关活动中经常使用的沟通媒介，它可以向公众迅速、简洁地传递信息、通报事务、表达感情，因而也是一种不可或缺，十分方便的联络工具。

公关柬帖不同于普通信函和通知，它比普通信函更庄重、更正式，对对象也更有礼貌、亲切和尊重。一般来说，只有在重大活动或节庆、会议等场合才使用柬帖。公关柬帖常用形式有请柬、邀请函。

（一）请柬

请柬，又称“请帖”。是邀请某人某单位参加某项活动的专用文书，多用于重要的庆典宴请活动，或特别性的集会、聚会。多数使用统一印制、美观大方的现成式样。使用时根据需要填写被请单位或个人姓名，与会时间、地点、会议内容，敬语，发文单位、日期。用于个人活动的，可以用书信的方式邀请对方，打印或手写均可。请柬不仅交代各项事宜，以利于对方准时参加活动，还要表示诚意与热情，使对方乐于接受。

一份规范的请柬，无论如何设计，一般总由封面和内页（正文）两部分组成。特制的专门请柬的封面，一般应写明是什么会议（或活动、宴请）的请柬。如社会组织为控制成本，一次印制较多请柬以供几个不同的活动使用，也可只写“请柬”两字，在相应部位，可配上组织的标识。

【范文：请柬封面】

第62届全国电子产品展销会
暨2011年（上海）国际消费电子展开幕仪式
请　柬

请柬的内页（正文），可以有两种撰写方式，如下：

【范文：请柬内页一】

<table><tr><td>
请　柬
尊敬的×××先生/女士/小姐：
第 62 届全国电子产品展销会暨 2011 年（上海）国际消费电子展开幕仪式定于 2011 年 10 月 25 日（星期三）上午 9：30 在上海光大会展中心东馆（上海市漕宝路 78 号）举行。诚邀您届时莅临指导。
第 62 届全国电子产品展销会组委会
2011 年 10 月
（敬请持本柬的贵宾于上午 9：00 准时到会展中心贵宾休息室签到）
</td></tr></table>

【范文：请柬内页二】

<table><tr><td>
请　柬
诚邀您出席第 62 届全国电子产品展销会
暨 2011 年（上海）国际消费电子展
开幕仪式
时间：2011 年 10 月 25 日（星期三）
上午 9：30
地点：上海漕宝路 78 号
上海光大会展中心东馆
第 62 届全国电子产品展销会组委会
2011 年 10 月
（敬请持本柬的贵宾于上午 9：00 准时到会展中心贵宾休息室签到）
</td></tr></table>

这两种撰写方式的区别如下。

第一种方式顶格书写被邀请者的姓名和称谓。在被邀请对象不是很多的情况下，采用这种方式，既体现了对被邀请对象的尊重，又便于在活动过程中了解被邀请对象的实际出席人数。但在被邀请人员较多且具体出席对象又不是很确定的情况下，这一方式在操作上难度较大。

第二种方式则解决了这一难题，即请柬上仅表示邀请意向，而不书写被邀请者的姓名和称谓，这就具有了较大的灵活性。

不管采用哪种方式，请柬正文都必须写明邀请的意向、活动的内容、时间、地点以及提请被邀请者注意的有关事项。撰写时还应注意以下几点。

（1）活动的时间必须根据各种因素精确设定，撰写时做到准确无误。凡在日期后面加注“星期×”的（这是请柬的规范写法），应特别认真加以核对，保证两者统一。

(2) 活动的地点，除必须写明具体场所（如××宾馆×楼的×厅）外，还须注明这一场所所在的建筑物的具体地址（如××路×号）。

(3) 在请柬上注明一些需要提请被邀请者注意的事项。这类注意事项一般包括签到、着装、就座、人数限制和资料（礼品）领取等等，可视不同场合不同需要而定。

(4) 在请柬的结尾，一般写上“敬请光临”之类的礼貌用语，并署上发出邀请的社会组织的全称和发出邀请的时间。

（二）邀请函

请柬作为对客人发出邀请的一种专用函件，虽然规格颇高，但因其内页篇幅有限，所以正文部分除写明邀请的意向、活动的内容、时间、地点以及提请被邀请者注意的有关事项外，不可能对活动的内容作进一步的介绍。有些时候由于对活动内容及主办者缺乏了解，许多人可能会不参加。在这种情况下，就需要用到邀请函。

邀请函作为对客人发出邀请的另一种专用函件，一般用A4纸印，可套色，也可单色，外观形式上虽不如请柬考究。但邀请函最大的优点是它有足够的篇幅对一次活动的背景情况、具体内容以及规模和形式方面做较为详尽的介绍和说明，从而引起被邀请者的关注，如范文。

【范文：邀请函】

第63届全国电子产品展销会

暨2011年（上海）国际消费电子展

尊敬的×××先生：

您好！

第63届全国电子产品展销会暨2011年（上海）国际消费电子展，定于2011年10月25日至28日在上海光大会展中心举行。本届展会，展厅面积达3万平方米，参展的中外电子企业逾一千家，称得上是新千年中国电子工业的一次盛大检阅。从展会所展示的技术和产品中，人们可以充分感受到新千年中国电子工业进一步腾飞所展现的新成果、新面貌以及中国电子工业跨世纪发展的新趋势。

受本届展会组委会委托，特邀请您出席定于2011年10月25日上午9：30在上海光大会展中心东馆（漕宝路78号）举行的第56届全国电子产品展销会暨2011年（上海）国际消费电子展开幕仪式，并参观指导。敬请您届时莅临为盼。

本次活动记者签到时间和地点：2011年10月25日上午9：15—9：30，上海光大会展中心东馆正门南侧签到处。

谢谢您的支持和合作！

上海××公共关系有限公司
2011年10月18日

如有垂询，敬请与本公司下列人员联系：
×××小姐　　电话：×××××××
×××先生　　电话：×××××××转××分机

二、公共关系发言稿

公共关系发言稿一般分为公关致词和演说稿。

（一）公关致词

在公共关系活动中，有许多迎来送往的场合，需要有关人员致词。常见的致词有欢迎词、欢送词、祝贺词和答谢词等。这类致词的结构，一般由标题、称呼和正文三部分组成。如范文。

（1）标题。标题的写法有两种：一种是只写《欢迎词》、《欢送词》、《祝贺词》或《答谢词》即可；另一种是在标题前加上一定的修饰限定词语。

（2）称呼。标题的下一行顶格写致词对象的称呼，称呼后加冒号。称呼要用尊称，一般在称呼前加上表示敬意、亲切的修饰语，如“尊敬的”、“敬爱的”、“亲爱的”等。在被称呼者的姓名后加上职务、职称。称呼对方单位名称或个人姓名时必须用全称，不得用省称、简称。

（3）正文。正文包括开头、主体、结尾三部分。开头应首先表明这一致词的主旨。主体部分则是结合活动的特定内容和出席对象的具体情况，围绕致词的主旨适当进行阐述。结尾比较简单，一般是向致词对象表示祝愿、祝福。

【范文：欢迎词】

欢迎词

尊敬的来宾，女士们、先生们：

值此×××厂30周年厂庆之际，请允许我代表×××厂，并以我个人的名义，向远道而来的贵宾们表示热烈的欢迎。

朋友们不顾路途遥远专程而来贺喜并洽谈贸易合作事宜，为我厂30周年厂庆更添了一份热烈和祥和，……

在此，我谨再次向朋友们表示热烈欢迎，并希望能与朋友们密切协作，发展相互间的友好合作关系。

“有朋自远方来，不亦乐乎”。在此新朋老友相会之际，我提议：为今后我们之间的进一步合作，为我们之间日益增进的友谊，为朋友们的健康幸福，干杯！

【范文：贺词】

贺词

××厂：

首先，请允许我代表××公司全体员工，并以我个人的名义，向贵厂成立10周年表示热烈的祝贺！

贵厂技术力量雄厚，已建成年产×万米的×××生产线，现在生产30多个品种的适销对路的产品，××××年被晋升为国家一级企业，贵厂成绩卓越，经济高速发展，……

贵厂建厂10年，取得了巨大的成就，为繁荣我国经济作出了贡献，可喜可贺。

最后，祝愿贵厂更加兴旺发达！

【范文：答谢词】

答谢词

尊敬的×××先生，尊敬的××集团公司的朋友们：

首先，请允许我代表××代表团全体成员对×××先生及××集团公司对我们的盛情接待表示衷心感谢。

我们一行5人代表××公司首次来贵地访问，此次来访时间虽短，但收获颇丰。仅3天时间，我们对贵地的电子业有了比较全面的了解，与贵公司建立了友好的技术合作关系，并成功地洽谈了××电子技术合作事宜。这一切，得益于主人的真诚合作和大力支持。对此，我们表示衷心的感谢。

……

最后，我代表××公司再次向××集团公司表示感谢，并祝贵公司迅猛发展，再创奇迹。更希望彼此继续加强合作，共创明天。

谢谢，亲爱的朋友们！

（二）公关演说稿

撰写公关演说稿是公关从业人员日常要承担的工作之一。演说稿和致词相似的地方，在于两者都是在一定的场合、面对特定的公众所发表的讲话。但相比之下，致词更多地用在一些礼仪场合，主要用来表达某种情感和意愿；而演说则较多用在展示性的场合，主要用来宣传某一观点、推荐某一形象。

撰写演说稿，应注意把握以下几点。

（1）标题。通常演说稿的标题为“在××场合的演说”，以免和其他演说稿相混。但在实际演说时不必照背照念。

（2）称呼。演说稿的称呼，一般情况下，可以对这一活动的主持人特别提出加以称呼，而对在座领导则不必如此。即以“尊敬的×××先生（或女士、小姐）”称呼主持人，再以“尊敬的各位领导、女士们、先生们、朋友们”这些泛称涵盖所有在场人员。如果演说的场合并无明确主持人，则可以省略对主持人的称呼。在某些比较随意的场合，只需简单地称呼“各位朋友”。

（3）正文。演说稿的正文分为三个部分，即开场白、主体和收尾。

演说稿的开场白事关能否马上吸引听众的注意，一般字数不多。在撰写时可采用下列几种方式：一是开门见山，直奔主题。一般用于比较正式的场合。二是先作简单的自我介绍，让人们对自己产生兴趣。三是由某一看似不相干的话题突然切入，激发人们的好奇心理。四是抓住现场情境，即兴发挥，适当调侃，活跃气氛。

演说稿的主体部分是整篇演说的最核心部分。主体部分的撰写，根据内容需要和具体场合、听众的不同要注意三点：一是要突出演说主题，不在次要问题上多作解释和说明；二是逻辑严密，结构紧凑，围绕主题层层推进，具有较强的说服力；三是表述通俗流畅，力求口语化。

演说稿的收尾应尽可能干脆利落，不拖泥带水。一般有下列几种方式：一是概括演说的主题，加深听众印象；二是提出希望或发出倡议，激发听众的情绪；三是提出一个或几个思考的问题，让人感到意味深长，意犹未尽。这几种方式，可以根据不同情况灵活运用。

三、公共关系书信

公共关系书信是在公共关系活动中使用的一种书信体的礼仪类文书。

（一）贺信

贺信，是表示祝贺的专用书信。贺信既可以宣读也可以通过邮寄送达对方。

贺信的写作格式与一般书信大致相同，由标题、称谓、正文、结语、落款几部分组成。写作内容要求切合具体的祝贺情境，感情真挚，喜庆色彩浓郁。贺信以书面表达为主，语言力求简练、明快、生动、流畅，恰当地使用对偶、比喻等修辞手法，使贺信显得优美文雅。

【范文：贺信】

贺 信

××电脑公司：

贵公司落成开业，是商界也是企业界的一件大喜事。在此谨向你们致以热烈的祝贺！

贵公司拥有一支由软件专家组成的庞大队伍，技术力量相当雄厚，必定能够开发出具有竞争力的软件系统。对于满足用户的需求，活跃我国的电脑软件市场，定会起到重要作用。

祝贵公司开业大吉，宏图大展！

××公司全体员工同贺

×年×月×日

（二）感谢信

感谢信是一种礼仪文书，用于商务活动的许多非协议的合同中，一方受惠于另一方，应及时地表达谢忱，使对方在付出劳动后得到心理上的收益，它是一种不可少的公关手段。

感谢信在写作时应篇幅短，中文200字左右即可；对收信人为自己做的好事了然于胸，不要忘了什么；把对方给带来的好处都写清楚，不要含糊其词；表示感谢的话要合乎商家往来习惯，语气不应过于卑低。

【范文：感谢信】

感谢信

江苏××电缆有限公司于×年×月×日在南京举行隆重开业典礼，此间收到全国各地许多同行、用户以及外国公司的贺电、贺函和贺礼。上级机关及全国各地单位的领导，世界各地的贵宾，国内最著名的电缆线路专家等亲临参加庆典，寄予我公司极大希望，谨此一并致谢，并愿一如既往与各方加强联系，进行更广泛、更友好的合作。

江苏××电缆有限公司

总经理：×××

×年×月×日

【本章小结】

公关文书是为实现公共关系目的，开展公共关系活动使用的各种书面材料。公共关系文书具有鲜明的目的性、反映的客观性、传播的主动性、很强的针对性。公共关系文书的写作要求有沟通性、竞争性、时效性、务实性、可信性、简洁性、规范性、精美性、准确性等。

公关企划类文书是公关组织在策划公关活动时使用的书面材料，包括公关企划书，公关危机事件处理书，公关简报，新闻稿，公关广告等。

公关企划书是企业系统地、科学地策划公关活动的一种书面材料。公关企划书通常要明确的内容有活动主题、活动目标、综合分析、活动程序、传播与沟通方案、经费预算。

公关危机事件处理书是企业在面对公关危机时所采取的应对策略的文字材料。公关危机事件处理书通常包括背景介绍、主要问题、公众分析、传播渠道分析、应对计划与措施等内容。

公共关系简报，是机关团体组织内部交流、汇报情况的文字材料或刊物。包括工作简报、信息简报、会议简报、动态简报等多种。另外，动态、简讯、内部参考等都属于简报的范畴。

新闻稿是组织公关部门（人员）撰写的以目标公众为宣传对象的文字作品，包括提供给媒介的消息和通讯。新闻（消息）一般由标题、导语和主体组成。

公关广告是公关实务活动中塑造事体形象、传递新信息的一种宣传方式。公关广告文案一般包括标题、正文、广告词和随文 4 个部分构成。

公关礼仪文书是在进行某些礼仪活动中使用的书面材料。包括公关柬帖，公关发言稿，公关书信等。

公关柬帖是一种简便、亲切、自然的沟通形式和礼貌的传播和交际工具，是组织在公关活动中最常用的文书。常用形式有请柬、邀请函。

公共关系发言稿一般可以分为公关致词和演说稿。常见的致词有欢迎词、欢送词、祝贺词和答谢词等。一般由标题、称呼和正文 3 部分组成。演说稿的正文分为 3 个部分，即开场白、主体和收尾。

【课后实训】

1. 为教师节或学校庆典设计制作一份贺卡。

2. 为你所在地的文化节或其他熟悉的重大活动拟写一份领导的欢迎词。

3. 假如你所在的学校要扩大招生，学校为此要做广告，宣传学校形象，请以小组为单位替学校设计一则公共关系广告词。

4. 联系自己的大学生活，准备一份演讲稿并在班上进行演讲。

5. 为一次校园新闻事件撰写一篇新闻稿。

第十一章

网络公共关系

本章导读

人类已步入网络经济时代，未来经济发展的主要特点显示为网络化、信息化，这使得越来越多的组织将依靠网络来求得生存和发展，也意味着将有更多的组织利用网络和电子信息活动方式来改变组织的生存方式和提高组织的竞争力。组织网络化运行的结果是实现低成本和高效率，为此，组织的各个管理部门和职能部门都围绕着网络化在进行着变革，公关部门也不例外。对传统组织而言，在利用公共关系全面塑造组织形象，提升组织的市场竞争力方面曾发挥了积极的作用。现在在网络条件下，组织如何寻找合适的公共关系模式是网络化组织提高竞争力的关键，也是组织公关人员所关注的问题。

学习目标

1. 了解网络公共关系的发展历程。
2. 理解网络公共关系的特点。
3. 掌握开展网络公共关系工作的一些技能。

课前思考

1. 与传统公共关系相比，网络公共关系有哪些变化特点？
2. 网络公共关系传播要注意哪些问题？
3. 开展网络公共关系工作时有哪些技巧？

第一节　网络公共关系的兴起

公共关系在中国属于一个新兴行业，从 1984 年美国伟达公关公司进入中国市场算起，至今仅 30 多年的历史。目前中国的公关行业，尤其是近几年，无论是从数量还是规模上，发展速度都令人翘舌。网络媒体的出现是最近几年的事情，它比公关行业在中国的发展历史还要短。但是，网络媒体在传播上的影响力是以惊人的速度在增长，成为公共关系一个新平台，二者逐渐整合形成了一个新的子学科——网络公共关系（以下简称网络公关）。因为这个子学科出现的时间太短，同时由于网络公关的特点与传统媒体公共关系的差异太大并还处于变化当中，所以至今仍然没有形成成熟的理论架构体系。这里只是加以探讨网络公共关系的基本理念。

一、网络公共关系内涵

网络公共关系刚刚兴起，目前业界还没有一个统一的定义。大多学者认为网络公关指企业借助联机网络、电脑通信和数字交互式媒体的影响来实现公关目标的行为。

网络公关（PR on line）又叫线上公关或 e 公关，它利用互联网的高科技手段营造企业形象，为现代公共关系提供了新的思维方式、策划思路和传播媒介。它是指网络化组织以电信网络、有线电视网络以及计算机网络为传播媒介，来实现营造和维护组织形象。

网络公共关系就是组织以互联网为手段针对网络公众进行的，主体是组织，传播媒体是互联网，客体是网络公众。网络公关的目的是维护和改善组织形象，提升知名度，以获得更多发展机会。

二、网络公共关系的优势

网络公关与传统的公共关系（这里指通过报纸、杂志、广播、电视等大众媒体进行的公共关系传播）相比有较多优势。

首先，由于网络互动的特点，传播者与受众的界限变得模糊不清了。只要进入网络，传播者与受众是互动的，既可以是传播者，也可以是受众。这样，公众有可能了解更多的信息，有更多的机会发表自己的意见，参与社会互动或传播。

其次，由于互动传播，使组织能把握公共关系的主动权，能够在对其公众

（客体）产生直接影响的同时与新闻记者建立良好关系。

第三，在传统的公共关系传播中，编辑、记者、导演等人充当“守门员”的角色。他们决定组织的新闻消息是否发布和以什么风格发布，而网络化使组织直接面向公众发布新闻而不需要媒体的中介成为可能。网上组织通常是通过网络论坛、BBS、新闻组、E-mail 及其他方法直接发布组织新闻。

第四，不像报纸或杂志每天或每月发布一次新闻消息，在网上可以全天24 小时随时发布新闻，消息一有更新即可播出，而不限制每天只播一次。这种改变对公共关系人员来说既是机会也是挑战。记者们需要更多的信息，组织新闻发布的机会也增多了，但同时那种慢节奏的公共关系工作方式也不复存在。

第五，由于 E-mail 即时互动的特性，使网络化公共关系还具有创建组织与公众“一对一”亲和关系的优势。

三、网络公共关系的发展

（一）兴起的背景

网络公关的兴起缘于因特网和电子商务的发展，网络传播方式较之传统传播方式的创新以及公关业发展的需要。

世界营销大师科特勒说：“过去，企业提高竞争力靠的是高科技、高质量，而现在则要强调高服务和高关系。”信息化的高速发展使产品的科技含量日益趋同，生产管理的规范化和程序化则导致同类产品在质量上难分高下。“高服务、高关系”主要指的是公共关系，是社会组织建设和公关的主要方向，企业的竞争已由有形资产的竞争转变为品牌、形象、商誉等无形资产的竞争。

此外，一直处于营销优势地位的广告的影响力正在下滑，据统计“世界上约有近 80％的人口对广告开始失去信任甚至产生反感，只有大约不到20％的人口还对广告存在着不同程度的信任。”而与此同时，公关业却受到更多的垂青，各企业、机构甚至政府都开始开展公关，因此，公关业的发展势在必行。

但是传统公关的发展需要新的平台，互联网具有个性化、互动性、信息共享化和资源无限性等传播优势，集个人传播（如 QQ、ICQ 电子邮件)、组织传播（如 BBS、新闻组）和大众传播于一体，具备强大的整合性，并且网络媒体的运作目前正在逐渐规范、成熟，已拥有相当大的媒体影响力，互联网正在成为各界人士获取信息的主要通道。据中国互联网络信息中心（CNNIC）统计，截至 2010 年 6 月 30 日，中国的网民总人数约为 3.6 亿，其中 67.4％的人为 18

～35岁的年轻人，82.2%的人是中专以上学历。这类网民年轻、教育程度高、收入高，是最具活力的市场消费群体，同时也是各类社会组织梦寐以求的公众资源，是组织形象、品牌塑造的理想主力公众。并且电子商务也在迅速发展，据CNNIC的数据，截至2010年6月，中国有过上网购物经历的人数已达8 000万人，已经有1/4的网民经常在网上购物。

网络媒体在公共关系传播中的影响力不断增强，如何有效地利用网络媒体的传播力，塑造组织尤其是企业良好的形象，促进企业产品、服务的销售，以及有效预防网络公关危机，成为组织必须面对的一个重要话题，也是网络公关兴起的重要原因之一。

（二）发展的历程

公关业的发展与媒介技术的发展密切相关，它随着媒介技术的发展而不断发展。网络公关发端于电信网络的使用，具体媒介有电报、电话、广播、电视因特网等。

第一阶段，电报电话以及传真用于公关业。电报是1845年由莫尔斯发明，后来用于商业领域通信，礼仪电报、鲜花电报等是电报用于公关用途发展的新形式。由于通信事业进步和发展，现在对电报的使用总体上来说已愈来愈少。电话从1876年贝尔发明到1946年商务流通电话问世。电话沟通，见面细谈，已成为目前公关的必经程序，目前已出现要求普通话标准，沟通能力、语言表达能力强的电话公关职业。

第二阶段，广播、电视用于公关业。调查显示，我国广播车载听众比例在不断上升，以北京数据为例，2002年车载听众占所有听众的比例只有9%左右，2003年上升为12.5%，2010年这一数字已经超过60%。电视是视听合一的媒介，具有现场感强、形象真实、可信度高等传播优势，给观众一种面对面交流的亲切感，而且能够直观展示产品、产品的使用过程和使用效果，具有很强的说服力和感染力。与网络媒介相比具有覆盖范围广、履盖率和重复率高的优势。因此广播、尤其是电视仍是组织实施公关的重要手段。

第三阶段，互联网用于公关传播。互联网在公关发展史上是一个重大转折点，使公关“山重水复疑无路，柳暗花明又一村”，也是公关发展史上的一座里程碑。网络公关从在“2000年中国国际公共关系大会”上成为热门话题，到2001年则开办了“中国公关网”，企业网络公关便如雨后春笋般生长起来。

目前，网络公关在国内发展的现状可谓喜忧参半。可喜的一方面是，中国公关业和企业有了自己的门户网站和宣传平台，甚至，有的政府部门已开通了微博平台，可以以最快捷的速度向国内外交流组织的信息。不少大的企业已经开始配备专职人员做网络媒体代表，负责处理协调网络媒体传播事项；许多企业的企业推广部在自己的核心媒体名单里，也开始加入网络媒体，对核心的网络媒体做重点沟通与维护。忧的一方面是很多企业的公关部在做网络公关的时候，缺乏系统的操作体系，往往是顾此失彼，难以组织有效的立体式网络公关战役，从而使企业公关宣传的效果大打折扣。

【案例分析】

“蒙牛—超女”轰动效应

2005年中国的演出市场上，最为引人注目的现象就是湖南卫视举办的“第二届超级女声大赛”了。湖南卫视举办的“第一届超级女声”虽然产生了一定的影响力，但并没有引起太大的关注，这一次却达到了轰动全国的地步。除了早期的春节联欢晚会，估计还没有哪一档电视节目会像“超级女声”这样，让那么多中国家庭的电视机同时集中到一个电视台，让那么多媒体跟踪报道，成为全国城乡那么多百姓街头巷尾议论的话题。两届超级女声大赛为什么会有如此大的差异呢？关键就是在第二次大赛的背后，出现了一个中国商界的巨人——“蒙牛乳业集团”。

【案例讨论】

1. 从“超级女声”的疯狂到蒙牛酸酸乳的相伴成功，我们能够学到什么东西呢？

第二节　网络公共关系的特点

网络公共关系与传统组织的公共关系相比，公共关系的三大要素都发生了变化。

一、网络公共关系主体的特点

（一）经营活动的全球化

网络中的组织是“无国籍”组织，其活动范围是全球性的。组织能够通过信息高速公路在全球范围内开展经营贸易活动，组织通过基于国际互联网、ISDN的综合业务数字网、内部计算机网络世界以及虚拟专用网（VPN），将组织的各种信息传达到地球的每一个角落。VISA系统可以从全球范围的信用卡处理业务中收集、捕捉信息，为组织的全球化业务提供方便，也降低了信息费用。

（二）数字化与信息化

网络化组织的管理是一种数字化管理，人们通过设计数据存储工具，对大量的数据进行捕捉和开发，然后，决策者可以使用数据分析工具，对复杂的数据进行分析，甚至画出数据图表，以帮助其进行更好的决策。随着MRP（MRPI I & ERP）、MIS、DSS（决策支持系统）、ESS（专家支持系统）等系统的建立与应用，将促进组织全面进入信息化管理时代。

（三）反应快速化

由于电子技术的应用，组织能够以极快的速度对发生在一个地方的事件做出反应，发生在一个地方的事件也会迅速地被远方的组织和个人知道；速度也成为组织竞争取胜的决定因素，如快速识别顾客新的需求、实施新服务满足顾客的新需求；同时可以缩短从新产品、新服务概念的产生到实施的时间距离。总之，网络化组织依靠反应迅速、自我调整能力强等因素在网络中生存发展。

二、网络公共关系客体的变化特点

（一）公众的个体性

网络化的组织所面对的市场是全球范围内充满个性的公众市场乃至个人市场，因此要面对的公众也是个体性的，网络可以使组织与公众的交流实现真正的一对一。传统的公共关系研究的是组织与社会各类公众群体的协调沟通，公关活动也是面对一类人或一群人利用大众化的媒体发起强大的传播活动。在网络条件下的组织公关，要针对的是差异性极大的个体公众，这为网络公关提出了新的课题。

（二）公众的复杂性

网络化的组织所面对的公众极为复杂，既有传统意义的“大众”公众，又有网络文化下的“小众”公众乃至个体公众；既有本地同一文化条件下的公众，又有世界各地文化差异极大的公众。在视顾客为上帝的今天，组织面对网络所带来的公众复杂性，就必须要研究对策，寻找合适的模式来适应。

（三）公众影响力扩大化

由于互联网技术，使得公众的影响力大大地超过传统意义上的公众力量。有人说：“以前，如果我们服务让一个顾客不满意，他可能告诉他的5个朋友，而在网络中，他可能会告诉5 000人或更多。”因此，网络化会因为失去一个顾客而导致失去一群顾客的后果。这为公共关系工作提出了更高的要求。

三、网络公共关系传播方式的变化特点

由于网络化组织是利用计算机、网络和多媒体等信息技术进行的商业活动方式，网络是公共关系传播的一种新媒体，这种新媒体的特点表现如下。

（一）传播的全球化

网络媒体突破了传统媒体的传播局限性，不论相隔多远都能如同近在咫尺般的迅速沟通和交流，为实现公共关系传播的全球化提供了技术支持，而全球经济一体化的趋势也推动着公共关系工作的全球化。

（二）传播的民主化

网络是迄今为止最“民主”的传播媒体，打破了传统媒体对信息发布的垄断，网络中的公众，没有了现实中的身份、地位、财富的“等级”，有的只是平等，所以西方学者把网络称为是“数字化的民主”。

（三）传播的低成本化

与传统的传播媒体相比，网络媒体有成本最低、信息量最大、传播速度快的特点。组织一旦注册了域名后，就能在极大的空间里发布自己的信息，它不受版面和时间的约束，也不需要昂贵的传播费用。

四、网络公共关系的模式

（一）网络公共关系模式的特点

由于公共关系的三大要素都发生了变化，因此，从事网络化运作的组织，用传统的公共关系模式是无法进行有效形象宣传的，要有一套新的公共关系模式与之相适应，才能有效地提升网络化组织公共关系的整体形象。

网络公共关系，是把网络作为一个载体，通过实时立体方式，实现网上组织与公众的双向交流的公关模式。

(1) 在媒体的选用上，以网络媒体为主，传统媒体为辅的方式。由于网络中的组织经营活动是全球性的，它所进行的公共关系活动也要面对全球性这个现实，而传统的媒体受其影响面的限制，不能很好地做到全球化。而且传统媒体的费用昂贵，组织只能适可而行。

(2) 在公共关系的活动方式上，在网上能开展有特色的公共关系专题活动。公共关系专题活动是组织公关人员的一项重要工作，网络化的组织要注重通过网络来提升网上组织的美誉度。由于网络的全天候和无距离，通过网络开展公共关系专题活动和传统方式有很大的区别。如在组织的品牌宣传方面，可将原来用于组织形象宣传介绍和产品品牌广告的材料实时动态地移到网上，配

上悦耳的音乐、Flash 动画，将组织的理念、行为、视觉、听觉、环境等识别系统一体化，以达到良好的宣传效果。也可以在网上开展新产品发布会，开设产品展示厅等等，通过客户的意见反馈栏，及时了解和掌握客户的需求，也是网上公共关系专题活动的一个重要内容。

（二）实施网络公共关系的技巧

1. 建设好有鲜明个性的组织网站

网络化的组织，其业务开展及宣传活动都是在网上进行的，而且网上公众对组织的认识也是从组织网站开始，因此，建立有鲜明个性特点的组织网站是搞好网络公共关系的第一要务。建好自己的网站后，首先是如何让更多的公众光临你的网站。网络在给人们带来“无限的”信息量的同时，大量的无用信息也占据着人们有限的时间，消耗着人们的精力。网上公众的心理也会从拥有对信息的极大满足转向对信息过剩的无奈和恐惧状态。要想在这种信息疲惫的状态中使自己的网站引起网上公众的兴趣，这是网络公共关系人员首先要研究的课题。

要引起公众的注意，在内容上的设计就要从公众的利益需求出发，在符合利益原则的前提下，公众才会在众多网站中选择你。对公众利益需求的科学定位是建好自己网站的战略基础。其次是对网站的个性化设计，它的设计将直接影响能否吸引公众进入他们所需要的部分，一个设计精良的组织网站可以清楚地引导公众的需求，组织的网站应该是艺术性、可视性和实用性三者的结合，一旦确定了其风格特色后，不宜去跟流行趋势而频繁地更换，公众往往喜欢熟悉的风格。

2. 尽可能扩大组织网站的知名度

建好自己的组织网站后，接着就要为如何提高网站的知名度而努力了。一般来说，一个有特色的网站名称或网址比一串电话数字更容易记住。一般对传统组织来讲，它的中文网站名和它的组织名称是一致的，对一个从事网络化的组织，首先要取一个易记的公司网站名称。其次是把组织的网址列入搜索引擎和相关网站的链接，让网上公众可以通过搜索引擎或链接迅速找到你的组织网址。公关人员得仔细研究目标客户，他们可能会访问哪些类型的网站。研究这类网站，过滤掉竞争对手的网站、无多大价值的网站、访问量很小的网站，剩下来这些过滤过的网站，就是我们愿意建立指向我们网站链接的地方。再次是在产品的包装、新闻媒体、各种广告、员工的名片甚至电话号码本中看到组织的网站名。总之，不管是在虚拟网络还是在现实中，尽量提高出现的频率来扩大组织网站的知名度。

3. 利用组织网站提供特色服务

网上的组织如果从形式到内容一成不变，又没有服务，难以达到宣传组织形象的效果。在这方面，柯达网站的特色服务给人耳目一新的感觉。柯达网站围绕照片、成像及相关技术设备，为客户着想，利用网站的优势，设置如下栏目：拍照、后续处理、专业图像处理、柯达介绍等。柯达网站将网络竞争点定位在拍摄后的增值服务“高端”上，值得我们从事网络化组织的思考和借鉴。

五、网络公共关系应注意问题

1. 网络“虚拟性”带来的弊端

网络的“虚拟性”，存在由鼠标和键盘带来的隔膜，网络传递带来的心理距离，网络公关易缺乏人情味。“在网络社会，人们处在一个具有讽刺意味的囚徒困境当中。一方面，新型全球化社区通过传输技术正在或者已经形成。而另一方面，整个社会可能变成一个‘熟悉的陌生人’社区，技术可以超越空间，却不能够超越情感，技术可以促进沟通，但却不能保证建立信任”，“网络技术根本上改变了人际和社会关系的质、量、度，削弱社会作为一个共同体的内在和谐关系，关系的频度虽然增加了，但关系信度却降低了；关系长度虽然延长了，但关系效度却减少了。”在网络上组织的真实性、可靠性等信誉由于网络发展过程中存在的一些弊端更难建立。

但是随着网络逐渐成为人们工作、生活和学习不可或缺的辅助工具时，必然会采取各种方式来增强其可靠性，如目前正在推行的“网络实名制”、“网络新闻规范制度”等，都是对这一“囚徒困境”的突破，另外组织在现实社会中切实的良好口碑也有利于其互联网上建立信誉，组织在网络上长期与公众平等、真诚的沟通，也会使组织逐渐建立公信力。

2. 安全方面存在的问题

（1）不利信息传播速度更快，易形成“公关危机”。不利信息主要来自两个方面：一是网络上的恶意攻击行为，如竞争对手对组织形象的恶意丑化，散布流言，黑客的入侵并对组织网站的恶意涂改等行为；二是组织负面事件形成的不利信息。

“好事不出门，坏事传千里”，与组织正面信息相比，负面的内容往往容易扩大。在互联网上，借助网络传播面广、速度快等特性，“坏事传千里”的负面效应更加凸显，使世界上任何角落的一个小小信息都可能对组织造成灭顶之灾。以日本“东芝事件”为例，一位顾客购买东芝录像机时，因销售人员对他言辞欠妥，结果被顾客录下来并贴到网上，引得500万人次去听，最后东芝社长不得不亲自出面道歉，但这件事仍对组织产生极为不利的影响。

（2）网络技术方面的问题。来自网络技术方面的问题主要是指有针对性的网络犯罪，如电子交易支付中的漏洞。安全软件专家认为，在电子商务的网络零售站点里，全部的购物应用软件中，约有三分之一的程序设计易被调换价格标签的欺骗性手段进行攻击。

【案例分析】

新浪2004“网络中国”评选，快乐一网打尽

一、背景介绍

通过评选奖项来进行年终盘点，这已经是各大门户网站每年必做的保留节目。如何打破“年度十大新闻评选”的网络界评奖窠臼？如何将评奖活动提高层次，树立业界评选的权威和标准？这是新浪2004年度评选活动旨在解答的问题。新浪充分利用中国第一门户的优势，结合网络文化在主流文化中越来越大的影响力，最终将此次活动名称确立为“网络中国”年度评选活动。旨在建立网络界的时尚潮流坐标，全面提升网络文化在主流文化中的地位。并将主题定为“快乐生活，由你开始”，设置了26个奖项，涵盖了文化、娱乐、科技、体育、生活、游戏6大领域，包含了几乎2004年所有最热门、最流行的网民话题与焦点人物。

二、传播策划

为了提升此次活动意义，根据对市场的充分剖析，以追求注意力为特点的网络“新闻时代”已经到了退出历史舞台的时候了，取而代之的将是以打造“网络公信力”为核心竞争力的“后新闻时代”的到来。因此，此次传播的核心诉求定位于打造娱乐互动平台，并从三个层面阐释了此次活动的内涵，即网络品牌层面表明新浪推动网络从注意力向公信力发展，网络内容层面从突出新闻性向娱乐性过渡，网络产品层面从同质化向差异化演变。

三、传播实施及传播效果

此次，新浪2004“网络中国”公关传播分预热传播阶段和活动传播阶段，传播重点是打造“网络中国”评选品牌，展现新浪在网络娱乐互动方面的领袖作用，提升新浪在网络界的公信力。

预热传播阶段以制造话题、引起网民参与为主旨。此阶段媒体锁定影响面大、传播快捷的主要大众媒体、娱乐媒体。策划者从新闻发布和深度阐述两方面双管齐下，展现奖项竞争的热烈程度、持续报道评选进展，引起大众的极大关注与参与；在短短两周的预热时间里，就有总共2家电台、16家平面媒体进行了活动预热报道，其中4家媒体共5次进行了3 000字以上的大版面深入报道；发布总字数达27 434字。

活动传播阶段即颁奖活动现场和传播。颁奖晚会2005年1月12日在北京

世纪剧院举行，当晚娱乐明星、体坛英雄、媒体高层、政府领导、社会名人等出席了颁奖盛典，更有近千万名网民通过线上直播即时收看现场盛况，150 多名记者在专设的新闻中心面对面采访各位嘉宾，电视媒体有 20 多家到会，其他电台、时尚、娱乐、大众、财经媒体等悉数参会，其中 30 多名媒体记者是慕名而来，可以说现场是盛况空前。

由于前期传播工作准备较充分，针对不同类型媒体准备了相应的素材和资料，并对重点媒体进行了深度沟通，现场活动的媒体发布取得了巨大成功。活动第二天就有近 1/3 的电视媒体和大众媒体对此次颁奖晚会进行了报道，集中的大爆炸式发布在受众中制造了新闻焦点。紧接着周报、月报类媒体也陆续刊登了活动大幅图文，电视专题深度报道颁奖活动。通过电视、电台、平面媒体类型的立体组合，以及日、周、月刊的时间互补，在“网络中国”颁奖活动结束后的两个多月的时间里，新浪“网络中国”字样仍不断地出现在各大媒体刊物上，引起了公众对新浪长期而持续的关注。20 多家电视电台媒体多达 30 多种形式的播出，几十家平面媒体高达 12 万字的报道，生动、丰富地传递了新浪作为“娱乐互动平台”的公信力和影响力，也反映出了网络文化强大的吸引力和渗透力。

【案例讨论】

1. 在本案例中网络公关策划的特点表现在哪些方面？
2. 讨论并分析该案例中网络公关活动成功的因素有哪几个？

【本章小结】

本章主要介绍了网络公共关系的相关内容。随着社会信息化的发展，组织的虚拟化将成为未来的发展趋势，公关人员如何面对组织的网络化，是其面临的一大问题。公关人员利用互联网的一个直接方式是通过在企业本身网站、有影响力的门户网站或者垂直媒体发送新闻来实现网络公关。

网络被称为是海量的信息空间，因此，从公关人员的信息提供来看，他们越来越倾向在网络进行产品、服务和品牌的全方位的推广。与传统媒体相比，网络媒体不受版面的限制，图文并茂，因此越来越受到公关从业人员的欢迎。在具体的公关宣传中，网络媒体公关新闻发布的位置也是很重要的，比如发布在重要新闻门户首页或者是频道、栏目的首页，都意味着带来的访问流量会十分可观，带来良好的传播效应。如果发布的新闻不是极端重要的，就算位置不好也能够被用户通过搜索引擎搜出来，从而达到一定的宣传效果。

网络的互动性还为公关更深入参与营销、融入营销提供了全新的机会。

【课后实训】

1. 学习网页制作，给自己制一个个性化的网页。
2. 学会建立一个聊天 QQ 群或一个贴吧，自己做群主或吧主。
3. 开通自己的微博。

附录一

网络公关服务规范（指导意见）

序言

随着互联网以及论坛、博客等社会化数字媒体的兴起和普及，传统信息传递方式和沟通方式发生了巨大的变革，营销传播模式和公共关系环境也发生了颠覆性变革。网络公共关系（以下简称“网络公关”）已成为传统公共关系服务不可或缺的重要延展，成为公关服务领域业务增长最快的业务模式。据中国国际公共关系协会的行业调查显示，2008年度中国公共关系市场年营业额超过140亿元人民币，年增长率为29.6%。其中网络公关业务异军突起，2008年度该项业务占整个业务市场比重达到6.3%，约8.8亿。

基于互联网的新闻发布、专题发布、线上活动、口碑营销、论坛传播、圈子营销以及舆情监测和危机处理等成为当前网络公关市场的主要服务手段，快速消费品、汽车、IT、互联网和通讯等行业成为主要服务领域。随着企业主对网络公关服务采购需求的常规化和普及化，市场各方对网络公关业务模式标准化、规范化的需求和呼声越来越高，而互联网媒介技术日新月异，无线、3G等个体沟通方式不断创新，网络公关业务的概念也不断向更加广义的方向延展。

市场发展呼唤行业规范。对于网络公关服务这一新的业务领域来说，尤为重要。我们认为，应该根据《公关咨询业服务规范》（指导意见），有针对性地制定网络公关服务规范和从业行为准则，不断提高专业技术水平并提升从业人员专业素养，以确保本行业的可持续、健康发展。为此，经中国国际公共关系协会公关公司工作委员会的反复酝酿和认真研究，起草并制订本规范，以期原则性规范网络公关服务的服务标准。

第一章 网络公关服务定义

第一条 网络公关服务是建立在传统公共关系理论和实践基础上，依托互联网等数字化、交互式传播媒介和社会化媒介平台，完成信息传播、关系协调和形象管理等公共关系目标的创新服务模式。与传统服务模式相比，网络公关服务在即时性、互动性、精准性、延展性以及量化评估等方面优势更为显著。

第二条　有别于其他网络营销方式，网络公关并非以直接销售为目标，只要对客户有影响的人群或个人都是目标受众对象。网络公关是策略性、长期性针对广泛网络受众进行信息传播，从而服务于客户的品牌和长远商业目标。对客户来讲，网络公关的价值主要体现在：提升品牌和产品形象；影响目标受众的品牌、产品接受度和购买行为；维护企业声誉与形象。

第三条　网络公关公司以各种方式提供网络公关产品，满足客户对于网络公关的需求。目前最主要的十项网络公关业务：顾问咨询、新闻发布、专题策划、线上活动、品牌推广、互动营销、舆论监测、危机处理、网媒管理和专业培训等。

第四条　网络公关服务可以从产品概念与产品渠道两个角度进行划分。根据产品概念可以分为资讯、告知类产品（网络新闻、网络专访、网络专题），活动、体验类产品（线上活动、口碑营销、社区营销），监测、预警类产品（舆情监测、危机处理、评论维护）以及维护、优化类产品（网站优化、搜索引擎优化、流量推广）。根据产品渠道可以分为新闻传播、论坛传播、博客传播、SNS 传播、IM 传播、视频传播类产品。

第二章　网络公关业务的媒体形态和技术应用

第五条　网络公关业务主要基于互联网媒介及其技术来开展。互联网媒介具有传统媒体所不具有的个体性、即时性、交互性和开放性等特征，是一对多、多对多、多对一的复合传播路径。互动媒体比重不断上升，分众媒体成为主流，网络媒体颠覆了传统媒体的精英模式，舆论话语权逐渐转移到草根阶层。

第六条　根据网络公关业务的主要传播手段，可以将网络公关的合作媒体分为 5 大类：综合门户网站、垂直门户网站、论坛、博客、视频网站。应用最为普遍的传播渠道是新闻、论坛、博客、视频。

第七条　网络公关业务的技术支撑系统，根据主要功能可以划分为 5 大平台：新闻发布平台、舆情监测平台、媒体资源平台、媒体沟通平台和执行监控平台。

第三章　网络公关业务的工作流程

第八条　网络公关业务是一种专业咨询服务，服务成果和服务质量由其规范的工作流程来保证，项目洽谈、项目调研、项目策划、项目确认、项目实施、项目评估等工作流程以及其特有的工作方法、技术工具和服务标准确保了网络公关业务成为一种专业服务。

第九条　网络公关业务的核心是解决客户的网络声誉问题，即对客户网络形象和声誉进行舆论研究，对客户所采用的网络公关策略和手段进行评估，对竞争对手所采用的策略和手段进行比较，找出客户所面临的具体困难、挑战或威胁，以及自身的优势和存在的机会，并得出基本结论和解决方案。

第十条　网络公关业务由于采用技术手段，比传统业务更容易进行效果评估。目前，通行的评估方法有3种：基于项目策划和实施的质量评估（网络流量变化、主流媒体认可度、用户满意度、品牌知名度等）；基于项目执行的数量评估（信息传播量、用户关注度、用户参与度以及媒体推荐度等）；基于资源投入的成本评估（如千人成本等）。

第十一条　网络公关业务的评估报告应该包括项目简述（主要涵盖委托任务描述及咨询过程和总体效果评估）；项目研究（项目开始前的基本状况，问题和挑战）；项目策划（项目建议书和行动方案的核心内容）；项目执行（主要工作及程序描述）；项目评估（执行情况评估、产生效果评估、可能带来的影响和积极意义等）。

第四章　网络公关业务的收费模式

第十二条　网络公关业务是一种个性化的智力服务，以服务费的形式向客户收取费用，即按这些专业人员的专业等级和专业经验确定收费标准。服务费主要是根据专业人员的参与人数和工作时间来进行计算。

第十三条　根据国际惯例及专业服务收费经验，一般采用如下收费方法。

收费名目：项目成本费（诸如设计、媒体、设备、活动等第三方费用）；咨询服务费（专业人员投入的质量和数量以及投入的工作时数进行计算）；项目管理费（行政办公费用、差旅费用、外聘劳务等）；营业税金等。

收费形式：长期代理费（按月计算，原则上不应低于3万RMB）；项目服务费（按项目计算，原则上不应低于总预算的10%）；个案咨询费（按实际小时/工作量协商）；项目管理费（按项目计算，原则上不应低于总预算的5%）。

第十四条　目前主要有四种收费模式：按解决方案收费，即按项目策划和执行情况收费，包括项目策划、执行以及后续监测和评估）；按工作量收费，即依据项目执行的规模的数量收费；按时间投入收费，即按项目投入的人力资源所占用时间收费；按执行效果收费，即按项目执行的效果（项目影响的广度和深度）收费。

第五章　网络公关业务的运营管理

第十五条　网络公关公司不管采用何种公司形态，都必须遵守国家的公司法和其他法律中的有关规定。这其中包括：经营前要注册登记；制订公司章程和说明业务范围；组织和界定高层管理部门（股东大会、董事会、经营层）的责任；定期编制会计和其他记录；出具公司审计报告并照章纳税；公司个人对其渎职或其他违法行为负民事和刑事责任。

第十六条 设立网络公关公司应该具备如下几个基本条件：一定数量的资本金（不低于10万RMB）；固定的办公场所；较好的通讯及办公条件；两名从业五年以上的网络公关顾问；一定数量的客户或潜在客户；服务供应商网络等。同时，在公司软实力方面还应具备：一定的媒体关系资源；配置完整的项目策划及执行团队。

第十七条 网络公关公司应该根据经营目标建立自己的公司架构，按职能可以划分为：市场部、客户服务部、创意设计部、媒介管理部、活动管理部以及行政部和他辅助部门；也可以按行业划分为：IT客户部、金融客户部、消费品客户部、行政事务部及其辅助部门，客户部也可称为事业部；按地域划分为：国际业务部、地区办事处、下属机构、联营单位等。

第六章 网络公关从业人员的职业开发

第十八条 网络公关服务的职业特点决定了这一职业的从业人员应该具备各种专业技能、专业知识和专业经验。战略思维、创新能力、组织气候感、人际技巧以及分析问题、解决问题的能力等一直是这一职业中优秀专业人士的共同特征。

第十九条 网络公关业务实际运营中一般涉及七大职能团队：管理团队、项目管理与客户服务团队、策略顾问与创意策划团队、媒介关系与媒介执行团队、创意设计与美术制作团队、技术研发与技术应用团队以及行政支撑团队。

第二十条 一般来说，网络公关专业人员主要由下列专业等级组成：初级职务（客户助理、客户主任、高级客户主任）；中级职务（客户经理、高级客户经理）；高级职务（助理客户总监、客户总监、高级客户总监、副总裁、高级副总裁）。从初级职位晋升到高级职位大多数专业人员需要8～10年的时间，这其中除了专业技能和职业素养的要求外，还有一个重要的原因就是社会阅历和工作经验的积累。

第二十一条 网络公关公司应该建立各级专业人员的培训计划。培训的主要内容应该包括：网络传播手段、网络互动策略、公共关系概论、调查研究方法、项目建议书写作、提案与竞标、事件策划与管理、网络媒体分析与研究、网络媒介关系计划、营销传播、品牌管理、危机管理、案例研究与分析、项目管理、客户管理、效果评估、战略咨询等。培训时间应该得到必要的保证。建议：初级专业人员应该保证每年100学时的培训；中级专业人员保证每年60学时的培训；高级专业人员保证每年30学时的培训。

第七章 网络公关从业人员的职业道德

第二十二条 网络公关业务应自觉遵循行业自律公约，坚决抵制各种有悖于行业行为准则的各种行为。具体来说：对客户所发布内容合法性进行审核和约定，保证信息内容及其传播手段符合国家法律的有关规定；保证信息内容的完整性、真实性和准确性，不提供任何与客户实际情况或客观事实明显不符的内容信息；不涉及政治敏感类话题及国家敏感监控的问题；不隐瞒事实真相或欺骗公众，有责任及时纠正错误的传播信息；不传播任何不符合事实、夸大宣传或有待确认的信息；不从事任何不道德、不诚实或有损他人尊严或信誉的传播活动；抵制各种欺骗客户和公众的信息传播活动；不提供任何形式的攻击、诽谤竞争对手的信息服务；传播素材不使用任何无合法版权的图片、视频或言论；不对传播效果指标、数值进行任何技术、人为非正常干预。

第二十三条　应该循序渐进地建立和完善网络公关服务规范，包括建立与完善网络公关商业行为；统一与规范网络公关商业服务标准（规范产品体系与服务要素、统一业务资费与报价体系、统一执行效果评估标准、规范服务流程与环节）；形成开放、融合、有序的社交媒体营销生态体系（保证良好的用户体验，建立和谐的互联网生态环境、搭建企业主与用户的高效沟通桥梁，实现信息向目标受众的快捷、精准传递）。

第八章　附　则

第二十四条　本规范中所指的“网络公关业务”，专指针对互联网媒体环境下的线上公共关系服务，不含网络广告、电子商务、无线业务、网络分账等网络营销或数字营销领域常规手段及业务。

第二十五条　中国国际公共关系协会公关公司工作委员会是行业内的协调组织，有义务保护业内各公司及其从业人员的合法利益，对业内公司与公司之间、公司与客户之间、公司与个人之间的矛盾和冲突进行调解和仲裁。

第二十六条　本规范自发布之日起正式生效，最终解释权归中国国际公共关系协会公关公司工作委员会。

中国国际公共关系协会

2010 年 3 月 16 日

附录二

公关员国家职业标准

1. 职业概况

1.1　职业名称：公关员

1.2　职业定义：从事组织机构信息传播、关系协调与形象管理事务的调研、策划、实施和评估以及咨询服务的从业人员。

1.3　职业等级：本职业共设五个等级，分别为初级公关员（国家职业资格五级）、中级公关员（国家职业资格四级）、高级公关员（国家职业资格三级）、公关师（国家职业资格二级）和高级公关师（国家职业资格一级）。

1.4　职业环境：室内。

1.5　职业能力特征

具有一定的分析、推理、判断、表达、交流和运算能力，学习能力强，形体知觉好。

1.6　基本文化程度：高中毕业（或同等学力）。

1.7　培训要求

1.7.1　培训期限

全日制职业学校教育，根据其培养目标和教学计划确定。

晋级培训期限：初级公关员不少于 120 标准学时；中级公关员不少于 100 标准学时；高级公关员不少于 80 标准学时；公关师不少于 60 标准学时；高级公关师不少于 40 标准学时。

1.7.2　培训教师

培训公关员的教师应具有本职业公关师职业资格证书三年以上或相关专业中级及以上专业技术职务任职资格；培训公关师的教师应具有本职业高级公关师职业资格证书或相关专业高级专业技术职务任职资格；培训高级公关师的教师应具有本职业高级公关师职业资格证书三年以上或相关专业高级专业技术职务任职资格。

1.7.3 培训场地设备：标准教室和会议室。

1.8 鉴定要求

1.8.1 适用对象：准备从事本职业工作的人员，以及正在从事本职业工作的专业人员。

1.8.2 申报条件

——初级公关员（具备下列条件之一者）

（1）经本职业初级公关员正规培训达规定标准学时数，并取得合格证书。

（2）连续从事本职业或相关职业（新闻、广告、营销、管理、秘书）2年以上。

（3）取得经劳动保障行政部门审核认定的，中等以上职业学校公共关系或相关专业（新闻、广告、营销、管理、秘书）毕业证书。

——中级公关员（具备下列条件之一者）

（1）取得本职业初级公关员职业资格证书后，连续从事本职业或相关工作（新闻、广告、营销、管理、秘书）2年以上，经本职业中级公关员正规培训达规定标准学时数，并取得合格证书。

（2）取得本职业初级公关员职业资格证书后，连续从事本职业或相关工作（新闻、广告、营销、管理、秘书）3年以上。

（3）具有公共关系专业或相关专业（新闻、广告、营销、管理、秘书）大学专科以上学历，并从事本职业工作1年以上。

——高级公关员（具备下列条件之一者）

（1）取得本职业中级公关员职业资格证书后，连续从事本职业或相关工作（新闻、广告、营销、管理、秘书）2年以上，经本职业高级公关员正规培训达规定标准学时数，并取得合格证书。

（2）取得本职业中级公关员职业资格证书后，连续从事本职业工作3年以上。

（3）具有大学本科学历，并连续从事本职业或相关工作（新闻、广告、营销、管理、秘书）2年以上。

（4）具有公共关系本科学历，并从事本职业工作1年以上。

——公关师（具备下列条件之一者）

（1）取得本职业高级公关员职业资格证书后，连续从事本职业工作4年以上，经本职业公关师正规培训达规定标准学时数，并取得合格证书。

（2）取得本职业高级公关员职业资格证书后，连续从事本职业工作5年以上。

（3）具有公共关系本科学历并连续从事本职业工作5年以上，或具有大学本科学历并连续从事相关工作（新闻、广告、营销、管理）6 年以上。

（4）具有公共关系（方向）硕士以及 MBA、MPA 学位并从事本职业或相关工作（新闻、广告、营销、管理）1 年以上。

——高级公关师（具备下列条件之一者）

（1）取得本职业公关师职业资格证书后，连续从事本职业工作 5 年以上，经本职业高级公关师正规培训达规定标准学时数，并取得合格证书。

（2）取得本职业公关师职业资格证书后，连续从事本职业工作 6 年以上。

（3）具有公共关系本科学历并连续从事本职业工作 10 年以上，或具有相关专业（新闻、广告、营销、管理）本科学历并连续从事本职业工作 12 年以上。

（4）具有公共关系硕士（方向）及以上学历或 MBA、MPA 学位并连续从事本职业工作 5 年以上。

（5）具有大学本科学历，职业表现突出者或担任本职业高级管理职务（总经理或总监以上职务），为职业发展和行业建设做出重大贡献的资深专业人士，须由国家职业资格工作委员会公关专业委员会两名委员推荐。

1.8.3 鉴定方式

分为理论知识（含职业道德）和技能操作考核两种方式。理论知识考试采用闭卷笔试方式，技能操作考核：公关员采用闭卷技能笔试方式；公关师、高级公关师采用现场实际操作方式。理论知识考试和技能操作考核均采用百分制，皆达 60 分以上者为合格。

公关师和高级公关师还须进行专业评审，具体如下：

——公关师

（1）需提交一份专业技术报告（涉及本职业的、能反映专业能力的项目建议书、研究、开发成果或论文等，并需附上由两位公共关系或相关专业副高级专业技术职务任职资格及以上职称或已获得高级公关师资格两年以上的专家意见书）；

（2）由评审委员会对其所提交的专业技术报告和现场答辩进行审核和评判。

——高级公关师

（1）需提交一份专业技术报告（涉及本职业的、能反映专业能力的项目建议书、研究、开发成果或论文等，并需附上由两位公共关系或相关专业正高级专业技术职务任职资格或已获得高级公关师资格三年以上的专家意见书）；

（2）由评审委员会对所提交的专业技术报告和现场答辩进行审核和评判。

1.8.4 考评人员与考生配比

公关员考试（考核）均按每 20 名考生配一名考评员。公关师和高级公关师考评人员与考生配比：理论知识考试考评人员与考生人员配比为1∶10；技能考核为1∶5；专业评审需同时不少于3名评审委员会委员。

1.8.5 鉴定时间

公关员各等级的理论知识考试（包括职业道德考试）时间为90分钟。公关员各等级技能考核时间为120分钟。

公关师理论知识考核（包括职业道德考试）时间为90分钟，技能操作考试时间为90分钟，专业评审时间为30分钟。

高级公关师理论考试（包括职业道德考试）时间为90分钟，技能操作考试时间为60分钟；专业评审时间为60分钟。

1.8.6 鉴定场地设备：标准教室和会议室。

2. 基本要求

2.1 职业道德

2.1.1 职业道德基本知识

2.1.2 职业守则

(1) 奉公守法，遵守公德；

(2) 敬业爱岗，忠于职责；

(3) 坚持原则，处事公正；

(4) 求真务实，高效勤奋；

(5) 顾全大局，严守机密；

(6) 维护信誉，诚实有信；

(7) 服务公众，贡献社会；

(8) 精研业务，锐意创新。

2.2 基础知识

2.2.1 公共关系基础理论

(1) 公共关系的含义

(2) 公共关系的要素

(3) 公共关系的职能

(4) 公共关系的工作程序及其原则

2.2.2 公共关系的发展简史

(1) 中国公共关系的发展简史和现状

(2) 国际公共关系发展史

2.2.3 公共关系职业道德规范

(1) 公共关系职业道德规范的形成过程

(2) 公共关系职业道德规范的内容和基本要求

2.2.4 相关法律、法规知识

(1) 合同法的相关知识。

(2) 反不正当竞争法的相关知识。

(3) 消费者权益保护法的相关知识。

(4) 涉外经济法的相关知识。

(5) 广告法的相关知识。

(6) 知识产权法的相关知识。

(7) 著作权法的相关知识。

(8) 劳动法的相关知识。

(9) 国家有关新闻出版、信息传播等方面的法规。

3. 公关员工作要求

3.1 初级公关员

本标准对初、中、高级公关员和公关师、高级公关师的技能要求依次递进，高级别涵盖低级别的要求。

职业功能	工作内容	能力要求	相关知识
一 沟通协调	(一) 接待联络	1. 能按礼仪规范进行接待活动 2. 能答复电话问询 3. 能起草贺信、贺电、请柬	1. 日常礼仪的基本内容和要求 2. 接待来访的程序和基本要求 3. 社交礼仪文书的类型和文体
	(二) 演讲介绍	1. 能准备组织演讲材料 2. 能简述组织基本情况	1. 演讲的类型和功能 2. 演讲的基本要求
	(三) 公众关系处理	1. 能处理简单问询 2. 能进行事务性联系	1. 公众关系协调原则 2. 公众关系协调的一般方法
二 信息传播	(一) 媒介联络	1. 能准备媒介联络资料 2. 能收集、整理、制作新闻剪报	1. 与媒介交往的原则和方法 2. 新闻剪报的基本要求
	(二) 新闻发布	1. 能准备有关新闻资料 2. 能联络新闻发布会场事宜	1. 新闻发布的程序 2. 与新闻发布有关的礼仪要求

（续表）

职业功能	工作内容	能力要求	相关知识
三调查评估	（一）方案准备	1. 能准备调查和评估所需资料 2. 能承担调查的联络工作	1. 调查的目的和意义 2. 调查的基本程序
	（二）方案实施	1. 能进行一般性文献调查 2. 能进行问卷的发放与收集	文献调查法的步骤与技巧
	（四）数据统计	能对调查数据进行简单的统计和整理	数据统计的简单方法
四活动管理	（一）策划准备	1. 能准备策划所需资料 2. 能安排策划会议	1. 专题活动的类型、特点 2. 专题活动策划的一般程序
	（二）活动实施	1. 能联络活动现场 2. 能绘制活动场地布置图 3. 能使用投影仪、幻灯机、照相机和摄像机	1. 会场布置的基本知识 2. 印刷品的一般制作过程 3. 投影仪、幻灯机等设备知识

3.2 中级公关员

职业功能	工作内容	能力要求	相关知识
一沟通协调	（一）接待联络	1. 能按礼仪规范进行中外接待 2. 能撰写社交公关文书	1. 中外礼仪的基本内容和要求 2. 社交文书的类型和写作要求
	（二）演讲介绍	1. 能介绍组织的历史和现状 2. 能组织小型演讲活动	1. 演讲的基本技巧 2. 演讲活动的程序
	（三）公众关系处理	1. 能处理日常公众问询 2. 能与主要公众进行信息沟通 3. 能安排领导与公众进行沟通	公众关系协调的主要方法和基本要求

（续表）

职业功能	工作内容	能力要求	相关知识
二信息传播	（一）媒介联络	1. 能进行媒体联络 2. 能安排记者采访 3. 能追踪监测采访结果	1. 记者职业特点 2. 新闻传播的基本程序 3. 新闻追踪和监测的基本要求
	（二）新闻发布	1. 能检查发布资料的准备情况 2. 能接待现场媒体采访活动	新闻发布的性质、特点
	（三）宣传稿编写	1. 能撰写新闻通讯稿 2. 能编写组织内部刊物 3. 能编写组织对外宣传册	1. 新闻稿的类型和撰写要求 2. 新闻编写的基本要求 3. 公众的特点和心理需求
三调查评估	（一）方案准备	1. 能提供与调查相关的背景资料 2. 能起草小型调查方案	1. 小型调查的基本程序 2. 调查方案的写作要求
	（二）方案设计	1. 能设计小型观察调查提纲 2. 能设计小型访谈提纲 3. 能设计媒介文献调查方案	1. 调查方法的类型与特点 2. 调查方法的运用及其原则 3. 调查问卷文案写作知识
	（三）方案实施	1. 能用观察法进行调查 2. 能用访谈法进行调查 3. 能进行各种媒介的文献调查	1. 观察调查法的步骤与技巧 2. 访谈调查法的步骤与技巧
	（四）统计分析	1. 能对调查数据进行统计分析 2. 能编制调查评估图表	1. 常用的数据统计的方法 2. 调查评估分析的原则和方法
四专题活动	（一）活动策划	1. 能制定简单策划方案 2. 能编制行动方案和时间表	1. 专题活动目标和主题的确定 2. 策划构思的方法
	（二）活动实施	1. 能按要求执行活动方案 2. 能收集活动物品市场信息	1. 音像宣传品制作的有关知识 2. 活动物品的市场信息

（续表）

职业功能	工作内容	能力要求	相关知识
五危机处理	（一）舆论监测	1. 能监测媒体负面报道 2. 能监测公众关系中的消极信息	1. 危机管理的基本概念 2. 危机处理的程序和技巧
	（二）危机传播	1. 能应对日常公众投诉 2. 能准备危机传播材料	1. 危机传播管理的原则 2. 危机处理中的新闻发布要点

3.3 高级公关员

职业功能	工作内容	能力要求	相关知识
一沟通协调	（一）接待联络	1. 能制定接待计划 2. 能负责业务谈判接待工作	1. 接待程序、特点和基本要求 2. 谈判知识和技巧
	（二）演讲介绍	1. 能介绍组织政策和远景情况 2. 能组织演讲活动，充当主持人	1. 演讲类型、功能和基本要求 2. 主持人的功能和基本要求
	（三）公众关系处理	1. 能制定外部公众沟通计划 2. 能制定内部公众沟通计划	1. 公众关系沟通的原则和策略 2. 公众关系沟通主要方法和基本技巧
二信息传播	（一）媒介联络	1. 能规划媒介数据库的建设 2. 能安排记者采访组织或代表组 织接受记者采访 3. 能制定简单媒介传播计划	1. 信息传播的基本原则 2. 中国媒介特点 3. 媒介传播组合及传播技巧
	（二）新闻发布	1. 能制定新闻发布计划 2. 能组织新闻发布活动	新闻发言人制度的内容和要求
	（三）宣传稿编写	1. 能编写各种新闻稿件 2. 能起草组织内部刊物及音像资料的编写方案	1. 内部沟通的原理和方法 2. 内部通讯的设计原则

（续表）

职业功能	工作内容	能力要求	相关知识
三调查评估	（一）方案准备	1. 能洽谈和承接调查项目 2. 能撰写调查项目方案 3. 能撰写评估项目方案	1. 调查项目的要求和技巧 2. 各种调查的基本程序 3. 评估的原理及其应用
	（二）方案设计	1. 能设计观察调查方案 2. 能设计各种调查问卷 3. 能设计实验调查方案	1. 各种调查方法的取舍原则 2. 各种调查方法的原则及技巧
	（三）方案实施	1. 能执行调查方案的实施工作 2. 能执行评估方案的实施工作	1. 实施调查的知识与技巧 2. 实施评估的知识与技巧
	（四）报告编写	1. 能对调查数据进行分析 2. 能撰写小型调查报告 3. 能撰写小型评估报告	1. 数据统计类型、方法与技巧 2. 调查报告的类型和写作技巧 3. 评估报告的类型、写作技巧
四活动管理	（一）活动策划	1. 能组织小型活动的策划工作 2. 能起草简单的策划建议书 3. 能对活动效果进行基本预测	1. 主题构思的技巧 2. 策划创意的技巧 3. 大型活动相关的政策法规
	（二）活动实施	1. 能对中型活动进行管理 2. 能制定具体的行动方案 3. 能编制活动预算 4. 能对中型活动进行现场监控	1. 可行性研究的方法 2. 专题活动的流程管理 3. 预算的基本常识和技巧
五危机处理	（一）舆论监测	1. 能对媒介负面报道进行分析 2. 能提出危机处理意见	1. 危机的处理程序 2. 危机预警的基本原则
	（二）危机处理	1. 能根据危机管理计划进行危机处理工作 2. 能根据危机管理计划进行危机传播管理	1. 危机管理工作要点 2. 危机期间媒介关系的协调与沟通
六公关咨询	（一）一般性咨询	1. 能处理日常工作中的咨询工作	1. 公关咨询的工作原理 2. 咨询业务的一般工作流程
	（二）咨询建议	能起草日常服务公关建议书	公关建议书的写作技巧

3.4 公关师

职业功能	工作内容	能力要求	相关知识
一传播沟通	（一）业务沟通	1. 能制定和审定业务洽谈策略 2. 能进行高层次的业务谈判	1. 业务沟通的特点和基本要求 2. 业务洽谈的工作流程及技巧
	（二）公众协调	1. 能负责制定全年公众沟通计划 2. 能单独承担主要公众关系（政府、行业、社区等）的协调工作 3. 能有效地进行客户关系管理	1. 长期沟通规划的原则 2. 政府、行业、社区等重要对象的工作特点和沟通渠道 3. 客户关系管理的原则与方法
	（三）公关传播	1. 能制定并执行媒介传播计划 2. 能运用传播工具进行公关传播 3. 能撰写各种专题性新闻稿件 4. 能有效地进行媒介关系管理	1. 媒介概况和新闻报道原则 2. 新闻传播的方式方法 3. 媒介沟通与投放技巧 4. 媒介关系管理知识
二创意策划	（一）客户需求测评	1. 能准确把握客户的市场环境并做出符合实际的判断 2. 能客观分析客户公关工作中需改进的环节	1. 市场信息和数据分析的知识 2. 组织竞争战略的有关知识
	（二）公关策划	1. 能根据客户需求制定有效的公共关系战略和计划 2. 能起草大型公关策划建议书，并提出创意性计划和行动方案 3. 能进行一般性的案例研究分析	1. 公关创意策划的基本方法 2. 决策过程及其理论 3. 创造性思维的有关知识 4. 客户所属行业的市场状况 5. 案例研究的原则和方法

（续表）

职业功能	工作内容	能力要求	相关知识
三策略管理	（一） 公关调查	能运用各种调查研究方法与工具发现一个组织面临的各种公关问题	1. 市场调查的一般知识、方法和步骤 2. 定性与定量的分析方法 3. 调查工作涉及的有关法规
	（二） 媒介管理	1. 能规划媒介关系工作框架 2. 能建立并维护媒介数据库 3. 能开展积极的、形式多样的媒介关系活动	1. 媒介关系的工作内容 2. 媒介关系的工作技巧 3. 媒介数据库的有关知识
	（三） 市场传播	1. 能运用发布、巡展、论坛、培训等传播工具进行市场传播 2. 能实施全年市场传播计划和行动方案 3. 能帮助组织规划市场传播战略和策略	1. 产品发布、巡展，研讨、论坛、培训等工作的程序、内容和技巧 2. 市场营销的知识和工作原理 3. 整合营销传播的基本理论和技术原理
	（四） 企业传播	1. 能利用媒介传播、事件策划、品牌战略等工具进行形象传播 2. 能实施全年形象传播计划和行动方案 3. 能帮助组织规划品牌战略	1. 媒介传播、事件策划、品牌战略的工作原理和工作技巧 2. 组织战略、组织文化、组织运作与管理的基本内容
	（五） 公共管理	1. 能制定政府关系工作计划 2. 能建立与政府、行业、社区之间良好的工作渠道 3. 善于并保持经常性的沟通	1. 政府关系、社区关系的工作原理和工作技巧 2. 最新政策动向和产业动向 3. 组织赞助的程序和应用
	（六） 公关评估	1. 能结合组织的目标，对公关工作的中、长期效果进行评估 2. 能从公关活动的效果出发，鉴别日常公关工作的薄弱环节	1. 组织管理与绩效评估的有关知识、方法和工具 2. 数理统计与分析的基本知识
	（七） 网络公关	1. 能运用互联网技术，加强与各类公众的交流与沟通 2. 能及时更新组织网站上的内容资料，构建网上的沟通平台	1. 网页设计的有关知识 2. 网络营销的有关知识

（续表）

职业功能	工作内容	能力要求	相关知识
四项目管理	（一）项目确认	1. 能有效地进行项目沟通 2. 能快速对公关需求进行鉴别 3. 能进行商业合同谈判	1. 市场环境的有关知识 2. 高级商务谈判的策略与手段 3. 跨文化传播的有关知识
	（二）项目竞标	1. 能客观分析客户工作中存在的薄弱环节 2. 能有效进行项目沟通 3. 能把握项目竞标的各种变化	1. 公关市场预测的基本知识 2. 客户关系管理知识 3. 项目竞标的工作内容和工作流程
	（三）项目执行	1. 能独立承担项目小组的管理工作，并进行全案跟踪和监控 2. 能进行现场的有效管理和监控，并灵活处理各种变化	1. 流程管理的原则与方法 2. 目标管理知识 3. 时间管理知识 4. 财务管理知识
	（四）项目评估	1. 能有效统筹项目实施的有序性与完整性 2. 能在项目结束后与客户保持积极的沟通并总结实施经验	1. 项目管理的核心原则 2. 项目评估方法与手段
五危机管理	（一）计划订定	1. 能制订危机管理计划 2. 能协调危机中相关方面的关系	危机管理计划的撰写要求
	（二）危机处理	1. 能及时处理危机事件 2. 能主持危机管理计划的实施 3. 能监控危机事件信息传播	1. 危机管理的工作程序和技巧 2. 危机传播中的新闻发布要点
	（三）危机传播	1. 能起草危机管理预警方案 2. 能承担危机传播管理工作	1. 危机管理预警方案的要点 2. 危机传播管理工作内容

（续表）

职业功能	工作内容	能力要求	相关知识
六管理咨询	（一）公关公司管理	1. 能开展公司的业务管理 2. 能对公司业务、财务、人力资源、客户服务等进行有效的管理	1. 企业管理的主要内容 2. 企业财务、税法、劳动法、合同法等有关的法律知识 3. 人力资源管理知识
	（二）公关部门管理	1. 能协调公关部门的各项工作 2. 能对公关部门业务、人力资源和组织战略决策进行管理 3. 能为组织管理层提出公共关系的策略建议 4. 能协调公关部门与其他部门以及外部公关公司的合作	1. 服务营销与品牌管理知识 2. 组织形象识别系统（CIS）知识
	（三）专业咨询	1. 能对组织公共关系的状态进行策略分析 2. 能对组织的公关战略提出建设性建议和成熟的实施方案 3. 能对组织的中长期公关计划提出指导性的策略建议	管理咨询的原则、程序和方法的专门知识
七培训指导	（一）培训	1. 能对中级专业人员进行培训 2. 能对非专业人员进行日常培训 3. 能编写专业培训讲义	培训的有关知识
	（二）指导	能对公关员进行业务指导	案例教学法

3.5 高级公关师

职业功能	工作内容	能力要求	相关知识
一传播管理	（一）舆论监测	1. 能及时掌握公众舆论动向，并指导组织建立相应的资料库 2. 能对组织与各主要公众间的关系状态进行整体定位	1. 舆论调查的有关知识 2. 舆论分析的原理和技巧 3. 公共关系状态定位研究
	（二）传播沟通	1. 能审定全年公关传播计划，指导公关传播计划的执行 2. 能制定中长期公关传播战略和规划	1. 长期传播计划的基本内容及其特点 2. 公共关系战略与规划
	（三）关系协调	1. 能监控与各主要公众关系，维持良好的沟通渠道 2. 能指导客户关系管理	1. 公众关系的沟通原则和策略 2. 主要公众对象的特征和工作环境
二策划研究	（一）创意策划	1. 能主持大型公关活动策划 2. 能对公关建议书提出专家意见 3. 能审定大型公关活动方案 4. 能评判公关活动效果	1. 大型活动的有关政策法规 2. 创新思维的工作原理 3. 策划的基本理论和原则 4. 创新管理的基本知识
	（二）公关研究	1. 能综合进行公众舆论研究与分析，并提出科学建议 2. 能独立进行公关案例研究 3. 能主持开发公关工作工具	1. 舆论及传播研究的有关知识 2. 案例研究与分析 3. 各种研究手段的有关知识 4. 专业发展趋势
三危机管理	（一）预案策划	1. 能审定危机管理预警方案 2. 能主持或审定危机管理计划	主持或审定危机管理计划的要点
	（二）预防与规避	1. 能主持危机管理工作 2. 能提供危机管理建议 3. 能独立提供危机管理顾问服务	1. 公关咨询工作原理和流程 2. 各种应急技巧训练知识
	（三）危机管理培训	1. 能进行危机管理训练 2. 能根据情况的变化对危机管理预案进行不断更新	1. 专业培训的基本要领 2. 培训工具的有关知识

（续表）

职业功能	工作内容	能力要求	相关知识
四 网络公关	（一） 网络舆论调研与评估	1. 能运用现代传播技术把握组织与公众的关系状态 2. 能对互联网不同公众反应进行整理，建立数据库并及时更新	1. 现代通讯科技的有关知识 2. 网络传播的形式、特点和功能等方面的有关知识
	（二） 网络工具使用	1. 能使用网络工具，建立组织与公众的互动平台 2. 能规划并审定网络公关计划	与网络传播有关的法律与法规
	（三） 网络监测与维护	1. 能监测网上公众的反应 2. 能采取多种互联网沟通手段，保持与公众间日常的积极互动	1. 网络监测的有关知识 2. 网络设计与网络安全方面的有关知识
五 组织管理	（一） 公关公司管理	1. 能独立承担专业公司的运营 2. 能对公司业务、财务、人力资源、客户服务等进行有效监督 3. 能开拓公司新业务和新客户 4. 能规划公司企业文化建设	1. 企业战略、管理等有关知识 2. 营销、质量管理等有关知识 3. 企业使命和社会责任的有关知识
	（二） 公关部门管理	1. 能主持公共关系部门工作 2. 能对公关部门的业务、人力资源和公关战略进行有效的监督	1. 卓越公共关系标准 2. 项目预算知识

（续表）

职业功能	工作内容	能力要求	相关知识
六战略咨询	（一）环境监测	1. 能组织和指导对组织的各类公众进行分门别类的分析，并分别建立相应的资料库 2. 能负责对组织与各主要公众间的关系状态进行整体定位与把握	1. 消费者权益保护法和组织社团法规等方面的法律知识 2. 相关行业的有关知识
	（二）问题诊断	1. 根据组织目标，能指导对组织公关整体运作效果进行评估 2. 能对影响组织环境的因素进行分析和研究	管理决策的有关知识
	（三）战略建议	1. 能负责对组织与各主要公众间的关系进行调整和改善提出建设性建议 2. 能指导撰写并审定组织与公众间关系的咨询报告和建议案	1. 战略管理的有关知识 2. 组织文化建设的有关知识
	（四）趋势预测	1. 能从组织环境的视角把握组织的公关特征 2. 能提出组织公关运作应注意的主要问题清单 3. 能对组织的中长期公关计划提出指导性的策略建议	战略公关和国际公共关系知识
七培训指导	（一）培训	1. 能对高级专业人员进行培训 2. 能对组织领导人进行高级培训 3. 能编写专业课件	1. 培训方案的编制方法 2. 专业课件开发的有关知识
	（二）指导	能对公关师进行业务指导和专业指导	1. 公关职业的前沿知识 2. 专业指导的有关知识

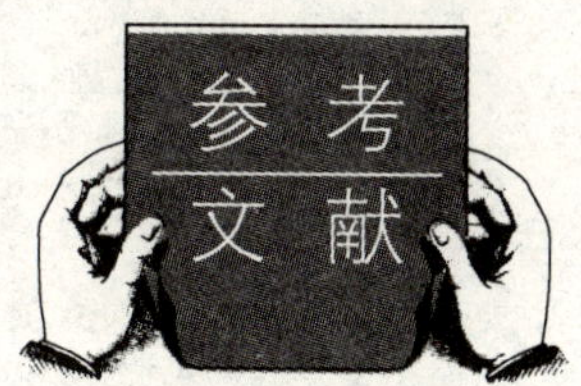

1. 张力行著．公关心理学．成都：四川大学出版社，1994.
2. 刘健儿编著．教育公共关系学．北京：中国广播电视出版社，2000.
3. 朱同丹等编．公共关系原理与实务．重庆：重庆大学出版社，2000.
4. 赵世清等著．公共关系实务论纲．沈阳：辽宁大学出版社，2005.
5. 王培才主编．公共关系理论与实务．北京：电子工业出版社，2005.
6. 居延安等著．公共关系学．上海：复旦大学出版社，2008.

图书在版编目(CIP)数据

大学生公共关系指导/胡华北，王家明著．—合肥：合肥工业大学出版社，2012.4

ISBN 978-7-5650-0699-9

Ⅰ.①大… Ⅱ.①胡…②王… Ⅲ.①公共关系学—高等职业教育—教学参考资料 Ⅳ.①C912.3

中国版本图书馆CIP数据核字(2012)第059138号

大学生公共关系指导

胡华北 王家明 著　　　　责任编辑 疏利民

出　版	合肥工业大学出版社	**版　次**	2012年4月第1版
地　址	合肥市屯溪路193号	**印　次**	2012年5月第1次印刷
邮　编	230009	**开　本**	710毫米×1000毫米 1/16
电　话	总编室：0551—2903038	**印　张**	19.5
	发行部：0551—2903198	**字　数**	360千字
网　址	www.hfutpress.com.cn	**印　刷**	合肥星光印务有限责任公司
E-mail	hfutpress@163.com	**发　行**	全国新华书店

ISBN 978-7-5650-0699-9　　　　定价：32.00元

如果有影响阅读的印装质量问题，请与出版社发行部联系调换。